JN232717

ポリティカル・サイエンス・クラシックス＊1
河野勝・真渕勝［監修］

日本政治と合理的選択
寡頭政治の制度的ダイナミクス
1868−1932

THE POLITICS OF
OLIGARCHY:
Institutional Choice in Imperial Japan
J. Mark Ramseyer, Frances McCall Rosenbluth

M.ラムザイヤー
F.ローゼンブルース

［監訳］
河野 勝
［訳］
青木一益・永山博之・斉藤淳

keiso shobo

THE POLITICS OF OLIGARCHY
by J. Mark Ramseyer, Frances McCall Rosenbluth

Copyright © Cambridge University Press 1998
This translation published by arrangement
with Cambridge University Press
through The English Agency (Japan) Ltd.

ポリティカルサイエンスクラシックス　刊行にあたって

河野勝・真渕勝

　クラシックスとは、時代が移り変わってもその価値を失うことのない一握りの作品に付与されるべき称号である。しかし、だからといって、クラシックスは古い時代につくられたものだけを意味するのではない。それまでの常識を打ち破ったり、まったく新しい手法や考え方を取り入れたりして、後世に名を残すことが運命付けられた作品は、どの分野においても、才能のある人々により不断に創造されている。それらは、人間の知識や感性に大きな変革をもたらし、われわれの活動のフロンティアを開拓し進歩させている。

　本シリーズは、現代政治学に大きく貢献し、また将来にわたってもその発展に寄与し続けるであろうと思われる代表的な研究業績を、日本の読者に邦語で紹介することを目的として編纂された。ここで邦訳として刊行する書物は、それぞれ高く評価され、欧米の政治学徒が必須文献として読むものばかりである。日本では、政治学の「古典」というと、プラトンやアリストテレスらのギリシャ時代、あるいはルソーやマキャヴェリといった、せいぜい18から19世紀ぐらいまでの人々の著作を思い浮かべることが多く、その意味では、ここに集められたいくつかの業績は、「新古典」と呼ぶべきであるかもしれない。しかし、今日の政治学は、こうしたより新しい研究業績から得られる知見を正しく理解することなしには、学ぶことができない。

　われわれ監修者二人は、日本の政治学において、海外で広く受け入れられている基礎的業績の紹介が遅れてきたことにずっと危機感をもってきた。本シリーズの出版社である勁草書房は、かつて1960－70年代の政治学における主要な外国文献を紹介する任を担ったが、それ以来、学術書の体系的な邦訳が待ち望まれていたところであった。そこで、われわれはおもに若手の政治学者を対象にしたアンケートを行い、英語で書かれた文献で、研究および教育の両方の観点から、翻訳があったらよいと思われる本を数冊ずつリストアップしてもらった。その中には、前々から望まれていたにもかかわらずなぜか翻訳されていなかった本や、すでに出ている邦訳が絶版だったりして手に入りにくい書物が含

ポリティカルサイエンスクラシックス　刊行にあたって

まれていた。それらを、日本政治、比較政治、国際政治、そして政治理論の四分野に分け、それぞれの分野で一冊ずつ、数期にわたって刊行することとして、本シリーズが実現したのである。

　日本における政治学は、研究者の数や研究の層の厚さからいって、欧米の政治学にはるかに及ばない。このシリーズがきっかけとなり、初学者や一般の読者の中から、政治学へさらなる興味をもってくれる方々がひとりでも多くでてくれることをのぞんでいる。

＊

　ラムザイヤーとローゼンブルースの *The Politics of Oligarchy: Institutional Choice in Imperial Japan* は、現代政治学における制度分析で培われた知見に基づいて、明治維新以降の日本の政治を解明しようとした斬新な研究書である。それは、政治家（元老）や利益団体、軍や官僚といった個々の政治的アクターの選択や行動が、戦前の日本の政党政治、経済成長、さらには外交関係にどのように影響を与えたかを、統一的な枠組みの中で、しかも多くのデータを用いて、明るみにする。歴史学と政治学との学術的棲み分けが根深い日本において、本書は、政治学の分析ツールが、現代の政治だけでなく、歴史を解釈しなおすことにも貢献しうることを考えさせてくれる点で、貴重な業績といえるであろう。

日本語版への序文

　本書の読者の中には「なんと高慢なアメリカ人たちだ」とつぶやく方がいるのではないでしょうか。「日本の歴史上もっとも重要でこれまでにも丹念に研究されてきた時代を取り上げて、こんな簡単な歴史物をしかも修正主義的視点から書こうなんて、随分と図太い神経をしているじゃないか」と。

　読者の方々にまず理解していただきたいこととして、本書は、日本史に対するアメリカ的見方を代表しているわけではありません。本書が題材とした時代に関しては、アメリカの日本研究者たちの間にも、日本の歴史家たちと同じくらい、バラエティーに富んだ数多くの見解が存在します。アメリカでの明治・大正時代の日本をめぐる従来からの理解には、日本国内の歴史観がいわば忠実に投射されているのです。むしろ、われわれが本書で成し遂げようとしたのは、社会科学が歴史にどのように適用され得るのかを具体例として示すことだったのです。

　事柄の描写における厚みや詳細さを競う伝統的な歴史書と異なり、社会科学の学術書では、通常、分析の明快さと説明力により大きな価値が見出されます。本書では、市場の作用と政治的なインセンティブ構造に分析の焦点を当てることにより、歴史に登場する個々人の性格や嗜好性、当時の文化やイデオロギーの趨勢、あるいは、事故や偶発的事象といった、その他の変数をあえて無視しました。われわれの目的は、観察し得る現象のすべてを捕捉することにあるのではなく、人間の行動およびアクターが直面する戦略的な状況が彼らの選択を制約するメカニズムを、シンプルな仮説でどの程度説明できるのかを検証することにあるからです。もちろん、歴史家の中にも、自分の仮説や推論についてより明示的な議論を展開する方が多くいます。この意味では、本書と伝統的な歴史的アプローチの違いは、程度の差に過ぎないということもできるでしょう。ただ、本書が、アクターの選好と彼らの戦略的相互作用を丹念に検証することを通じて、従来の歴史的理解に再検討を加えようという読者の知的好奇心を刺激できたとすれば幸いです。

日本語版への序文

　本書を上梓してから既に10年以上が経過しました。新しい考え方にオープン・マインドである研究者にとって（われわれは常にこのような研究者でありたいと思ってきましたが）10年という時間は長いものです。現にこの間、われわれの思考や研究関心にもある程度の変化が生じました。現在、マークは「法と経済学」の領域により深く傾斜し、フランシスは戦時下での動員が参政権を拡大しようとする政府のインセンティブに与えた効果を分析しています。最近の研究作業から得た知見を前提にすると、マークは、市場作用を規制によって遮断しようとする政府の能力について、本書の主張よりも懐疑的な立場をとる可能性があり、フランシスは、国民にアピールする日本政府の手法に日清・日露戦争が与えた影響について、より否定的な見方をする可能性があるといえます。今からさらに10年が経過すれば、われわれはまた違った考え方をするのかもしれません。いずれにせよわれわれは、仮説に経験的な検証を加え、誤りのある可能性があればそれを修正する知的誠実さを保ち続けたいと考えています。

　最後に、長期間にわたり本書の翻訳の労をとっていただいた、青木一益、永山博之、斎藤淳の三氏に感謝の意を述べたいと思います。彼らは、文章や図表の数え切れない箇所についてデータや原典を注意深く確認するなど、通常の翻訳作業に求められるレベルをはるかに超えた仕事をしてくれました。日本語訳が出版されるにあたり、われわれは極めて深い恩義を彼らに感じています。また、われわれは長年にわたり、監訳者である河野勝先生のpath-breakingな研究業績に深い敬意を抱いてきた者であります。われわれは、河野先生が本書の翻訳出版の実現に向け尽力して下さったことを非常に嬉しく感じ、彼の日本語タイトルの選択に心からの謝意を申し述べたいと思います。

ポリティカル・サイエンス・クラシックス 1
日本政治と合理的選択
寡頭政治の制度的ダイナミクス　1868—1932

目次

目次

ポリティカル・サイエンス・クラシックス　刊行にあたって

日本語版への序文

第1章　序説：合理的選択論と政治制度分析

　1．研究目的とその背景　　1
　2．本書の概要　　8
　3．研究課題　　20

第2章　寡頭政治の崩壊：カルテル維持の失敗

　1．はじめに　　21
　2．登場人物　　23
　3．制度設計の最初の試み　　27
　4．寡頭政治の終焉　　34
　5．結論　　37

第3章　譲歩か見せかけか：明治憲法

　1．はじめに　　39
　2．憲法への道　　41
　3．明治憲法下における議会　　44
　4．明治憲法下における立法　　47
　5．権力の分有をめぐる説明　　50
　6．結論　　54

第4章　選挙制度と政党間競争：政治的生存を求めての闘争

　1．はじめに　　57
　2．初期の制度　　58

3．1人区への復帰　　64
　　4．普通選挙権への道　　65
　　5．複数人区の復活　　67
　　6．複数人区の政治的論理　　69
　　7．複数人区単記非移譲式での選挙　　72
　　8．結論　　75

第5章　官僚：誰が誰を支配していたのか

　　1．はじめに　　77
　　2．政治家と官僚：プリンシパル＝エイジェント分析　　78
　　3．戦前期日本における官僚と政治家　　82
　　4．官僚：誰に奉仕したのか　　84
　　5．官僚の昇進に関する経験的データ　　86
　　6．結論　　94

第6章　裁判所：誰が誰を監視したのか

　　1．はじめに　　97
　　2．制度の構造　　98
　　3．寡頭指導者による操作　　101
　　4．政治的操作　　109
　　5．司法の独立に関する実証理論　　115
　　6．判事と官僚　　117
　　7．結論　　118

第7章　軍部：自らの運命を支配する者

　　1．はじめに　　119
　　2．初期の対立　　120
　　3．山県の改革　　122
　　4．集計データ　　126
　　5．政治における軍部　　128
　　6．戦略的な賭け　　132
　　7．結論　　134

目次

第8章　金融をめぐる政治

1．はじめに　137
2．初期の銀行規制　138
3．銀行法改正：1927年　141
4．1927年の金融恐慌　145
5．政治的手段としての金平価　150
6．結論　154

第9章　鉄道をめぐる政治

1．はじめに　155
2．明治期の鉄道　158
3．運賃補助　166
4．政府調達　168
5．大正・昭和の鉄道　170
6．結論　175

第10章　綿業をめぐる政治

1．はじめに　177
2．産業　179
3．織布カルテル　183
4．紡績カルテル　187
5．工場法　195
6．結論　205

第11章　結論：制度と政治的コントロール

1．はじめに　207
2．効率的な制度という神話　209
3．官僚の自律性という神話　216
4．結論　223

　　　　　　　　　　　　　　　　　　　　　　　　　　　　目次

参考文献

訳者あとがき

人名索引／事項索引

凡例

凡例

1 本書は、J. Mark Ramseyer and Frances M. Rosenbluth, *The Politics of Oligarchy: Institutional Choice in Imperial Japan* (Political Economy of Institutions and Decisions), Cambridge University Press, 1998, 224p の全訳である。
2 原文中、"　"で示される強調箇所は、「　」で示した。
3 原文中、"　"で示される引用文献の題名は、『　』で示した。
4 文献表示については、原文同様、本文中に（人名 年号：頁数あるいは該当章）という形式で統一し、文献一覧を末尾にかかげた。
5 本論および脚注の内容を原著者の指示に基づき一部削除したため、原書と本訳書とで内容や注番号に一致しない箇所がある。
6 参考文献の出版年等に誤りがある場合は、原典と照合の上、修正を施したため、原書と本訳書とで記載が一致しないものがある。
7 原文および図表中、内容に関する誤りがある場合は、該当箇所を訳者が適宜修正の上、その旨を訳注に示した。
8 引用文中の [　] および本論中の (　) は、特段の断りのない限り、原著者による挿入である。
9 本訳書の索引は、翻訳した内容を前提に訳者が新たに作成したものであり、原書の索引と一致しないものがある。

第 1 章　序説：合理的選択論と政治制度分析

1.　研究目的とその背景

　日本は、19世紀終盤の30年と20世紀初頭の40年の間に、政治支配体制の根底的変革を二度にわたり経験した。1910年代、日本の政治支配の中枢は、一握りの寡頭指導者（oligarchs）[1]の手中から、公選による職業政治家の一団へと推移し、その後1930年代、今度は独立性を有する軍部指導者層へと推移した。

　本書は、このような二度にわたる政治支配体制の変遷の模様を探究する。なぜ寡頭指導者が自らの権力を維持するための政治制度の構築に失敗したのか、なぜ公選の政治家も寡頭指導者と同じ運命を辿らなければならなかったのか、そして、そこに看取される様々な政治制度がもたらした政治的帰結および経済的帰結とはいかなるものであったのか、以上の疑問点を解明する。より一般的に述べるならば、本書は、二度にわたる体制変化を観察することで、寡頭政治がもたらしたダイナミズムの諸相を説明し、政治制度の構造と政治体制変動と

---

[1]　「オリガークス（寡頭指導者）」とは、1868年から公選による政党政治家に権力が移譲されるまでの数十年間にわたり政府を支配していた複数の人物を指す。この定義は漠然としたものではあるが、それには理由がある。つまり、権力を掌握していた集団そのものが流動的だったということである。西郷隆盛のような者であれば、当初から権力の掌握が可能であったろうが、彼はその後すぐに死亡してしまう。また、大隈重信のような者にあっては、ライバルが新たな提携を強化したときに、この集団から排除されている。しかしながら、われわれは本書において、まさにこのような複数の人物によって構成される集団の変化に焦点を当てている。寡頭指導者集団は、慣行上、天皇に助言を与えていた元老（黒田清隆、伊藤博文、山県有朋、松方正義、井上馨、西郷従道、大山巌、桂太郎および西園寺公望ら）と不完全ながらも重複する。これは元老が自薦により形成され、就任時のメンバー構成には、寡頭指導者同士のもっとも強力な提携関係が反映したことによる。たとえば、大隈は、影響力のある人物ではあったが元老の一員ではなかった。それはまさしく、大隈のライバルが提携関係から彼を排除したからに他ならない。

1. 研究目的とその背景

の連関を理論的に解明し得るのかを問いかける。

1.1. 問題の所在

　戦前日本の政治支配のあり方を説明する際、日本研究者の大多数は、暗黙のうちに三つの仮説に依拠してきた。典拠や記述の正確さに配慮するためか、本書ほど大胆にそれらの三つの仮説が明言されることはない。本書の議論には、従来の日本研究に見られる深みとニュアンスに欠けるところがあることをわれわれは認める。しかし、われわれは、躊躇しつつもある意図をもってそのような議論を展開する。すなわち、本書では、詳細であることで失われるものを、明快であることにより捉えようとするのである。記述が豊饒かつ精緻であれば、文脈が際立つと同時に混乱も生じる。そのため、本書では議論の簡略化を行う。なぜならば、そうすることで、問われるべき極めて重要な論理を明らかにすることができるからである。

　まず、第一の仮説は、19世紀終盤に政府の支配的地位にあった寡頭指導者が、国家利益の向上に（その努力のすべてとはいわないまでも）多くを捧げていた、とするものである。大多数の日本研究者はつぎのように論じている。寡頭指導者は、西洋諸国から日本を守るために行動する一方、自らが日本にとって最善であると信じたことを実行に移そうとした。そして、寡頭指導者は、これら両目的の成就のために、憲法の制定を通じて自らの権力を抑制しつつ、富国強兵を促進させるための諸政策を採用していった。つまり、彼らは、個人的で利己的な富よりもむしろ公共の福祉のために闘い、急場しのぎの軍事政権として振る舞うのではなく、ステーツマン（statesmen）として国家に奉仕した、としている。

　たとえば、『ケンブリッジ・ヒストリー』の中で、歴史家の入江昭はこの種のアプローチの要点をつぎのように捉えている。曰く、寡頭指導者は結局のところ、「国家単位での『生産性の向上と産業の育成』を念頭に、経済発展のための国家的指導力を発揮することに没頭した」のである、と（Iriye 1989: 729）。また、明治憲法体制に関する研究で、歴史家のG・アキタはこの点をより詳細に指摘している（Akita 1967: 172-173）。「明治の寡頭指導者の目的は、尊敬されかつ進んだ文明国の一群の中に位置し得る、強力な近代国家日本を創造することであった。彼らは、このような努力を成就させるためには、立憲制の確立こそが避けることのできない課題になると信じていたのである」。さらにW・G・ビ

ーズリーは（これも『ケンブリッジ・ヒストリー』の中で）、つぎのように結論づけている（Beasley 1989: 697）。「日本の指導者の政治的手腕について特に感心させられることは、彼らが国家を指導していた際の、その歴史過程に対する理解の明晰さにある」。

　つぎに第二の仮説では、研究者のほとんどが、日本の官僚および判事が、自律した存在として行動したと論じている。当然ながら、寡頭指導者と一般の政治家が、官僚の行動に対して影響力を行使することが皆無であったと主張する論者もほとんどいない。しかしながら、研究者の多くは、そのような影響力の行使は例外的であり、一般的ではなかったことをほのめかしている。たとえば、戦前期日本の官僚制研究の第一人者である政治学者 B・シルバーマンは、「1900年までに文民官僚制は、意思決定のための主要機関、そして政治的指導者を選出するための主要組織として、既にその姿を現していた」としている（Silberman 1993: 222; 1982: 231）。また、C・ジョンソンは、近代日本の官僚制に関する研究の中で、この点を繰り返し指摘している。彼は、戦前期の官僚は「政府の中心的存在として」着実に「大きな権力を掌握することになった」（Johnson 1982: 37）のであって、20世紀初頭までに「官僚は、自らの立場を脅かしかねない権力中枢のほとんどを、先んじて我がものにしていた」（Johnson 1982）とするのである。さらに、J・ヘイリーは日本法政史に関する権威ある著作において、戦前期の「司法府は、あらゆる外部勢力の介入に対して、完全なる自律を主張することが可能であった」と述べている（Haley 1991: 80）。

　そして、第三の仮説として、数多くの学者は、このように公共の精神に満ちあふれた寡頭指導者と官僚が、経済成長を効果的に促進する政策を導入したと論じている。成長促進に寄与したであろう何らかの政策がとられたこと自体、特に珍しいことではない。法的強制力を伴った財産権と独立した中央銀行さえ確保されていれば、経済成長が促進されるという点では、ほとんどすべての経済学者の意見が一致するのである。しかし、彼らが採用した政策の中には、その効果を疑問視すべきものがあった。国有のモデル繊維工場は、単なる失敗に終わった事業であったし、国営の電信事業や鉄道事業のように、民間企業によって効率的に運営される可能性のある、そしておそらくは実際に運営されたであろう事業も存在したのである。

　また、より問題だと思われるのは、投資や消費パターンが当時の政府によって公然と操作されていたことでさえ、成長の促進要因であったと論じる学者が

1. 研究目的とその背景

多いことである。たとえば、P・デュースは『ケンブリッジ・ヒストリー』の中で、戦前戦後を通じて成長を支えた「社会・政治的環境」を構成する重要な要因として、「経済成長促進のために政府が弾力的に介入することを許容する態度、完全市場経済モデルに執着することを妨げる慣行、［そして］寡頭支配的な組織を嗜好する傾向」をあげている（Duus 1988: 18）。また、E・S・クラッカワーは、やはり『ケンブリッジ・ヒストリー』の中で、「日本の成長は、明治政府とその支持者が産業と軍事部門への投資を優先し、消費を抑制したことに、大きくそしておそらくは決定的に依存した」と結論づけている（Crawcour 1989: 616）。また、彼は、市場における競争ではなく、政府による介入が成長の必要条件であったとして、「総じて日本の歴代政府は、最重要と見なされる領域において、自由競争や市場メカニズムよりも政府による操作の方を信頼した。（中略）［このような］政府による操作の伝統は、個人による企業精神の伝統に劣らず、日本の経済成長に貢献したといえるであろう」と述べている（Crawcour 1989: 617）。

　上記のような一連の議論にわれわれは懐疑的である。それは、これら三つの仮説が、日本の歴史的事実関係に完全に矛盾しているからというわけではない。いわんやこれらの仮説が、論理的に成立し得ないということでもない。むしろ、問題は、それぞれの仮説の持つ説得力（plausibility）にある。つまり、今日の社会科学の基準に鑑みた場合、これら三つの仮説が個別に妥当する可能性はほとんどないし、三つの仮説が全体として妥当する可能性は、既に低い可能性を三乗するようなものである。

　個々の仮説を順番に検討してみよう。確かに、明治時代（1868年から1912年まで）の寡頭指導者は、ステーツマンとして行動したのかもしれない。事実、彼らの支配の下、日本は世界の大国へと変貌を遂げている。時に彼らがいかなる利己的な動機を心に抱こうとも、公共の利益を謳いつつ統治を行うことは可能なはずである。利他主義とは、時として、そして幸運にも現実のものとなることがあり、このことは、急造の軍事政権においてさえ起こり得ることである。

　また、確かに明治の寡頭指導者は、独立した官僚機構を創り出したのかもしれない。彼らが他の者にいかなる支配をおよぼそうとも、官僚だけは独立した存在に留めておくことができたであろう。事実、本人（principal）が代理人（agent）に自律性を与えることはあるし、これは軍事政権下でさえもやはりあり得ることだからである。

第1章　序説：合理的選択論と政治制度分析

　そして、確かに明治の寡頭指導者は、効率的な成長を促進するように市場を操作したのかもしれない。実際に彼らの支配下で、日本経済は急成長を遂げた。彼らが存命中、他にいかなる過ちを犯していたとしても、経済政策の分野では先見の明があったのか、運が良かったのか、はたまたその両方だったのかもしれない。熱烈に市場を信奉する社会科学者でさえ、仮説の上では、政府が効率的に介入し得ることを認めている。

　あくまで論理的には、これらの見解がそれぞれ成り立つ可能性はゼロではない。しかし、それぞれの仮説が実際に妥当である可能性はほとんどなく、三つの仮説を一体として見た場合にはなおさらである。寡頭政体で利他主義に基づく政治が行われることはほとんど考えられない。寡頭指導者は、通常の場合、その代理人に独立した地位を与えることなどない。そして、先見の明や幸運といったものは、政府が市場を操作するときにはほとんど見いだすことのできない性質のものなのである。

　さらに、これらの仮説を支持するに足る十分な証拠を、日本の近代史に見いだすことはできない。戦後日本の政府指導者を利他的であると評する者はいないし、明治の「ステーツマン」の中には、自己の私的利益の獲得に専心していた者さえいたのである[2]。また、戦後日本の政治家が、判事と官僚に独立した地位を与えたことはない[3]。そして、経済学者の多くは、近代日本の官僚制に、経済運営における先見性があったなどとは考えていないのである。

　われわれは、これらすべての点を問題視する。実際のところ、日本研究者は、今日の社会科学における基本的な前提条件に真っ向から矛盾する一連の仮説を通じて、日本史のある長い期間を「説明」したことになっている。事実上、そのような学者は、三つの根本的な仮説を極めて特異な手法で処理することにより、日本を「例外的」な存在であると断じてきたのである。

---

[2]　1878年、寡頭指導者である山県有朋は、参議として500円、陸軍卿として500円、中将として400円、そして議定官として300円の月収を得ていた（松下 1963b: 315-316）。大工が6円81銭、農家が4円53銭の月収（これは1885年における30日分の平均賃金）であった時代に、山県は総計1,700円の月収を政府から得ていたことになる（なお同年は、時系列で統計データが収集された最初の年である。『日本統計』［1988：表16-1］を参照）。
[3]　この点に反対する見解については、Johnson（1982）を参照。

1. 研究目的とその背景

1.2. 本書の方向性

　本書では、より「例外的」ではないアプローチを用いる。そして現代の学問体系に照らし、より整合的かつ極めて簡素な一組の仮説から、日本の歴史の根元的な輪郭が理解できないものかを問う。「合理的選択論」の伝統に則り、企業組織は利潤の最大化を、政権担当者は在職期間の最大化を目指す、とわれわれは仮定する。本書では、このように簡潔で、多くの者が「単細胞」だと述べる仮定を通じて、戦前日本史の基本的な輪郭を探究するのである。

　実際のところ、われわれは、日本史の基本的輪郭に説明を加えると同時に、それ以上のことをも本書で実現できると考えている。第一に、われわれが用いる分析枠組は、日本分析に特有のものではない。それは、あらゆる国の寡頭指導者が直面する戦略的選択の一端を明らかにするものである。そして、これは、政治学において未だ探求し尽くされていない論点である。第二に、ほとんどの研究者とは異なった疑問を投げかけることで、新たな事実を発見できる、とわれわれは考える。この点に関してより無遠慮な言い方をすれば、日本史上の「事実」として、研究者によって伝統的に理解されてきたものの中には、真に事実と呼ぶに全く値しないものがある。つまり、従来の学者の中には、日本史の領域において生起したことのない現象を説明するために、説得力のない仮説を頻繁に用いてきた者もいるのである。

　本書で用いるモデルは、経済学および現代政治学の多くの領域において標準的なものではあるが、日本を研究対象とする同僚の中に賛同者がほとんどいないということをわれわれは認識している。本書のモデルでは、存在し得るいかなる社会をも記述できないと苦言を呈する者もあるであろう。また、本書のモデルが、20世紀後半の高度な計算（calculus）を異なる時代の異なる世界に生きた人々に適用しているとして不満をもらす者もあるだろう。現に、準備稿に目を通した人々の中には、率直にも双方の見解を述べてくれた者もいる。

　このような読者の存在はありがたいが、上記のような反論は論点を見逃すものである。第一に、われわれは、人間の存在がモデルの想定よりも複雑であることを否定するわけではない。そして、あらゆる企業が常に利潤の最大化を目指し、あらゆる政治的アクターが常に自らの権力の維持のみに腐心する、と主張するわけでもない。そうではなく、より基本的でありふれた点を本書では指摘する。つまり、ほとんどの企業組織は利潤の最大化をはかり、ほとんどの政

治的アクターは自らの権力の維持に努めるのが一般的だ、ということである。理由は至って簡単である。ほとんどの場合、良い品質の製品を安く売ろうとしない企業は、結局は倒産するのであり、自分の競争相手の存在を等閑視する政治家は、結局は失墜することになる。これは、米国において真実であるのと同様に、日本においても真実である。そして、今現在真実であるように、一世紀の昔においても真実だったのである。

第二に、簡単な仮説を用いることで、より重要なダイナミズムが明らかになる。このことは、人間の行動に関するより精緻な理論が役に立たないことを意味しない。本書で用いる極めて簡素なアプローチでは、生起した現象の多くが説明されないままに取り残されてしまう。そのため、合理的選択理論の伝統にあっても、経験世界のより完全な姿を捉えようと、人間行動に関する前提条件を拡張させる学者も多い。しかし、より精緻な理論は、むしろ本書とは異なる方向性を進展させるものと理解すべきである。したがって、本書では、そのような理論を用いようとはしない。しかし、それは、より精緻な理論が妥当ではないと考えるからではない。むしろ、本書が極めて簡素な仮説を維持しようとするのは、それによりアクターが下した戦略的意思決定がより広範に明らかになると考えるからである。

われわれは、19世紀後半の寡頭指導者が、なぜ当時の憲法（および制度構造上の他の諸相を含む体制）選択を行ったのかを説明することで本書の議論を開始する（第2章から第4章）。つぎに、そこから生じる二組の含意を辿って行く。まず、政治制度の構造が、政策の立案とその実施を担う者の決定にいかなる影響をおよぼしたのかという点と（第5章から第7章）、制度構造が、政治的レント訳注1の配分のあり方をいかに決定づけたのかという点である（第8章から第10章）。以下、われわれの分析結果を要約する。

訳注1　レント（rents）とは、経済学的には、個人が特定の仕事を引き受けたり、企業がある市場に参入したりするインセンティブとなる「上乗せ利益分」のことを指す。たとえば、ある企業が財やサービスの生産を始めるとき、その財やサービスが最低価格 p' で q だけ売れると予測した場合、実際の価格 p（ここでは、$p>p'$）と p' との差額に q を掛けたものが、その財やサービスを生産する場合の「レント」となる。本論でいう「政治的レント（political rents）」とは、上の例でいえば、最低価格 p' や実際の価格 p が政治的に操作されることによって生じる利益のことを意味する。政治学や政治経済学では、レントをもたらす許認可や政府補助を維持したり、自分に有利になるようにそれらを作り替えたりすることを政府に求める活動をレント・シーキング（rent seeking）と呼ぶ。他企業の参入を制限して競争を排除するような規制の導入を政府に働きかけ、独占的なレントを既

2. 本書の概要

2.1. 寡頭政体の内在的論理 （第2章から第4章）

① 協力の脆弱さ

　戦前日本の指導者は、制度構造上の多岐にわたる選択を、なぜ当時のような形で行ったのであろうか。その根本的な理由は、彼らがお互いに協力関係を維持することができなかったことにある（第2章）。制度選択は、寡頭政体の形を取ったのであり、独裁政治のそれではない。つまり、政体が複数の者により構成されていたことが、決定的な相違をもたらしたのである。もし、彼らが相互の協力関係を維持できたなら、自分たちの集合的レントを確保し、おそらくはそれを拡大することすらできたであろう。まさに、協力関係にある企業の間で、時として独占的レントの獲得が可能になるように、彼らも協力してさえいれば、より多くの政治的レントを享受することも潜在的には可能だった。そして、このようなレントの獲得を通じて、富、地位および権力から生じる付帯利益を拡大する可能性があったのである。

　経済市場では、競合する売り手が長期間にわたり協力関係を維持する可能性はほとんどない。生産者サイドにすれば生憎だが、消費者にとっては幸いなことに、カルテルを構成している企業は、通常、他社を出し抜こうとするインセンティブ（incentive）に直面する（Stigler 1964）。カルテル参加企業は、価格を高く維持することにより、集団として利潤を最大化できるが、個々の企業は他社を出し抜くことで、つまり、ごく僅かの差額分カルテル価格よりも安価で販売することで、自社の利潤を最大化できるのである。カルテルを構成する他のすべてのメンバーが協力を維持する中で、Ａ社が価格を下げれば、消費者はＡ社へとなびいて行く。カルテル全体としては収益を減ずることになるが、Ａ社は自社の利潤を増大することになるであろう。あらゆる企業にはＡ社のように行動するインセンティブがあるために、すべての企業が他社を出し抜こう

＼得権益化しようとする企業・業界団体などの活躍が例としてあげられる。本論では、このようなレント・シーキングの成否、あるいは、それによって実際にもたらされるレントの多寡が、制度構造（institutional strucure）の影響を受けるという分析視角が用いられている。

とし、ひいては、いかなる企業も独占的レントを享受することができなくなるのである。

　このことはまた、政治市場においても同様である。日本の寡頭指導者は、相互に協力することにより、集合体としての政治的レントを最大化することができたであろう。しかし、彼らは、容赦なく他の者を出し抜くことにより、各々の個人的なレントを最大化したのである。このパラドックスは、「空集合としてのコア（empty cores）」としてよく知られるゲーム理論上の問題に由来する。つまり、政治的レントを寡頭指導者の間で分けあう際に、彼らの関係が安定した均衡状態に到達することはごくまれにしかない。つまり、ゲームの「コア」となる部分が「空集合」なのである。これは、彼らがどのような合意を取り決めようとも、集合体の構成員の大多数が、その合意を覆そうとする動機を常に持ち合わせていることにその理由がある[4]。彼らがどのように政治的レントを分けあったとしても、寡頭制を構成する大多数の者は、決められた分け前から逸脱することによって、それぞれ個人としての地位を向上させることができるのである。このようなことから、寡頭指導者は、同士討ちが慢性的であることを認識する。そして、つぎにあげる理由から、彼らは、そのような争いが自滅的なものであると理解するに至るのである。

　第一に、政治的レントを分け合う寡頭指導者には、寡頭制の存在を脅かし得ることを誇示することが、自分の利益になるとの理解があった。そのため、体制内部で交渉に望む立場を強化しようと、何人かの寡頭指導者は体制外に支持を求めた。つまり、そのような者は、寡頭制内部の利権配分をめぐる交渉をより有利な立場で行うために、政治権力を持たない人々からの支持を獲得していったのである。こうすることで、彼らは、たとえ寡頭指導者として相互協力関係が途絶えたとしても、個人的利益を得られることを効果的に証明してみせたのである。

　第二に、寡頭指導者が、止まるを知らずこの自滅的なゲームにふけっていった点をあげることができる。ある寡頭指導者は、体制内の利権の取り分を増やそうと、一部の大衆集団を組織化した。それに対抗して、他の寡頭指導者は、

---

[4] たとえば、Friedman（1986: 190-196）を参照。この点を別の言葉で表現すれば、ある寡頭指導者集団によって提案された成果は、たとえそれがいかなるものであれ、寡頭指導者が作る別の集団によってその実現が阻止され得る、となる。

2. 本書の概要

報復のために別の集団を組織化したのである。しかし、一度組織化されたそれらの集団は、その後も存続する傾向にあった (Olson 1982)。そして、それらの寡頭指導者は、徐々にではあるが確実に、政治権力獲得のためのロビー活動を展開するに十分なだけの情報量と組織力を兼ね備えた民衆層を拡張して行くことになる。つまり彼らは、寡頭制を民主制へと転換させる政治権力を、徐々にではあるが確実に生み出して行ったのである。このようなプロセスを経て、彼らは、自らの死期を迎えるまでに、二つの集団の誕生に手を貸すことになった。それは、政治権力を自ら獲得できるだけの組織と情報を持つ十分に洗練された市民の集団と、そのような市民に訴えかけることにより、政治的レントの分け前を自ら獲得することが可能となった政党政治家のリーダーである。

第三の理由は、個々の寡頭指導者には、大衆心理に訴えかける才能に優劣があったため、この自滅的なゲームの進行に歯止めをかける諸制度の設計を彼ら自身の手で行うことができなかったことである。同じような費用曲線を示す企業によってカルテルが構成されていれば、各企業の製品生産量は比較的容易に抑制することができる。しかし、費用曲線に類似性がない場合には、それは比較的困難な作業になる。19世紀後半の日本は、個々の寡頭指導者が政治的支持を獲得する際の費用という点で、まさにこのような異種混合状態に直面していた。つまり、大衆に訴えかける才能に秀でた寡頭指導者もいれば、そのような才能に劣る者もいたのである。カルテルを構成する企業にとってまさにそうであるように、非対称的な費用関数のために、寡頭指導者は同士討ちを予防し、その予防策を遵守させることができなかった。政治権力を持たない層に対する訴えかけを一体となって抑制することができれば、寡頭指導者は集団として利益を得ることができたであろう。ところが、その裏をかくことで個人として利益を得ることができる寡頭指導者もいたのである。そして、実際にそうした者がいた結果、政治権力の絶え間なき移譲が引き起こされたのである。

② 代替仮説

以上のような一連の仮説が奇異なものに思えるならば、つぎに示す三つの代替案の妥当性はどうであろうか（第3章）。まず、第一の代替仮説は、寡頭指導者は、個人的な富を最大化するために選挙制度を創出した、というものである。自分たちの分け前を捻出する富のストックが経済成長により拡大する場合、他のすべての条件が等しければ、寡頭指導者は、経済の成長を好ましいものと考えたであろう。したがって、彼らが競争的な選挙市場を導入したのは、民主的

第1章　序説：合理的選択論と政治制度分析

な制度が経済成長を促進するからかもしれない。彼らはまた、私有財産を収用するための権力を自らの手で制約しているが、これこそが重要な点なのかもしれない。つまり、この代替仮説では、寡頭指導者が自らの権力に制約を課すことで、(a)収益の安全な回収を投資家に確約し、(b)投資を誘発し、(c)国家財産のストックを拡張した、とされるのである。

言い換えるならば、たとえ実効課税率が低下しても、税を賦課するためのより大きな経済を手に入れた寡頭指導者は、自分たちの現金収益を最大化できた、とされるのである。直観的には、このような前提は、一世紀の後に経済学者の間で嘲笑の的となるラッファー曲線によって表される状態に類似している。つまり、この代替仮説は、明治の寡頭指導者集団は、経済全体に賦課する税率を抑制することで、個々人の税収を増加させるのに十分なだけ課税基盤を拡大したとする。もしそうだとすれば、近年の学者の皮肉を込めた指摘にあるように、寡頭指導者は、自らの政治権力に制限を課すことにより、財政的な収益を増大させたのかもしれないのである[5]。

しかしながら、どこか他の地域の民主化を説明し得るかどうかは別として、戦前日本の民主化をこのような理論で説明することはできない。なぜならば、まず、日本の寡頭指導者は、富を収用するための権力が実際に抑制されるような制度を構築していないことを指摘できる。確かに彼らは、司法府や公選議会を創設した。しかし、それらの機関をバイパスするだけの余地をも残していたのである。また、寡頭指導者は、効率的な経済成長ではなく、むしろ不効率な投資を助長する選挙制度を設計していたことも指摘できる。つまり、彼らは、競争的な選挙市場を創り出したものの、選出された政治家に、投資を極端に歪め非効率な政策を策定させるインセンティブを与えるルールを設計したのである（第4章）。

さて、第二の代替仮説は、競争的な選挙制度が、採用すべき政策に関する情報を提供することから、寡頭指導者は、自らの政権担当期間を引き延ばすことができると期待した（Bendor 1985; Miller 1992: 79-82）、というものである。確かに寡頭指導者は、恵まれた生活を送っていたために、大衆から隔絶されたところに身を置いていた。したがって、彼らは、選挙がないと、日本国民が欲して

---

[5] たとえば、Barzel (1992)、De Long and Shleifer (1993)、North and Weingust (1989)、Scully (1992) を参照。

2. 本書の概要

いた政策に関する情報が得られないと考えたというわけである。そして、彼らは、国民が欲する政策を採用できなければ、革命の進行を食い止めることができないと考えたのかもしれない。そこで、寡頭指導者は、政治的な競争相手に選挙活動を行わせることにより、自分たちの支配体制を温存するための政策がどのようなものであるのかを知り得た、というわけである。

しかし、このような代替仮説も、先の代替仮説に勝るものではない。なぜならこの理論も、先の理論同様、寡頭指導者により実際に採用された諸制度を説明することができないからである。実際に制定された選挙制度は、政治的企業家が利益誘導によって私的財を選挙民に確約するためのものだった（第4章）。つまり、寡頭指導者が、選挙を通じて入手していたのは、主に選挙民が欲した私的財に関する情報だったのである。もっとも、彼らは、このような私的財に関する情報を経済市場の動向から容易に知ることができたはずである。したがって、彼らが簡単に知ることができなかった情報とは、国民が欲していた公共財に関する情報であった。たとえば、国民が政府に望むマクロ経済政策やインフラ整備投資、あるいは、政府が採るべき外交政策に関するイニシアチブとはどのようなものか、といった情報である。確かに寡頭指導者は、このような情報を経済市場から知ることができなかった。しかし、彼らが創設した諸制度を念頭に置くと、選挙市場を通じてさえも、このような情報を入手することができなかったのである。

さて、最後の代替仮説は、寡頭指導者は、国民が欲していた政策に関してではなく、自分たちにとって最大の脅威となり得る政治的企業家が誰か、それを特定するための情報を望んでいたというものである。他の表現を用いれば、彼らは、おそらく、もっとも実力のある競争相手を把握するために競争的な選挙市場を導入した、ということになる。寡頭指導者にとっては、競争相手が誰であるかが判明さえすれば、後は政府内の要職を与えることにより、そのような者を抱き込むことができたのである。この仮説は、上記の二つの仮説とは違い、事実関係と合致している。まさに寡頭指導者は、自らの支配体制に対して確実に挑戦する者を特定し得る選挙市場を創設した。そして、そのような者の多くは、並外れて優秀であり政治的にも抜け目がなかったために、寡頭指導者は、政府職にまつわる役得を与えることで、それらの者を徐々に攻略していったとされるのである。

しかしながら、この仮説だけからでは、なぜ体制の変化が生じたのかを説明

することができない。それゆえ、われわれは、寡頭政治カルテルにおける不安定要素に関する前述の仮説をこの仮説と結びつけることにする。本質的にこの二つの仮説は相互補完の関係にある。すなわち、(a)政治的企業家を特定する必要性により、寡頭指導者が選挙市場を活用した理由を説明できるが、それだけでは、なぜ権力基盤が移譲し体制が変化したのかを説明することはできない。一方、(b)寡頭政治カルテルに見られる不安定性により、権力が移譲した原因を説明することができるが、それだけでは、なぜ権力移譲が選挙という形態を取り得たのかが説明できないからである。なお、本質的にこの二つの仮説は、異なる現象を念頭に置いている。つまり、競争相手を特定する必要性により、権力移譲がいかなる形で生じたかが説明できる。一方、寡頭政治の不安定性により、なぜそもそも権力の移譲が起こったのかが説明できるのである。

2.2. 官僚、判事および軍部 （第5章から第7章）

① 官僚と判事

　学者は、決まりきったように、戦前の官僚が独立した存在として日本の政策立案を先導していたと主張するが、その種の事実が存在したことはなかった（第5章）。今日の日本の官僚が、40年近くもの間、政権党の要望に呼応してきたのと同様 (Ramseyer and Rosenbluth 1993)、戦前の官僚も相異なる主人達の要求に呼応していたに過ぎない。すなわち、官僚は、初期の数十年間は寡頭指導者の要望に応じ、中期の数年間は政党政治家に応じ、戦前最後の10年間は陸海軍の将官の要望に応えていたのである。おそらく、これと同じことが、判事にも当てはまる。つまり判事も、寡頭指導者、政党政治家そして軍部指導者の順に、その要望に応じていたのである（第6章）。結局のところ、官僚と判事は本人ではなかった。つまり、彼らは代理人だったのである。

　寡頭制という比喩は、こうした関係を包み隠すものであった。官僚と判事は既に自分たちの影響力の枠外にあると、寡頭指導者は主張していたのである。寡頭指導者は、内閣閣僚が官僚と判事を意のままに任用し罷免することを防ぐ規則を制定している。しかし極めて重要なことに、寡頭指導者は、官僚と判事の昇進が閣僚の意のままになることを防ごうとはしなかった。もちろん、代理人の昇進を左右することによって、代理人が本人の要求にしたがうように仕向けることは簡単だった。折に触れ、寡頭指導者は、代理人の昇進をめぐり、自らの権力をまさにこの目的のために行使した。そしてまた、1920年代に政党政

2. 本書の概要

治家が権力の座についた際にも、寡頭指導者は一様に同じ行動に出ている。

1920年代、政友会と憲政会・民政党の各政党は権力の座に交互についた。各政党の政治家は、人事不介入を約束することができたが、そのような約束を反故にすることもできた。彼らが、民主的な政府が永続することを予期しており、なおかつ、司法部と官僚機構の独立から得る利益が大きかったと想定しよう。この状況では、判事と官僚の独立性を守ることによって将来獲得し得る利益が政治家にあったから、独立性を守る約束は信頼できるものになったかもしれない (Klein and Leffler 1981)。しかしながら、1920年代の日本において、このような戦略の実効性を確保することは不可能であった。軍部の指導者には、現実にクーデターを画策する能力があり、多くの軍部指導者が、必要な技術的資源と大衆からの相当な支持の双方を得ていた。しかも彼らがクーデターをすぐにでも実行に移す可能性があることを、政党政治家たちは知っていた。政治家は、自分たちの政治的役割が今すぐにでも終わりを告げ得ることを理解していたために、仮にそれを望んだとしても協調的戦略に自らコミットすることができなかったのである。言い換えれば、彼らは、繰り返しゲームの終末に直面していたのであり、しかもこれを熟知していた。彼らは、終末ゲームの均衡戦略として、官僚と判事に対する支配力を誇示していたのである[6]。

② 軍部

軍部の状況はこれとは違っていた（第7章）。寡頭指導者は、政党政治家に対する軍部の独立性を維持するために、軍部大臣の現役武官制を定め、これら両大臣には天皇に対して直接責任を負わせた。陸海軍の参謀総長ならびに軍令部総長は、両大臣に対してでさえ独立の存在とした。年月が経過するにつれて、寡頭指導者は、政党政治家に内閣を明け渡さなければならない状況に置かれていた。しかし、陸海軍の現役軍人が選挙に出馬することがなかったことに加え、寡頭指導者が天皇に対するアクセスを非公式な形で統制していたことから、寡

---

[6] ここで、二つの簡単な注意点を指摘すべきであろう。第一に、軍事政権の誕生を合理的に予測していたということは、政治家が完全な予測能力を持っていたということを意味するものではない。単にそれは、軍事政権の可能性が着実に増大していたことを政治家が知り得たことを意味するに過ぎない。第二に、政治家と軍部指導者の相違は決して絶対的なものではなかった。軍部指導者の中には、政治家と手を結ぶ者もおり（第7章を参照）、政治家には、軍部指導者の志の多くの部分に共感を覚える者も多かった（しかし、われわれは、政治家が、自らの権力を軍事政権に譲り渡すことまで望んでいたとすることには懐疑的である）。

頭指導者は、政党政治家が内閣を支配していた期間でさえ、軍部を自分たちに引きつけておくことができた。

　他のどの寡頭指導者にもまして、軍部を掌握していたのは山県有朋である。内部での権力抗争を処理できなかった寡頭指導者にとって、誰が天皇を支配するのかを明確にすることは不可能であり、まして、これを制度化することにはさらなる困難が伴った。そのために、自分たちが集団として軍部を統制することを明確にしたルールを作りはしたものの、そのルールによって、集団内の誰が軍部を統制するのかという点を明確にすることはなかった。皮肉にも、これこそ、山県が理想とした状態であった。山県には、軍部を掌握するための、個人的かつ非制度的な手法があったからである。プロシア軍に範を求めて新しい陸軍を組織した山県は、その当初から、彼に対して個人的な忠誠を誓っていた人物達で陸軍を固めていった。そして彼は、数十年の長きにわたり、このような個人的な忠誠を誓う者達に対して報酬を与え続けた。

　山県は、このような支配力を注意深く維持した。カリスマ性のない一人の寡頭指導者として、山県は大衆の支持を簡単には組織することができなかった。民主的なゲームに加わり、他の寡頭指導者に対する優位を得ようと画策する代わりに、山県は寡頭制内部のライバルと競いあうために軍部を利用した。つまり山県は、政府に対抗して軍部を用いるという暗黙の威嚇により、よりカリスマ性に勝るライバルに対抗して、自分自身の利益を守ることができたのである。

　寡頭指導者にとって、山県の個人的な影響力の下に置かれた軍部の存在は、その他多くの選択肢に比べれば、たとえそれが最善の戦略とはいえないまでも、より都合のよいものであった。寡頭指導者は、内閣による軍部の統制を望んではいなかったが、それは、政党政治家が内閣を支配する可能性があったためである。また、寡頭指導者自身による直接的支配が制度化されることはなかったが、それは、支配体制がどのような形態を取るべきかに関する合意がなかったからである。しかし、彼らがもしも生き長らえていたならば、彼らが創出した支配構造は、(1)天皇への統制を通じて間接的に軍部を支配すること、そして(2)山県自身がより直接的に軍部を支配すること、この二点を確実にするものであった。こうすることで、寡頭指導者は、二つの最悪の結末を防いだのである。それは、(a)軍部が一人歩きすること、あるいは、(b)政党政治家が軍部を掌握することであった。ただ不運なことに、1931年にはほとんどすべての寡頭指導者が死亡しており、軍部は独立の存在となっていた。傀儡の天皇を除いて上に立

2. 本書の概要

つ者が誰もいない状況にあって、軍人が政権を担ったのである。そしてその後まもなく、軍部は中国に侵攻することになる。

極めて重要なことに、寡頭指導者は、自分たちの権力を後継者に継承する方法を探し出せなかった。その理由は既に明らかであろう。寡頭指導者は、他の何事に関してもそうであったのと同様、集団として互いに協力して後継者問題を制度化することができなかったのである。本書で十分に答えられていない問題は、なぜ彼らが権力の継承を個人的に行わなかったのかという点である。実際に後継者の選択を試みた者もあったが、権力の継承に成功した者はなく、山県を除いては、後継の候補者を選んでおくことさえできなかった[7]。

一見したところ、寡頭指導者は、自分たちの裁量で後継者を選択する可能性に賭けていたようだが、彼らは、軍部を制度的に独立した存在として維持していた。そして彼らは、この賭けに負けることになる。たとえ事前には賢い選択に見えたとしても、賭けとはそれが確率的計算であるがために、事後的に大変な破局を生み出すことがある。日本では、賭けがそのような結果を招いた。関与したアクター達は、個人的には合理的な行動を選択したが、自然によってランダムな手番が投じられたために[訳注2]、後に集合的破局がもたらされたのである。

---

[7] 個々の寡頭指導者が後継者の発掘に努めていたとすれば、西園寺が伊藤の、そして、原が西園寺の後継予定であったと考えられるであろうか。当時、このような関係が周囲の者に知られていたのかどうかは不明だが、原は西園寺より僅か7歳、西園寺は伊藤より僅か8歳年下であった点に留意すべきであろう。

[訳注2] ゲーム理論では、チェスや将棋の手番（move）とそこでのプレイヤーの行動の系列を、グラフ理論でいう木の形をしたモデルを用いて表現する。ゲームの木（game tree）と呼ばれるこのモデルは、ゲームの始めから終わりまでを、初期点0をもつ有限な点（node）と枝（edge）によって記述し、その終点に各プレイヤーの利得を与える。プレイヤーは、任意の点において枝で表現された選択肢を与えられ、自分の手番を決定する機会を有するが、いずれかの枝を選択するのかがプレイヤーの意思とは独立（つまり、ランダム）に決まることを偶然手番（chance move）と呼ぶ。ゲーム理論では、そのような偶然（つまり、人知のおよばない事象）がゲームの進行に影響を与えるとき、通常のプレイヤーに加えて自然（nature）という超越的かつ仮想的なプレイヤー（したがって、これを「神」と表現しても良い）をモデルに組み込むことにより定式化をはかる。この時、それぞれの枝がどのような確率で実現するのかは、偶然手番の確率分布によって表現されることになる。

2.3. 規制の帰結 （第8章から第10章）

こうした制度構造は、特有の経済的帰結を生み出した。われわれは、銀行（第8章）、鉄道（第9章）、綿織物（第10章）の三つの産業を検討し、この点を明らかにする。他の様々な産業を題材として取り上げることもできたが、つぎの二つの理由からこの三つの産業を選択した。第一に、この三つの産業は、日本の経済発展において主要な役割を担ったものとして一般的に論じられている。ほとんどの論者によると、銀行および鉄道業はインフラの枢要な一部であったし、織物業はあらゆる近代産業の中で最大規模を誇る産業の一つであった。

第二に、三つの産業は、以下の意味で多様性を表している。まず、これらの産業は、金融業、輸送業、軽工業という異なった経済活動領域を代表している。また、これらの産業は、それぞれ大蔵省、鉄道省、商工省という異なる政府機関に関係していた。前二者はサービス産業に属し、軽工業は製造業に属する。さらに前二者は、ほとんどの学者が、正の外部効果を認める産業部門であり、軽工業は反対の評価が下される業界である。前二者は男性を雇用し、軽工業は女性を雇用していた。そして前二者については、ほとんどの学者によって政府規制のあり方が賞賛されるが、軽工業は政府の介入があまり見られなかったとされる。

① 銀行業

今日に至るまで、大多数の日本研究者は、銀行業が大きな正の外部効果をもたらし、この有益な役割は政府規制の賜物であったと主張している。今一度、『ケンブリッジ・ヒストリー』を見てみよう (Crawcour 1988: 391)。「この時期［1885年から1913年］およびそれ以降の経済成長に対する多大な貢献は、後方支援的サービス業である銀行業などインフラへの重点的な投資によってなされたのである（中略）。先進工業諸国の経験を目の当たりにした日本の指導者は、インフラ整備のために将来必要となるものを予測し、準備していたのである」。つまり、この説明では、銀行制度は「経済成長のニーズに応じて発展した」ものではなく、むしろ「需要に先立って創設されており、経済発展を促進させるにあたって肯定的な役割を演じた」(Crawcour 1988: 393) とされているのである。

しかしながら、このような理解は事実に反している。初期の寡頭制の下で政府が行ったことといえば、企業家の望み通りに銀行を開設させたことや、政府

2. 本書の概要

所有の特殊銀行を数行創設した程度である。1920年代に入り、政治家の指導の下、政府は介入を開始するが、そのほとんどは小規模銀行を閉鎖したに過ぎない。しかし、政府はそのように行動する中で、政治目的を追求し続けたのである。当時、政権の座にあった政党（憲政会・民政党）は、支持基盤を大規模都市銀行に依存していた。他方、その競争相手の政党は、支持基盤を小規模地方銀行に依存していた。1925年、議会は成年男子普通選挙法および一連の選挙制度（複数人区単記非移譲式投票制、いわゆる中選挙区制。第4章を参照）を成立させたばかりであったが、これらの新制度により、各政党は、それぞれの選挙区内において得票を分けあうことを余儀なくされることになった。このような政治状況において、政党による選挙区の棲み分けに影響を与え得る（銀行などの）組織はその重要性を増していった。すなわち、民政党・憲政会は、主要地方組織を閉鎖することにより、政友会に深刻な打撃を加えることができた。そして、民政党・憲政会が小規模銀行を閉鎖したのは、まさにこのような理由によるものかもしれないのである。

② 鉄道業

鉄道産業もまた、不可欠な波及効果をもたらし、かつ賢明なる政府の政策により恩恵を受けたとされる産業分野である。ここで再び『ケンブリッジ・ヒストリー』によれば、「第一次世界大戦以前、この［鉄道］部門は、他のいかなる産業分野よりも、政府および民間双方の投資をより多く吸収した。鉄道業および海運サービス業の発展形態は、国家的重要性を有する事業を行うにあたり、政府と民間が様々な方法においていかに協力したのかを示す良き具体例を提供する」。そして、「日本の経済発展に対して鉄道業が果たした貢献は、その当時そしてそれ以降も絶大なものであった。鉄道業は、輸送コストを大幅に削減したことにより、地理的特化および労働力の流動性を促進し、サービスを提供した地域内のあらゆる階層の人々に対して便益をもたらしたのである」とされている（Crawcour 1988: 394, 396）。

ここでも、標準的な説明には誤りが見られる。第一に、鉄道業は、多くの学者が仮定するほど必要不可欠な事業ではなかった点に注視すべきである。彼らは、明示的にであれ、暗黙のうちにであれ、鉄道の比較対象として駕籠を想定しており、より現実的な代替案との比較を行っていない。しかし、米国で、鉄道業が生んだ利益のほとんどが運河の設営によってもたらされ得たのとまったく同様に（Fogel 1964）、日本でも、（すべてとはいわないものの）多くの商業中心

地に向けられた安価で効果的な貨物（旅客以外）輸送は、内航海運によっても提供され得たのである。

　第二に、鉄道業は、外部効果をほとんど伴わない産業であった。つまり、経済的利益を生み出しはしたが、そのような利益の大部分は、鉄道業者、および、それらと直接の契約関係にあった者（たとえば、運送業者）や、間接的な契約関係にあった者（たとえば、鉄道の乗客にサービスを提供した旅館業者）のいずれかに生じていたのである。このような、直接間接のつながりが存在する限り、鉄道業に起因する波及効果のほとんどは、鉄道業者によって内部化されていたはずである。したがって、政府が関与することから生じる便益の多くは、これにより消えてなくなっていたことになる。

　第三に、政党政治家が重要な役割を演じ始めた頃の政府は、あからさまな政治の論理にしたがって鉄道政策を遂行していた。政府は、20世紀の初めに企業を国営化した際、政権の座にあった政党を支持した企業にもっとも高い補助金を配分した。政府は、1920年代、鉄道の建設および修繕に補助金を支給していたが、その資金は主として選挙での支持者に差し向けられていた。公選された政治家は、選挙の洗礼を受けない寡頭指導者に比べ、必然的に大衆からの圧力に対してより敏感であった。つまり、他の表現を用いれば、政党政治家の支配下では、経済ではなく選挙の論理によって日本の鉄道政策が左右されていたのである。

③ 織物業

　経済的規制に見られる政治の論理は、織物産業においてもその姿を現すことになる。ここでも政府は、産業界を育成するために尽力したことなどなく、主として政党政治家の支配の下、あからさまな政治目的の追求のために業界に介入したに過ぎない。たとえば、織物工場における夜間労働を政府が禁止したのは、当時の政権政党が、新しい選挙制度の下で有利に選挙戦を戦おうとしたからである。また政府は、1920年代に織布業者によるカルテルを組織したが、その際用いられた政策手段は、政権政党を利するためのものであった。さらに政府は、1930年代に入ってから紡績業者によるカルテルを組織したが、この施策は、政府が軍部指導者の求めに応じ、戦時経済体制を支えるために必要とされた規制を先取りしたものであった。

　このように、当時の日本政府では、至る所で政治の論理が他に優先していたのである。

3. 研究課題

　[以上読み進められた読者の中には（訳者補足）]イデオロギーが重要だと不満を漏らす読者もあろう。文化や、哲学や、そして宗教こそが重要だとも。確かに、人々は、各々が世界を想い描く方法に則り、自らの行為を説明する。そして、人々が世界をいかにして想い描いているのかは、そのような人々の集合的「言説」によって記述されることになる。われわれは、こうした見解に同意する。しかしながら、本書の目的はより限定的である。それは、日本の指導者が追求した戦略と、それによって引き起こされた重要な結末を明確に描き出すことにある。この目的のために、あえてわれわれは、極めて簡潔なアプローチを採用するのである。本書では、飾り気のない合理的選択論モデルを通して、制度の生成と体制の変化を説明する。それは、政治的アクターは在職期間を、そして経済的アクターは富をそれぞれ最大化するというモデルを用いるということである。このモデルでは、人間の経験の豊かさの多くの部分を捉えきれないということを否定するつもりはない。また、このモデルが還元主義（reductionism）に通ずる可能性があることをも否定しない。いやむしろ、このモデルがそのようなものであることこそが重要なのである。つまり、本書の試みが成功する限り、本書のモデルの簡潔さこそが、そこで問われている根底的なダイナミクスを明らかにするといえるのである。

第2章　寡頭政治の崩壊：カルテル維持の失敗

1.　はじめに

　「尊皇攘夷」「富国強兵」が明治期の寡頭指導者の決まり文句だった[1]。だが彼らにとってのより重要な関心事は、表面的なスローガンよりも彼ら自身の現実の利益になること、すなわち1868年に徳川家に訪れた運命を避けるということにあった。あらゆる政治家と同じく、寡頭指導者は、まず職権を維持し続けなければならなかった。彼らの目標が、自らの利益を図ることであったとしても、国民全体の利益を図ることであったとしても、いずれにせよ、権力の維持は必要なことだったのである。

　明治の寡頭指導者は、彼らが集合体として勝ち取った権力の独占状態を、結局は維持し続けることができなかった。しかし彼らが最終的に失敗したということは、彼らがそのために努力しなかったということではない。本章では、1868年から1881年の間に寡頭指導者が行った一連の内部交渉と制度の変更を再検討する。寡頭指導者は、一方ではその体制を守るために互いに協力しなければならないことを理解しながら、他方では、仲間を出し抜くために闘っていたのである。この結果、同盟の組み替え（alliance-shifting）と連合形成（coalition-building）が絶え間なく続くことになった。寡頭指導者の一部、大隈重信、板垣退助、後には伊藤博文は、やがて政党を結成して、寡頭指導者内部での相対的パワーを強化するという賭に出た。寡頭指導者による日本の政治システムへの排他的支配を崩壊させたのは、まさにこの策謀、すなわち支配集団の外部に支持を求めて、支配集団内部での権力を握ろうとする策だったのである。

1　「寡頭指導者」の語義については、第1章注1を参照のこと。

1. はじめに

　本章は、寡頭指導者がその地位を維持するためにいかなる手段に頼ったのか、この目的を達成するために寡頭指導者が政府の諸制度をどのように選択したのか、という問題を検討する。また選択された制度が、個々の指導者が直面する状況をいかに反映していたのかという問題も扱う。寡頭指導者は、自分たちが寡頭指導者であったというまさにその理由で、すなわち単独の独裁者に支配されない強固な意志を持った政治家集団であったために、相互の協調が可能になるように制度を操作しようとした。また彼らは選挙によらずに自らその地位を得ていたため、公的サービスのレベルを、一般市民が暴動を起こさないぎりぎりの低さに抑えられる点はどこかということを、選挙という方法を使わずに知ろうとしたのである。

　明治初期の制度調整過程が、試行錯誤の連続だったことは驚くにはあたらない。本章では、1889年までの時期における一連の出来事を検討している。この年は明治憲法が発布された年であり、この憲法において寡頭指導者は統治に関する構想を成文化し、制度変更に手続き上の障害を設けたのであった。その後の日本史の展開に多少とも詳しい読者にとっては、仮にここで示唆するように寡頭指導者が賢明で自己利益を追求していたとすれば、なぜ彼らが、自らが創り出した帝国を最終的に崩壊に導くことになる制度を作り上げたのかという疑問が浮かぶであろう。われわれは事後的に評価を下しているのであり、アンフェアに批判していることになるのかもしれない。結果的には失敗した賭が、事前には分の良い賭に見えたというのは、よくあることだからである。

　特定の制度を選択することで、ある種の問題を解決しようとした寡頭指導者は、その過程で、彼ら自身にとっては大きな問題ではなくても、日本にとって後に極めて重大な結果をもたらすことになる別の問題を生み出してしまった。内部対立や政党の台頭から自らを守ろうとする寡頭指導者の努力によって、軍部は当初の予想以上に強大化し、高い独立性を得ることになった。寡頭指導者は互いを信頼できなかったため、後継者問題の解決に協力することができなかったのである。だが、寡頭指導者の選択は日本にとって賢明でなかったにせよ、寡頭指導者自身はうまく立ち振る舞うことができたのである。

　本章はつぎのように構成されている。第二節は、寡頭指導者がどのような人々で、何を求めていたのかを明らかにする。第三節は、寡頭指導者間のもっとも初期の交渉とその帰結を概観し、明治憲法制定への道を辿る。第四節は、明治政府内部の軋轢を現代のカルテル理論で説明し、結論を導く。

2. 登場人物

2.1. 天皇制

　C・グルック（Gluck 1985）が雄弁に論じたように、天皇の統治権なるものは、明治近代国家の神話の中でももっとも内実を欠いたものであった。典型的な独裁者が持つ権力を天皇が実際に行使していたとすれば、明治期の日本の政治制度は極めて異なった姿をとっていたであろうし、日本の歴史はやはり異なった展開を示していたであろう。強大な天皇がいて、その地位を保ち続けたいと思っていたなら、様々な問題の裁量を助言者に委任していたであろうし、競争相手に若干の特権を与えることすらしていたであろう。反面、政府機構内で未解決の紛争についてはすべて、天皇が最終的な裁断を下し、その支配によって国家を統合していたであろう。天皇の代理人たちは、天皇の意を体して行動することを通じて、自らを高めて行くことになっていたであろう。その結果、成立するシステムは抑制と均衡の体制ではなく、集権支配の体制となっていたであろう。

　これとは対照的に寡頭支配体制は、同じ目標を目指していたとしても、仲間より大きな権力を得るために競争し合う政治家たちによって構成されていた。各寡頭指導者は十分な権力を持っていなかったので、明治維新の指導者たちは団結しなければ徳川幕府を排斥することはできなかった。しかしながら、いったん集団として権力の座に就いてしまうと、個々の寡頭指導者は、より強大な権限を同僚からねじり取る動機を持つようになった。

　ここで明治期の寡頭指導者が、いったいなぜ天皇のイメージに頼ったのかという疑問が起こる。初期の寡頭指導者のひとりであり、早くに世を去った大久保利通は、明治維新を推進した二大勢力である薩摩と長州の連合が朝廷より強力だったことを、維新直後に指摘している。だから大久保によれば、皇室の命運は寡頭指導者が協調するかどうかにかかっていた（大久保家 1928: III-347-358）。あらゆる傍証から見て、大久保は事実を誇張などしていない。実際、薩摩と長州は初期の倒幕の謀議の時点では、将軍を名目的な元首として残す考えであった。彼らが王政復古という形で過去と明白に決別する道を選んだのは、旧体制の痕跡を抹消するためであった（遠山 1973: 285）。

2. 登場人物

　少なくとも明治期の寡頭指導者たちにとって、天皇とは「御璽の持ち主」という奇異な名の通り、政策が天皇の名で発せられることを通じて統合機能を果たすような手段に他ならなかった[2]。イデオロギーやシンボリズムの問題は別の機会に回すが、恵み深い天子の統治という比喩は、おそらく日本の一般庶民にとってフォーカル・ポイント (focal point)[訳注3]であった。はっきりした証拠はないが、明治体制の良し悪しを評価する際の基準にもなっていたであろう。大衆に、自分たちの立ち振る舞いを判断するための何らかの基準を与えることによって、寡頭指導者はおそらく集団として自らの行動を規制していたのであろう。

　様々な層から広範な支持を得るために、寡頭指導者は、新政府が政治家とその後継者による私的なレント収奪機関に成り代わることがないことを、一般大衆に信じてもらわなければならなかった。寡頭指導者は、自らの手を縛ることを約束できなければならなかったのである。これも別の機会に譲るが、おそらく君主のような他の誰かに表面上仕えているように見せることが、寡頭指導者自身のためにもなったのであろう。彼らもまた、自らの私的利益のために、不完全でありながら自らの手を縛ろうとしたのである。

---

[2]　天皇周辺の官僚制についての優れた研究として Titus (1974) を参照。

[訳注3]　ゲーム理論では、自分以外のプレイヤーの戦略を所与として、すべてのプレイヤーの戦略の組合せが、自分だけが戦略を変えたとしても、それ以上自分の利得を増やすことができない状態にあることをナッシュ均衡と呼ぶ。この場合、自分以外のすべてのプレイヤーがある戦略をとれば、自分もそれと同じ戦略をとることが最適な行動選択となる。ゲームの利得構造によってはナッシュ均衡は複数存在し、またそれ故にナッシュ均衡は当然には効率的な状態とは限らない。フォーカル・ポイントとは、複数の均衡からある特定の均衡を選択する場合に、プレイヤーが何に注目してそのような選択を行うのかという問題を扱う際に用いられる概念である。プレイヤー間の事前のコミュニケーション、あるいは、慣習、社会規範、法の作用が、自己拘束力のある合意を促すことにより、フォーカル・ポイントとしての機能を持つことが知られている。本論の文脈においては、天皇という存在を「戴いている」ということが大衆にとってのフォーカル・ポイントとなり、実態としての寡頭支配体制が一つの均衡として大衆というプレイヤーから支持された可能性があるということである。しかし、本書全体を通じたテーマではあるが、寡頭指導者というプレイヤーは、自分たちの戦略を集合体として維持することができなかったため、代議制という異なる均衡へと事態は推移してゆくこととなった。原著者は、これを構造派生均衡 (structure-induced equilibrium) 概念で捉えている。また、代議制を複数あるナッシュ均衡のうちの一つと捉えれば、寡頭制から代議制へという（展開形）ゲームがプレイされたと捉えることもできよう。このような、別のナッシュ均衡への展開については、生物学の分野で研究・開発され、経済学に導入された「進化ゲーム論」などを用いた分析が試みられている。

第2章　寡頭政治の崩壊：カルテル維持の失敗

　一部の寡頭指導者が他のライバルに対して権力で優越した立場に立ち、自らに都合よくルールを設定するようになるにつれて、明治政府の他の諸制度が発展した。競争に後れをとった寡頭指導者は、協力関係の再編と引き替えに譲歩を勝ち取ろうとして、強硬な反対派の立場に立つことが多かった。以下で述べるように、ルールは、基底的なパワーバランスが具体化するまでの間、極めて流動的だったのである。

2.2. 歴史的コンテクスト

　[日本の（訳者補足）]寡頭指導者は、荒涼とした国際環境のなかで最善を尽くした。徳川時代末期を通じて、大洋を渡って進出してきた西欧列強のすべてが、日本の弱体化につけ込んで「不平等条約」を強要していた。日本は、低関税で輸入を受け入れることを余儀なくされ、また治外法権をも受け入れざるを得なかった[3]。列強による日本の蚕食は、中国解体の初期段階と不気味に類似していた。これは寡頭指導者にとって悩みの種であったが、この不安に対して寡頭指導者が取った対策は陸海軍への大規模な徴兵の実施であった。このため、国内状況は困難なものになっていた。そしてもっとも激しい対立がむしろ寡頭指導者の間で起こっていたのである。

2.3. 寡頭指導者

　寡頭指導者はもともとは下層にありながら、大望を持つ武士で、解体しつつある徳川体制の下で自らの立場に不満を感じていた人々であった。そのほとんどは日本南部に属する長州、薩摩、土佐、肥前の出身であったが、それはこの地域が経済的に立ち後れていたからではなかった。歴史家のT・スミス（Smith 1988）は、この地域の経済は発展しており、それは幕府のギルド規制が周辺部において緩くなっていたからだと指摘している。幕府の監視の目が行き届かないところにいた彼らには、秘密裏に戦争への動員を進めることもできたのであった。

---

[3] Jones（1931）によれば、列強諸国は、条約に定めた外国人が被告側になっている民事、刑事のあらゆる事件で裁判権を行使した。だが日本における経済事案で日本人を被告として提訴しようとした外国人は、条約の規定をほとんど利用しなかった。治外法権が被告同様原告にも適用されていたなら、外国企業は不十分な日本の国内制度にもかかわらず、日本に低利で融資することを選んでいたかもしれない。1858年の日米修好通商条約の全文は、Jones（1931）の付属資料Aを参照。

3. 制度設計の最初の試み

伊藤博文：一般に明治期のもっとも有力な政治家と考えられている伊藤博文は、実際は貧農の家に生まれた。伊藤の父は、伊藤が生まれる前に離農し、長州の一部である萩の南で武家に奉公するようになった。奉公先の武家は、結果的に伊藤の父を養子として迎え、その子孫が武士の身分を得られるよう計らってくれた（羽仁 1956: 311）。伊藤と長州における同輩であった井上馨は、青年期には攘夷運動の活動家であり、1863年1月に東京、御殿山で起きた外国公使館放火事件の実行犯であった（Satow 1983: 71）。だが同年伊藤と井上は、香港の企業ジャーディン・マセソンの招きで渡英し[4]、法律を学んだ[5]。イギリスが日本に対してより多くの港を開くことを要求したことを契機に日英関係が緊張したため、二人のイギリス滞在は6ヶ月で切り上げられた。

山県有朋：後に伊藤のもっとも強力な同僚になり、またライバルにもなった山県有朋は、やはり長州の下級武士の家に生まれた。山県は父の職を継ぎ、藩政における財務、建設分野を担った。そのうち山県は、年貢米の徴収、藩主の人気（または不人気）を把握する立場にある目付といった様々な職を歴任した。そして山県は藩陸軍の指揮官の任につき、外国との戦争において最初の実戦経験を積んだが、これは大敗北に終わった。だが、1864年の、この（英・米・仏・蘭）四国艦隊との戦いは、山県に攘夷の継続に反対することを決意させたのであった[6]。

大隈重信：大隈重信は南部日本の大名肥前藩の家臣の長子として生まれた。維新で果たした功績により、新政府発足直後から政権に参加、1869年には外務大輔となった。1870年、大隈は33歳で既にいくつもの省の事務を主宰していた。

---

[4] 井上は、僅か数ヶ月前には、外国の外交官の暗殺や東京のイギリス領事館襲撃に関わっていたのである（羽仁 1956: 311）。

[5] 西欧諸国が日本に開港を要求するようになってから、日英関係は友好的どころではなかった。この問題に関しては、他の西欧諸国と日本の関係も同様であった。1862年9月には攘夷派の武士が英外交官リチャードソンを殺害したため、イギリスは日本に横浜開港に加えて、金銭的補償を要求した。1863年6月24日、幕府はイギリスに銀貨で44万両を支払ったが、同時にすべての外国人の国外退去を求めた。イギリス、アメリカ、フランス、オランダは国外退去を拒否し、翌日、西欧諸国の艦隊が下関で長州藩と砲火を交えた。そして、日本人は、ようやく強力な西欧諸国の艦隊と戦うことが無益だと悟ったのである。外務省編（1965: 34-39）および森（1982: 240-245）を参照。

[6] 田川（1910）、徳福（1937）、羽仁（1956）。羽仁のシニカルな指摘によれば、山県が軍と農民は親和的な関係にあると述べていたにもかかわらず、実際には長州藩でも軍隊と農民の関係は友好的どころではなかった。山県が1866年に小倉で長州藩兵を指揮して幕府軍と戦った際、長州藩の農民が軍の兵糧を奪ったため、山県は部隊を後退させざるを得なくなったのである（羽仁 1956: 312）。

1878年に大久保が暗殺された際には、大隈は伊藤と並んで政府の中枢に座ることになった[7]。

　討幕派の志士は、商人、農民、藩外の大名に対して、倒幕への支持を呼びかけていた。だが複雑な合従連衡の過程では、様々な勢力の利害が多くの点で衝突していた。豪農は貧農が求めた土地再配分に乗り気ではなかったし、武士は他のすべての階層に対して最大限の補償を求めていた[8]。全国レベルの支持を不安定な基盤の上に獲得することが、維新勢力にとって最大の課題であり、その正否は場合によって分かれることになった。

3. 制度設計の最初の試み

　明治維新の指導者たちは国内の軍事的征服にほとんど時間を費やさずに済んだ。そこで、彼らが最初に取り組んだ事業の一つは、版籍奉還と課税権の確保であった。1870年、維新政府の最重要人物の一人、岩倉具視が新体制への参加に抵抗する諸藩に派遣された。岩倉は藩主たちに、明治政府の高い地位を約束し、抵抗を諦めさせた[9]。翌年、徳川幕府が崩壊して四年もしないうちに、藩の県への合併、すなわち廃藩置県が行われた（大島 1952）。

　寡頭指導者は引き続き団結して、反乱をめざす大多数の士族と取り引きしなければならなかった。寡頭指導者は、政府のポストを提供することですべての士族を買収する余裕はなかったが、他の二つの方法で反乱の危険を回避した。第一は、数世紀にもわたる武士の帯刀特権を剝奪し、代わりに全国的な徴兵制を施行した[10]。第二は、収入と地位の喪失というショックを緩和するため、1873年12月に退職手当として武士に公債（秩禄公債）を支給したことである。

　日本の権力形態を再編するために寡頭指導者が（もちろん天皇の名において）とったもう一つの措置は、1876年の華族制の導入である。新しく貴族制度を導入

---

[7]　Akita（1967: 22-26）、Iwata（1964）。大久保を暗殺したのは、彼が征韓論に反対したことに激怒した一部の士族である。大隈については、渡辺（1958）、三宅（1911）を参照。
[8]　たとえば、丹羽（1978）、寺尾（1975）、大久保（1986）を参照。
[9]　この方法で武士の一部は支配集団に参加するようになった。たとえば、西郷隆盛、木戸孝允、板垣退助、島津久光らである。
[10]　徴兵令、1873年1月10日、太政官布告。さらに梅谷（1984）、大石（1989）を参照。

3. 制度設計の最初の試み

するとは何とも時代遅れに見えるが、実際にはこれは抜け目のない方策であった。新体制での名誉を重んじる人間に対しては、反対派を買収したり、支持者に報酬を支払う費用を安くあげることができた。名誉に関心のない者にとっては、それは安価な実験であった。新たな華族制度においては、至高者としての天皇の地位をはっきりさせるため、皇族は最高の爵位（公爵）を与えられた。そのつぎの位は、維新において重要な役割を果たした武士（たとえば寡頭指導者自身）に代々与えられた（伯爵）。栄誉においては彼らに劣るが、十年以上高い地位にあった武士にも、爵位が与えられた。だがこの爵位は一代限りのものであった（遠山 1988: 540）。1878年、伊藤博文は、政府の議政局長としての権限に基づき爵位の追加を行った。ヨーロッパの爵位制度にならって、旧大名に与えられる侯爵、新政府の官僚その他に与えられる子爵、男爵の位が創られた（遠山 1988: 541）。

3.1. 中央集権への抵抗

強力な政府を作ろうとする明治期の指導者たちの試みは、長期にわたる抵抗に直面し、何度も挫折した。1873年、誕生したばかりの新政府は、征韓の是非をめぐって崩壊寸前となった。禄を失った武士は、朝鮮への出兵を求める強い圧力となった。朝鮮は単にもっとも手頃な標的だったのである（藤村 1961; 赤松 1967: 275）。

より根本的には、寡頭政体内部に出身藩ごとの対立が顕在化するという事情があった[11]。土佐と肥前出身の寡頭指導者は、薩摩と長州出身の数人の寡頭指導者の手に権力が集中されつつあると感じ、異議を唱え始めた[12]。肥前出身の維新の指導者、江藤新平は薩長の陰謀に激怒して1874年に反乱を起こし、2ヶ月間にわたって政府軍と戦い、多くの部下とともに刑死した。翌年、また同じ対立をめぐって、政府内部が紛糾した。今度の対立の名目上の理由は、台湾出

---

11 Jansen (1971: 185)。寡頭政体内部の分裂はエスニックなものとは全く無関係であった。そのような相違は存在しなかったからである。あらゆる点から見て、この内部分裂はイデオロギー的なものですらなかった。この分裂は大体において、まず出身地を単位とするものであった。他の集団と同様に寡頭指導者の場合でも、監視と協力は集団全体よりも、古くからの仲間同士の間でこそ容易になるものなのである。薩摩出身の寡頭指導者の連帯が特に強かったことについて、たとえば伊藤 (1981: 152-153) を参照。

12 Mason (1969: 4-5)。ただし、同じ長州出身であったが、伊藤と山県は厳しいライバル関係に立つようになった。

兵の可否に関してであった。しかし不穏な情勢の下では、何事も火種になり得たのである（尾佐竹 1930: 103, 232）。

　政府に対する仲間内からの最後の、そして最大規模の武装反乱は、1877年、維新における最大のカリスマ的指導者の一人だった西郷隆盛によって起こされたものである。西郷は、郷里の鹿児島（薩摩）出身の、義勇兵を含め3万近い数の兵を率いて政府軍と戦った。西郷自身も薩摩派の寡頭指導者だったが、伊藤や山県らの仲間に入ることができず、土佐、肥前出身の反乱士族と同じく、政府に対する反抗という選択肢に賭けたのである。江藤と同様、西郷も征韓論を支持し、東京を去って、鹿児島に私学校を創設した。主流派の寡頭指導者は西郷の運動に打撃を与えようとして、まず私学校にスパイを送り込んだ。1877年1月、政府が西郷派の基地から秘密裏に弾薬を搬出しようとした時、西郷は決起した。西郷は、山県主導の、兵力ではるかに上回る徴兵制の政府軍に敗北するまで、6ヶ月間戦いを続けた。西郷軍は、5,000人以上が戦死し、乱後にさらに1,488人が処断された（小西 1968）。西郷自身も、最後の戦いで死亡した。

　西郷軍との血塗られた対決によって思い知らされたように、政府は士族内部の厳しい利害の不一致を処理しなければならなかった。反抗者に政府のポストを提供することはリスクを伴ったが、それは彼らを排除して一匹狼にしてしまう場合も同様であった。このリスクを小さくするため、寡頭指導者は離脱する者に対する制裁を確実にしようとした。必要があれば生命を奪うことに躊躇しない寡頭指導者の姿勢は、間違いなく潜在的な抑止力となっていた。だが、これには限界が伴うこともまた事実であった。

　山県は、寡頭指導者の中でも最強硬派の名にふさわしい人物であった。彼は40歳で、参謀総長として新国軍の頂点に立った（Hackett 1971: 83）。西郷の反乱軍の鎮圧に成功した数ヶ月後、彼は給与削減に抗議した53人の軍人を銃殺した。さらには、反抗に連座したとして300人近くの軍人を処罰したのである（羽仁 1956: 313）。

3.2. 創成期の制度

　国内の軍事的統制は体制の存続に決定的に重要であったが、寡頭指導者は、それだけで十分でないことも理解していた。統治もまた、同様に重要だったのである。一般市民が政治情勢に不満を持てば、結局軍事的抑圧は、困難であり、高価につく。怒れる農民の全国的蜂起は、どんな大軍でも抑えきれない。

3. 制度設計の最初の試み

　徳川幕府を倒した23の諸藩の指導者を糾合して、まとまった政府を作るのは容易なことではなかった（尾佐竹 1930: 54）。頻繁に制度を修正したことから分かるように、これら諸藩は共通の利益をほとんど持たず、多くの対立を抱えた手に負えない集団であった。1868年1月に成立した最初の明治政府は、三つの「機関」からなっていた。すなわち総裁（無名ないしは無力というべき皇族だった有栖川宮熾仁親王）、議定（30人の官軍側諸藩の藩主によって構成されていた）、そして参与である。この「参与」は、維新で実際に活躍した人々で、議定の決定した政策を実行する七つの「省」、宮内、内務、外務、兵部、大蔵、司法、工部を主宰していた[13]。

　明治政府の指導者は、その後4ヶ月間に政府の制度を三回再編した。1869年、政府は上下関係を明確にする方向で簡素化された。政府は、二つの部門、神祇官（こちらが上位に置かれた）と太政官で構成された。その下に、日常業務を扱うための六つの省、民部、大蔵、兵部、司法、宮内、外務が置かれた（遠山＝安達 1961: 1; 遠山 1973b: 286）。

　機構簡素化も重要だったが、寡頭指導者がこの再編を行ったのは、自分たちが協調する上での便宜を図るためであり、またライバルを権力から遠ざけておくためであった。たとえば1871年、1869年に行われた大蔵省と民部省の合併が旧に復されたが、その背景に、伊藤と大久保が、参議木戸孝允の権力が増大し過ぎたと判断したことがあったのは明らかである[14]。1873年、大久保は、広範な管轄権を持つ新機関である内務省の長となった。この時大久保が伊藤の支持を得ていたのは偶然ではない（遠山＝安達 1961: 1-2）。1880年、伊藤は参議の各省への支配を廃止する「改革」を行って、大隈重信の大蔵省への影響力を削った。伊藤の意図は隠しようもなかった。1881年、大隈が下野すると、伊藤は「改革」を旧に復したのであった（辻 1944）。

　1871年、三権分立を朧気ながらも想起させる計画において、寡頭指導者たちは太政官の下で拡大する政府機構の監視を強化するため三つの機関をおいた。「左院」は、法案を作成し、法律を成立させる。「右院」は政策を執行する。

13　遠山＝安達（1961: 22）。伊藤博文、井上馨、木戸孝允らが自らを外務省に配置したことは、興味深い。西郷隆盛は軍事問題を担当した。彼らは政策執行の任に当たったことで、多くの文献で「官僚」として扱われるようになったが、この地位はいわゆる官僚的なものでは全くなかった。なお、最初の任官名簿に山県の名前が見えないことは、もう一つの興味ある事実である。

14　尾佐竹（1930: 121）、遠山＝安達（1961: 1-2）、大久保家（1928: 347 以下）。

「正院」は官庁間の問題に裁定を下す[15]。実際にはこれらの機関は独立の拒否権を有していなかった。三機関は神祇官、のちに元老院と呼ばれた機関に従属していたのである。

1870年代前半に体制の安定はやや強化されていったものの、寡頭指導者間に戦略をめぐる相違が残り、体制維持の努力を脅かしていた。木戸と大久保は、抑圧的な上意下達による統治は民衆暴動の拡大につながると主張していた。木戸と大久保の見方は、根本的には伊藤―山県の連合が自分たちを権力から追い出す危険性があるという点に立っていた。木戸と大久保は、公選政体によってこの支配を打破しようと考えた。1873年、木戸と大久保は、新政府の構造を研究する委員会に、学者の福沢諭吉を加えるよう力説した。民主的な制度と普通選挙の唱道者として知られる福沢であれば、木戸と大久保の立場を支持するだろう、というわけである。

伊藤と山県は、制度改正がライバルの寡頭指導者に対する彼らの相対的な立場を弱めることはもちろん、一般市民に対する不必要な譲歩になることを警戒して、福沢が参加することを阻止した（羽仁 1956: 313）。一方、伊藤と山県は全国的な蜂起の機先を制するためには何らかの議会政体が必要だという点では合意していた。ただ、彼らは議会政体の導入は慎重に行うべきだと主張したのである。

1874年、伊藤と山県から政権を追われた寡頭指導者の板垣退助は、再挑戦を決意した。その年の1月、板垣は政府に不平を持つ少数の土佐の士族を集めて、「愛国公党」を結成した。新党は、最初の政治行動として、明治政府に対して民選議会の設置を請願した。板垣以外の寡頭指導者はこの要求を無視していたが、板垣は新党の勢力を他地域にも拡大した。1875年2月、板垣は、日本の商業中心地の一つである大阪で不平士族を組織した。この新勢力「愛国社」は、まもなく全国の士族による地域結社の中心的存在となった。

板垣は、愛国社設立の3週間後にこれを解散した。解散の理由は、愛国社が目的を果たし得なかったからではなく、むしろ逆であった。板垣が愛国社を解散したのは、板垣がそのもっとも重要な目的を達成したからだった。他の寡頭指導者たちが、以前よりも高い地位で板垣を再び政府の一員として迎えたのである。1875年2月、歴史家がいう「大阪会議」で、板垣、木戸、大久保は、伊

---

[15] 尾佐竹（1930: 94-95）。右院、左院、正院の名称は、少なくとも11世紀以前に遡る。

3. 制度設計の最初の試み

藤博文との妥協という点で意見の一致を見た。この合意では、議会制への過渡的手段として、準立法府としての「元老院」の設立が決まった。右院と左院は廃止され、太政官には正院だけが残された（1879年、内閣と改称）。そして、新しい最高裁判所（大審院）が司法機関として設立されることになった[16]。

板垣は1年で、政府の職を退いたが、それは戦略的な目的からであった。他の寡頭指導者が政府の最高の地位とその役得を保持していることに対して、板垣は寡頭指導者であることの限界を越えて、政治的企業家への道を歩むことがより大きな利益になるとはっきり認識したのである。1878年、板垣は愛国社を復活させた。彼は、愛国社をただちに全国の「民権」運動の中心に衣替えした。だが、「民権」運動の多くのメンバーは、この言葉を人民主権というよりは、基盤を拡大した寡頭政治という意味で使っていたのである（内藤 1968: 48-49; Mason 1969: 7-9）。

不平士族の運動として始まった民権運動は、やがて日本社会の有産者全体を含む運動に発展した（井上 1956）。1881年10月、板垣は「自由党」を設立した。党の主要ポストは、特に結党直後は相変わらず士族によって握られていたが、党員の中心は、納税義務を持つ地主層になっていた。地租が、地主層を組織化し、板垣を権力の座へ送ろうと叫ぶ集団につくりかえていたのである（佐藤 1954）。

翌年4月、大隈重信が「立憲改進党」を設立した。大隈にしたがったのは、1881年の大隈の失脚（明治十四年の政変）にあたって、彼に共鳴して政府を去った有能な若い官僚達であった。自由党は地方の地主の利益以外を容れる余地がなかったので、勃興しつつあった都市の大企業の経営者は、大隈に支持を提供した。たとえば、すぐ後に三菱財閥を設立してその長となる岩崎弥太郎は、当初からの立憲改進党の支持者であった[17]。

このように、非主流派の寡頭指導者たちは、大衆の同情を引きつけて寡頭政体内部での地位を強化しようとした。彼らは主流派の譲歩を得られれば政治的

---

[16] 遠山＝安達（1961: 2）。この名称はフランスの「破棄院」に語源を持つ。これは英語圏の読者にはなじみのない名称なので、本書では最高裁と表記しておく。

[17] 立憲改進党の綱領は以下のようなものであった。①皇室の尊厳と栄光の維持。②国権伸張。③政府干渉の撲滅。④社会発展と選挙権拡大。⑤貿易促進。⑥本位貨幣に基づく幣制の確立。立憲改進党が知識人と金融エリートのためだけではないことを示すために、改進党員の一部は1880年の数週間、土佐で人力車を引いた。

第2章　寡頭政治の崩壊：カルテル維持の失敗

企業家としての活動を放棄する用意があったが、これから分かるように、彼らは寡頭政体による権力の独占を打倒しようとしたのではなく、寡頭政体内部での地位を上げることに関心を持っていたのである。しかしながら、外部からの参加者を引き寄せて乱闘に持ち込むという彼らの戦略が持つ性質は、ともすれば彼らが作り上げようとしていた仕組みを破壊しそうになっていた。

一方、政権内部にとどまった寡頭指導者は、この問題に限らず、一般大衆の意見に関心を持たないことははっきりしていた。1876年の新聞条例の発布は、反対者の口を封じることが寡頭指導者全体の目的だということを明らかにした（羽仁 1956: 313）。しかし、寡頭指導者はまもなく、大衆を情報から隔離することは、特に仲間内に報道機関に情報を流す者がいる状況では、極めて困難なことを理解するようになった。政治的結果を歪めるために、不満を持った寡頭指導者は常に新聞記者と連絡を取っていたからである。権力カルテルを出し抜くことは安くつく方法であり、実際にこれは功を奏したのである。たとえば1881年、新聞に対する厳重な検閲にもかかわらず、大衆は巨大な汚職の構造を知ることになった。薩摩出身の企業家五代友厚が閣僚の黒田に働きかけて北海道の官有資産を、市場価格をはるかに下回る値段で、しかも無利息三十年賦で払い下げさせたのである（伊藤 1924: 152-160）。

このスキャンダルに関わっていなかった大隈重信は喜んだ。伊藤と山県は、この事件での悪評のために、想定していたよりも早く大隈の議会開設要求に譲歩せざるを得ない状況に追い込まれた。代議政体の下で汚職が減少すると考えていたかどうかはともかく、市民たちは、少なくとも横領者を政府から追放する権利を求めたのである。

寡頭支配の終わりの始まりの予告は、1881年10月に寡頭指導者が明治天皇を通じて出した、1890年に議会を招集する旨の勅諭であった[18]。だが寡頭指導者は同時に、大隈を政府の地位から解いた。彼らの口実は、大隈が西欧諸国との条約改正を実現できなかったからというものであった。しかし、真の理由は明らかに、大隈がチームの一員ではなくなっていたからだったのである（尾佐竹 1930: 387）。

なぜ寡頭指導者は議会開設の要求に屈したのであろうか。簡単にいえば、それが彼らの政治的生き残りのために最良の策だったからである。寡頭指導者に

---

[18]　詔勅、1881年10月12日。

とって最上の最初の選択は、権力の集合的独占を維持することであったであろう。だが大衆の議会への要求が高まったことは、寡頭指導者にお互いを欺こうとするインセンティブを与え続けることになった。言い換えれば、寡頭指導者は典型的な囚人のジレンマ状況に置かれていたのである。すなわち反抗する寡頭指導者を政府から放逐することで懲罰を加えたとしても、単に、追放された一匹狼が政治的企業家となって復権してくるために、結局のところ協調の維持は不可能であった。

4．寡頭政治の終焉

　明治期の寡頭指導者はカルテルを維持していたが、それは暗黙のカルテルに過ぎなかった。彼らには、その行為を監視し、違反者を罰することができる上位の権威がなかったのである。そこで権力にしがみつこうとすれば、彼らは自己拘束力のある (self-enforcing) 仕組みを作り上げなければならなかった。寡頭指導者は、政策選好を含めて様々な目的を持っていたが、それらの目標を追求しようとすれば、何よりもまず権力の座にとどまらなければならなかった。談合支配がうまく行くためには、彼ら自身の政治的決定を制約する合意が必要であった。寡頭指導者の在職権に影響するような決定に対して外部の者が発言することを許すようであれば、この合意は侵犯されたことになった。

　寡頭指導者が、仲間内で権力の優越を求めて常に争っていたことを忘れてはならない。カルテル理論の文献には、カルテル参加者の市場シェアが同じでなければならないとはどこにも書かれていない。ある寡頭指導者は、他の寡頭指導者よりも大きな影響力を持つことができた（すなわち大きな市場シェアを有していた）であろう。それでも彼らは、すべての非寡頭指導者を政治的決定から排除することで、集合的厚生を確保することができたのである。

　寡頭指導者は、どうやって集合的な地位の保障を事前に期待することができたのであろうか。すべての寡頭指導者には、裏切ろうとするインセンティブがあった。どの寡頭指導者も、他の寡頭指導者の地位と引き替えに非寡頭指導者の支持を得ることで自己の影響力を増大させ、地位の安全を確保することができたのである。だが、囚人のジレンマ状況のように、すべての寡頭指導者がそれを行えば、結果は破滅的である。彼らは、その中で出世を遂げてきた寡頭政治そのものを破壊することになったであろう。

暗黙のカルテルには、談合を可能にするための潜在的な道具立てがあった。間接的であっても、裏切りを監視できる限り、市場価格まで（期間を限っては、それ以下にでも）価格を引き下げることでカルテル破りを阻止することが可能である。すべてのカルテル構成メンバーは損害を被る（低いレントしか得られない）が、少なくともカルテルを破った者は裏切りが割に合わないことを悟るだろう[19]。寡頭政治においても似たようなことが起こった。仲間内に、代表を持たない大衆に迎合する者がいる（カルテルを裏切っている）ことがわかったなら、彼らもまた大衆に迎合することができる。この過程で、裏切り者はその裏切りが割に合わないことを理解するようになる。たとえば、寡頭指導者Aが、B、Cの汚職を暴いたとしよう。B、Cもまた、Aの汚職を暴くであろう。AがX県の地主を煽動したとしよう。BとCは、X県の小作農の反地主感情を煽動するであろう。裏切りの情報を知ることができるという前提があればだが、二人以上が参加する政治ゲームのほとんどでは、報復が可能である。

　カルテル研究の業績に依拠すれば、明治日本において寡頭指導者のカルテルが失敗したことについて、三つの理由を示すことができる。第一に、カルテルのメンバーが裏切りを監視できない状況では、暗黙のカルテルは瓦解する。たとえば、大隈は裏で新聞とつながっており、暴露ネタをリークすることができたし、西郷隆盛は出身地の鹿児島に非公認の「私学校」のネットワークを維持して、裏で反乱を煽動できた。どちらのケースでも、寡頭指導者は、はじめは定石通りに反応した。大隈の場合は新聞を弾圧し、西郷の場合は私学校にスパイを送り込んだ。だが寡頭指導者は、新聞を完全に封じ込めたり、西郷への個人的忠誠と反逆罪の間にはっきりした線を引くことは困難であるということを悟り、反逆者を直に罰することを選んだのである。しかし、こうした対応を取るまでにはかなりの時間が必要であった。

　寡頭政治と、同質的な製品を生産するカルテルの一つの違いは、寡頭指導者

---

[19] Green and Porter (1984) は、アメリカの鉄道産業における共謀とカルテル破りへの懲罰を実証している。それによれば、価格への監視ができない状況でも、カルテルの参加企業は自社への需要の変動から他社の価格変化を推測することができた。需要が一定水準以下に下がると、カルテル参加企業は、いずれかの企業が価格を下げていることを察知して、懲罰行動に出たのである。需要低下がカルテルにとって外生的な要因で引き起こされた場合には、懲罰は意味のない行為になってしまう危険が常にある。だが、こうした懲罰への集合的なコミットメントは、長期的にカルテルを維持して行くためには必要なのである。

4. 寡頭政治の終焉

が裏切り者を追い出したり、処刑したりすることができるという点である。歴史から分かることは、寡頭制や軍事政権の指導者は、政治闘争において頻繁にこうした手段を使う。だが、それにはリスクが伴うのであり、裏切り者が大衆の支持を得ている場合には特にそうである。逆にいえば、明治期の寡頭指導者が互いを殺し合うことがめったになかったのは、このリスクのためなのである。

寡頭指導者は、報復的懲罰を行うことがきっかけで、大衆が自分たちを政府から放逐することを要求するようになるかもしれない可能性を計算しなければならなかったのである。つまり、寡頭指導者はジレンマに直面していた。裏切り行為の多くは見つかることがないため、裏切り者が外部の支持を得ることに成功するまでは、誰が裏切り者なのかが分からなかったというわけである。そして、裏切り者が政治的企業家として、大衆の支持を獲得してしまえば、裏切り者を殺してしまうことは危険になる。西郷の場合には、寡頭指導者はこのリスクを冒したが、大隈と板垣の場合には、そうしなかった。警察と軍隊を独占的に支配する寡頭指導者にとっても、政治的企業家が大衆暴動を左右できるという事実は大変な脅威であった。

これを見れば、どのような場合に談合を維持することが困難になるのか、その第二の条件が分かる。すなわち、カルテルの生産物に市場の高い需要がある場合である (Rotemberg and Saloner 1986)。裏切り者の明治期の寡頭指導者は、大衆に政治参加を動員することができた。しかし、もし市民（消費者）がそうした参加に低い需要しか持っていなかったならば、寡頭指導者（売り手）は、他のカルテルメンバーよりも価格を下げても、わずかな短期的な利益しか得られないために、裏切るインセンティブをほとんど持たなかったことになる。

大衆の間に、政治参加を望む需要がどれほどあったのかを正確に計る物差しが存在しないことは明らかである。だが、徳川末期の大衆暴動の頻発（White 1988）や、明治期の民権運動の爆発的なエネルギー（井上 1956）をともに考慮すれば、多くの日本市民は、参加の権利を強く求めていたと考えられる。大衆の反応が強力で、当然ながら他の寡頭指導者が大衆の潜在的な力を恐れていることを知っていた板垣と大隈は、他ならぬ大衆に迎合して行く強力なインセンティブを持っていたのである。

大衆がいったん組織されてしまえば、政治的企業家が彼らを政治行動に動員するための費用はほとんどかからないことにも注意するべきであろう（Olson 1982）。政治組織を設立することに伴う最初の高い固定費用が既に支払われて

いたので、板垣と大隈は、裏切る誘惑に駆られることになった。彼らは他の寡頭指導者と休戦を交渉する度に、また騒ぎを起こすという安上がりな賭に出る誘惑に駆られ続けることになったのである。

　第三に、談合をうまく維持することが困難になったのは、市場条件としてカルテル参加者の費用が非対称的であったためである。この理由から、明治期の寡頭政治は弱体化していった。カルテル参加者全員の費用関数が同じであれば、すべての参加者は同一価格で利潤を最大化させる。その結果、企業は比較的容易に均衡価格に収斂する。だが、企業が財を生産する効率が異なっているならば、各企業は異なる価格を好む。企業は、カルテルの独占価格としてフォーカル（focal）な均衡価格を決められなくなるのである（Tirole 1989: 150）。

　明治期の寡頭政治にとっては不運なことに、寡頭指導者が大衆の政治参加に対処する能力の分布は不均等であった。板垣と大隈は、仲間内での密室取引を得意としていなかったが、大衆に対してはカリスマ的で熱狂的な人気を勝ち得ていた。当然、彼らは自分の地位を保証するためには、あるレベルでの大衆参加が必要だと考えたのである。

　他の寡頭指導者、特に軍部に基盤を持ち、無口で大衆動員に不向きな性格の持ち主であった山県有朋は、板垣と大隈の構想に強く反発した。だが、裏切りの監視ができないこと、代議制への大衆の強い需要があったこと、寡頭指導者間で能力の分布が均等でなかったこと、といった理由から、現状維持は不可能であった。板垣と大隈が、ほとんど秘密裏に全国的な政治動員の基礎となる組織を作り上げてしまっていた状況では、板垣と大隈を処罰することはもちろん、殺したとしてもほとんど何も得られなかった。そんなことをすれば、大規模な大衆暴動のきっかけとなったであろう。代わりに寡頭指導者は、大衆の政治参加の機会を十分制約することができる政治制度を作り上げて、板垣、大隈とその仲間をチェックしようとしたのである。次章で扱う明治憲法は、まさにそのための制度だったのである。

5．結論

　本章では、明治期の寡頭指導者の初期の選択を概観し解釈する目的で、カルテル理論を使った。寡頭指導者は集団として、政府の支配権を独占して行くことに関心を持っていたが、公選議会との間で権力を共有することに自発的に同

5. 結論

意した。彼らが公職に就いてからちょうど10年の間、議会の開設を許さなかったのは、御しにくい国を統治するのに手一杯だったからである。そして議会開設に応じたのは、彼らの談合支配に敵対的な環境に当初から直面していたからであった。

　寡頭指導者は、折に触れて暗黙のカルテルを結ぶことを選んだ。そのやり方は、仲間内からの裏切りが続出したことで破綻した。寡頭指導者が、様々なやり方で秘密裏に仲間を裏切ったこと、そうした裏切りに大衆の支持という力があったこと、大衆の支持を得る能力に関して寡頭指導者の間に格差があったこと、以上の理由から、1930年代前半に軍部が政府を奪うはるか以前に、寡頭政治は崩壊する運命にあったのである。1880年代に寡頭指導者が憲法草案を起草する頃には、寡頭指導者内部の見解の相違は非常に根深く、自分たちの権限を憲法に書き込むことすら不可能になっていたのである。

第 3 章　譲歩か見せかけか：明治憲法

1.　はじめに

　寡頭指導者は、なぜ民選議会を設立したのだろうか。寡頭指導者が直面した意思決定問題は、あらゆる時代のあらゆる独裁政府が下した決断と多くの点で類似している。しかし、寡頭指導者の意思決定にとって重要なのは、意思決定に参加した者の数である。今日のカルテル理論が示唆するところによれば、寡頭制と独裁制の作用は本質的に異なって当然なのである。

　寡頭指導者が議会の設立に不本意ながらも同意した理由は四つ考えられる。第一の理由は、寡頭指導者は自らの所得の最大化を目指しており、効率的な経済体制を構築することがそのための最善の方法であるとの判断を下したというものである。自らの権力を抑制するための機構として立法府を設立すれば、私的財産を収用するために権力が行使されることはないという確かなシグナルを投資家に向けて送ることができる。こうして寡頭指導者は経済成長を奨励し、彼らがすくい取るだけの余剰利益がそこに生み出されていった。

　第二の理由は、日本社会の上層に位置し隔絶された地位にあった寡頭指導者が、他の社会階層に生じていた不満の原因に関する情報を欠いていたというものである。彼らは、そうした状態が引き起こし得る危険を認識していたために、定期的に選挙を施行することを決定した。選挙を通じて市民は、改革を謳う様々な政策ポートフォリオを提示する候補者の中から選択を行う。この過程で寡頭指導者は、革命の機先を制するために、もっとも効率的かつ安価な譲歩がどのようなものかを知ることができたであろう。

　第三の理由は、寡頭指導者は、政党出身の政治的企業家が全面的な革命に着手する前に、彼らと権力を分けあうことが必要だと考えたというものである。

1. はじめに

そうだとすれば、寡頭指導者は、上記の富最大化仮説や情報の最大化仮説が示唆するよりも、より切迫した、かつより自己保身的な行動に出る必要があった。寡頭指導者は、競争相手に対して、限られた範囲の統治権を分け与えることにより、単に自らの政治生命の引き延ばしを図ったに過ぎないというわけである。

第四の理由は、第2章で示唆したように、個々の寡頭指導者の相違が解消されなかったからこそ、代議政体が出現したというものである。寡頭指導者の中には、権力の持ち分に満足せず、寡頭制の外部にいる支持者の参加を自らの手で招き入れた者もあった。

第2節から第4節では、寡頭指導者が、どのようにこの民主化の脅威を認識したのかを記述し、権力者の地位にありながら、議会制に移行する過程で彼らが講じた方策を検討する。続いて第5節において、寡頭指導者がなぜ自らの権力を分有するという決定を下したのか、四つの仮説を経験的な証拠に照らし評価する。そして、寡頭制内部の不安定性から権力の移譲は不可避であったとの結論に達する。

集合体としての寡頭指導者は、権力の割譲を可能な限り最小限にとどめたかったであろうが、最終的には、自らの地位を一体となって保持することができなかった。彼らは既に1881年の時点で、民選議会との権力の共有を約束していたのである。憲法の中に彼ら自身の後継者に関する規定を設けることなくこのような約束をしたため、寡頭指導者は、それぞれの死期を迎えるにつれ、権力の継承者が誰になるのかが極めて曖昧な政治状況を創り出すことになった。

軍部の指導者は、このような権力の空白状況を利用するのに有利な立場にあった。寡頭指導者は、軍部を政党政治家の影響力から隔絶するために、軍部指導者に対して、独自の軍令制定権と、現役武官の軍部大臣への就任拒否により組閣自体を阻む権限とを与えていた。後に第7節において指摘するように、1920年代と30年代の軍部は、危うく自滅を招きかねない状態にあった。しかし軍部は、寡頭指導者と異なり、自らの手で調整問題 (coordination problem)^{訳注4}を解決した。つまり、軍部は、陸軍に中国を、海軍に東南アジアを与えることで、この問題を容易に解決することができた。しかしながら、究極的には、軍

訳注4　プレイヤーが相互の協力を維持できれば、より多くの利得を得られる場合に解決が求められる問題のことを指す。たとえば、あるゲームにおいて複数のナッシュ均衡があり、ある均衡が他の均衡に対してパレートの意味において優位の関係にある場合、プレイヤーがどのように相互間の調整をはかり、このより望ましい均衡を実現する戦略を選択することができるのかが重要になる。

部が首尾良く協調を維持したがゆえに、国家が破滅することになったのである。

2. 憲法への道

　寡頭指導者は、政治的企業家に対して重大な譲歩をするという意思を固めていたものの、自ら望んでこのような決定を下したわけではなかった。伊藤と山県は、民衆の扇動の規模を抑制しようと、集会に関する規制を強化した。1881年から1884年の4年間に、当局は、193の演説計画を禁止し、569の政治集会に解散を命じ、演説（講談論議）の内容に関して提出された2814の許可申請を却下している。もちろん、これらの数字によって表された演説や集会が、その全体の数に対しどれくらいの割合を占めているのかが示されるべきだが、政府指導層が集会内容を検閲していたことは明らかだろう。1883年には、検閲が強化され、延べ約80回分の新聞が発行禁止となり、47の新聞社が完全に閉鎖された（羽仁 1956: 314）。

　しかし、出版社の口が封じられたにもかかわらず、デモ参加者は反政府集会を企画し続けた。1882年に福島、1883年に高田、1884年に群馬、加波山、秩父、飯田、名古屋、1885年に大阪、そして1886年に静岡といったように、日本国中で地租軽減と民権を要求する騒擾が発生した。

　寡頭指導者が、このような動向に心を動かされた様子はない。彼らは再三にわたり軍隊を派遣しており、なかでも山県は、反乱を鎮圧するために「必要であれば」残虐な手段を用いるよう命じている。新聞（もちろん、常に信頼できるわけではないが）によれば、何百人という死傷者が報じられている（『東京日々新聞』1884年11月6日）。

　1887年の12月、内務大臣の山県は、政治活動に対する制約をさらに強化する保安条例を起草した[1]。この勅令で、あらゆる秘密結社および集会が禁じられ（第1条）、政治の解散を命じる権限が警察に与えられ（第2条）、皇居を中心とした半径3里以内から「治安ヲ妨害スルノ虞アリト認」められた者を追放する権限が内務大臣に与えられた（第4条）。政府はやがてこの命令を適用して、570人以上を首都から追放した（Hackett 1971: 105-106）。

　民衆の扇動の高まりは、政治的な企業家精神の高揚を招き、ひいては寡頭制

1　「保安条例」勅令第67号、1887年12月26日。

2. 憲法への道

の破滅のもととなった。事実、寡頭指導者は、権力を独占し続けることの価値の再評価を強いられた。というのも、この時点の民衆には、動員すれば明治政府を転覆するだけの潜在的な力が備わっていたからである。結成されたばかりの板垣と大隈の政党はそれぞれ、反寡頭政治を謳った綱領を基本路線に据え、地方遊説をするたびに支持者を拡大していった。こうなれば、寡頭指導者にとって賢明な策は、もっとも実力ある政治的企業家を選びだすメカニズムとして、選挙を許容することであったであろう。主流派寡頭指導者にとっては、そのような政治的企業家が特定できれば、金銭やその他の厚遇を与えて彼らを抱き込み、政治的脅威である彼らの立場を中立に保つことができたであろう。

　主流派寡頭指導者は、必要最小限の譲歩をしつつ憲法制定の作業に着手した。一匹狼的な寡頭指導者たちは、反逆的な民衆を動員し得る潜在的指導力を有しており、主流派寡頭指導者が独裁制を放棄することを余儀なくしていた。この時点で寡頭指導者は、選挙の実施と民選議会開設の双方を明言していたが、同時に、自らの権力を十分に温存するような議会制度を設計することを企てていた。

　1882年、伊藤は、ドイツやベルギーなどで施行されていた様々な憲法を研究するために、同僚とともにヨーロッパを視察した[2]。帰国と同時に伊藤は、新憲法の骨格をめぐる政府内の交渉を調整すべく制度取調局を創設した[3]。伊藤とともに他の寡頭指導者は、将来の変革に備えつつその後の数年間を費やすこととなった。

　制度取調局長という肩書きを持っていた伊藤は、1884年に華族令を改定した[4]。この時の彼の頭の中に新憲法のことがあったことはいうまでもない。当該改定により伊藤は、貴族院を友好的な存在にするための方策を準備したことになる。つまり伊藤は、動きを読むことが難しい衆議院に対する拮抗勢力とし

---

[2] 伊藤に同行したのは、つぎの者たちである。山崎直胤（太政官）、伊藤巳代治（参事院）、河島醇ならびに平田東助（大蔵省）、吉田正春（外務省）、三好退蔵（司法省）、西園寺公望、岩倉具定、廣橋賢光および相良依秋（以上宮内省）。一行は、ドイツ、フランス、ベルギー、イングランド、ロシアおよびイタリアを訪問している（Fujii 1965: 160-164）。

[3] 尾佐竹（1938）は、寡頭指導者のうち、憲法制定に真っ向から反対する立場の議論を詳述している。その他の寡頭指導者は、抜本的な制度改革を行わなければ他に生き残る方法がないと感じていた。伊藤博文は、両者の間に立ち対立する要求の調整を行うことにより、一同による提携関係を築いていった。

[4] 「華族令」宮内省達番外、1884年7月7日。

第 3 章　譲歩か見せかけか：明治憲法

ての役割を、貴族院に期待したのである[5]。1884年に伊藤は、改定された基準を用いて505名に新たに華族の地位を与え、華族の総数を2倍の1,016名にした[6]。

そして、翌年（1885年）には、議院内閣制の誕生を見越した当時の政府によって「内閣制度」が採用された[7]。しかし、内閣を構成する閣僚は、政府全体の立ち振る舞いに対して連帯責任を負うのではなく、各々が所管する官庁に対する責任のみを負うという存在であった。このことは、将来的に予想される議会による攻勢から内閣を隔絶しておきたいという寡頭指導者の意思を予め示したものである[8]。

また、議会制の時代に備え、寡頭指導者は、1887年7月に官吏任用のための試験制度を創設した[9]。これにより、彼らは、官吏候補を選ぶ際の自由裁量の一部を自発的に手放すのと引き換えに、将来選挙によって選出される者からもそのような特権を取り上げたと見ることができる。この難関の試験から免除されたのは、東京帝国大学を卒業した者だけであった。なぜ東京帝国大学の卒業生を免除したのかは明らかでない。もちろん、彼らが優秀であると考えたのかもしれない。また、帝大の卒業生が圧倒的に貴族階級に属す家庭の出身であり、議員よりも寡頭指導者に共感すると判断したのかもしれない（辻 1944: 117）。本章第4節および第5章において論じるように、数年の後、官吏の採用に関する内閣の権限をめぐり、政治家と寡頭指導者との間に争いが生じている。しかしこれは、既に寡頭指導者により予期され、そのための準備がある程度までなされた争点だったのである。

1888年、寡頭指導者は、元老院を改組した枢密院に憲法草案の策定作業を統

---

[5]　辻（1944: 115）。
[6]　百瀬（1990: 242）。1907年の華族に関する勅令（華族令、皇室令第2号、1907年5月7日、第10および12条）の改正により、死亡した華族の相続人は、爵を襲ぐためには、父の死後6ヶ月以内の宮内大臣への家督相続の届出が義務づけられた。届出義務を怠ることは、襲爵の放棄を意味した（百瀬 1990: 243）。
[7]　初の内閣を構成する10人の閣僚のうち、薩摩および長州閥の者はそれぞれ4人いた（Fujii 1965: 186）。
[8]　伊藤の部下の一人である金子堅太郎（1937: 116）は、伊藤は、政府内における宮内庁の関与が制限されることをも案じていたとしている。宮内省は、新しいルールの下で、内閣における地位を否定されている。この点は、辻（1944: 115-125）も参照のこと。
[9]　「文官試験指針及見習規則」勅令第37号、1887年7月23日。

括する権限を与えた[10]。伊藤博文は、この枢密院の議長に就任し、井上毅、伊東巳代治、金子堅太郎[11]などの親しい同僚とともに、草案策定作業の大半を自ら担当した。草案策定に発言力のあった伊藤は、しかし、憲法制定には他の寡頭指導者の支持が必要であることを理解していた。彼らは、その目的のために、彼らの権力を制度化するものとして枢密院を想定したのである。つまり、枢密院は、寡頭指導者の権力を温存するための組織として、議会制の時代に引き継がれることになっていた。伊藤自身の言葉でこれを表現すれば、枢密院は「憲法問題に関する天皇の顧問からなる最高位の合議体」とされている[12]。

　寡頭指導者は、1889年の皇室典範により、皇位継承事項に関する決定権を枢密院に与えた。典範の第9条によれば、枢密院は、皇室と合議しつつ、精神若しくは身体に不治の重患がある、もしくはより不吉なものとして「重大ノ事故」[13]がある、いずれかの場合に皇位継承順位を変更することが可能であった。仮定の上では、進歩的で意欲的な天皇であれば、憲法上の権限があることを自ら主張してみせたかもしれないが、枢密院がそのような傲慢を許すはずはなかったであろう。いずれにせよ、戦前の日本にそのような天皇は現れなかった。政治学者D・タイトゥス（Titus 1974: 11）によれば、「戦前の意思決定過程における天皇の存在は（中略）、ある種の機関であり、政治に対して恣意的に個人的意思を表明できる自律した存在ではなかった」。

3．明治憲法下における議会

　1889年に明治憲法を発布（1890年に施行）[14]した時点で、寡頭指導者は、多くの曖昧さを温存しつつも、不測の事態への対処をほぼ終えていたといえる。つまり彼らは、天皇の名において憲法を制定し、天皇が主権者であることを再確認したものの、天皇が自分たちの隠れ蓑となることを企図していたのであり、憲法の皮相的な解釈が示唆する独裁的君主政体を擁立しようとしたのではなか

10　「枢密院官制」勅令第22号、1888年4月28日。
11　たとえば、馬場（1930）および前田（1943）を参照。
12　伊藤（1889: 99）を参照。
13　「皇室典範」1889年2月11日。
14　「大日本帝国憲法」1889年2月11日公布。［なお、本章内の引用部分には、原文表記を用いることとした。］

第3章 譲歩か見せかけか：明治憲法

った。

　政府組織の多くは、憲法によって承認される以前から存在していたが、帝国議会は新設された。この二院制の立法府は、貴族院と選挙を経た衆議院から構成される。明治憲法第5条の規定によれば、「天皇ハ帝国議会ノ協賛ヲ以テ立法権ヲ行フ」のであった。ところが伊藤は、後述のように些か意図的な誘導を伴って、帝国議会は「立法に参する者にして主権を分かつ者に非ず。法を議するの権ありて法を定むるの権なし。」[15]と説明していた。

　新設された貴族院は、皇族と華族およびその他の勅任議員（勅撰議員、帝国学士院会員議員および多額納税者議員）により構成された。議員資格に関する詳細は、1889年の勅令によって明らかにされている[16]。当該勅令の下、皇族男子は、20歳をもって貴族院の無給の終身議員となり（第2条）、公爵および侯爵は、30歳で無給の終身議員となった。また、伯爵、子爵そして男爵など爵位を持つ者が大勢いたため、この中から、およそ5人に1人を任期7年の貴族院議員として互選した（第4条）[17]。

　貴族院には、華族の家系に生まれなかった者も相当数含まれていたが、そのような者の多くは、帝国議会におけるポストとともに爵位を授与された。1889年の勅令により、国家に対する貢献度を基に125名の勅撰議員が天皇によって任命された[18]。加えて、帝国学士院の会員は、4名の者を任期7年の議員として互選した。さらに、多額納税者は、その中から人数の特定なく任期7年の議

---

[15] 伊藤（1889: 62）、Colegrove（1933: 890）を参照。立法府の権限に関して伊藤が行った解釈が、大方の寡頭指導者が意図したところと合致していたことに疑いの余地はない。また、伊藤の解釈は、当時のより保守的な憲法理論家によって喧伝された。たとえば、穂積八束（1910）や上杉慎吉（1912）を参照。しかし、美濃部達吉を中心とする一匹狼的な法学者らはこれに反論した。1935年、美濃部は、自身の学説が原因で、貴族院議員の辞職に追い込まれている（Miller 1965: 252; Titus 1974: 130-131）。

[16] 「貴族院令」勅令第11号、1889年2月11日。

[17] 貴族院では、伯爵に18議席、子爵および男爵にそれぞれ66議席が割り当てられた。衆議院議員は、それ以外の階層に属する20歳以上の男性によって選出された。「貴族院伯子男爵議員選挙規則」勅令第78号、1889年を参照。

[18] 1945年までに貴族院の議席は、元官僚（39％）、財界人（25％）および元大臣（16％）が独占した。『日本近現代史』（1978）を参照。

[19] 「貴族院多額納税者議員互選規則」勅令第79号、1889年6月4日、および「貴族院令」勅令第11号、1889年2月11日。百瀬（1990: 38）によれば、北海道および各府県において、事実上、6,600人の納税者がおり、66人の貴族院議員を互選したとされた。ほとんどの県や府には、100から200人までの↗

3. 明治憲法下における議会

員を互選することができた[19]。この時、既に伯爵を名のり最終的には公爵となる伊藤は、自ら初代貴族院議長を務めた。

明治憲法の衆議院に関する条項は、非常に大まかな文言によってのみ規定された（第35条）。それは、「衆議院ハ選挙法ノ定ムル所ニ依リ公選セラレタル議員ヲ以テ組織ス」と定められており、その詳細は法律の規定に委ねられていた[20]。明治憲法はまた、憲法改正の発議権をいずれの院にも与えていない。その第73条によれば、「将来此ノ憲法ノ条項ヲ改正スルノ必要アルトキハ勅命ヲ以テ議案ヲ帝国議会ノ議ニ付スヘシ」とされている。伊藤の説明によれば、「憲法は天皇の独り親ら定むる所たり。故に改正の権は亦天皇に属すべければなり」（憲法ハ天皇ノ獨リ親ラ定ムル所タリ故ニ改正ノ権ハ亦天皇ニ属スヘケレハナリ）[21]とされた。

政府の主導権を奪おうとする政党政治家に対するもう一つの予防策として、明治憲法には、議会に対する内閣の責任に関する規定が置かれなかった。それどころか、憲法は、その第55条で国務大臣について規定するものの、内閣に関しては言及することさえなかった。また、内閣の権能[22]を詳述した1889年の勅令は、内閣総理大臣の選出方法を特定していない。これはおそらく、憲法第10条により、すべての政府官吏の任免権が天皇に付与されていたためであろう。しかし、実際には、寡頭指導者が存命中、内閣総理大臣の任命は、天皇の名において彼らの手で行われた。そして、寡頭指導者は、1890年以降の十数年間、主に自分たちの中から内閣総理大臣を任命したのである。

天皇に対する最高位の諮問機関である枢密院こそが、実質的な権力を握っていた。憲法のその他の条項は、寡頭指導者の利益を守るように予め仕組まれた民衆への譲歩の内容か、美辞麗句を体現したものでしかなかったからである。しかし、寡頭指導者にとっての枢密院とは、寡頭指導者が政府をコントロール

　「多額納税者」がおり、彼らは、この66の議席に対して投票しかつ立候補する資格を有していた。具体例としては、1932年、投票資格を有する者が納めた最高額と最低額の納税額は、東京府で11万円と4,329円、山梨県で2,856円と420円であった。沖縄県の納税者の水準がもっとも低く、その額は99円であった。日本紳士録付録『多額納税者名簿』(1933)、『大正昭和日本全国資産家地主資料集成』を参照。

20 「衆議院議員選挙法」法律第3号、1889年、および「議院法」法律第37号、1889年。議員法の制定過程に関する詳細に関しては、大石（1990）を参照。
21 伊藤（1889: 134-135）を参照。
22 「内閣官制」勅令第135号、1889年12月24日。

するための最後の砦であり、その支配力は、名目上は立法府の権限とされる法制定機能にまでおよぶ強固なものであった。その後の事態の推移を理解する上で特に重要な点は、このような枢密院の影響力は制度的な裏づけを持っていなかったということである。むしろ、その影響力のほぼすべてが、枢密院の初代構成員であった寡頭指導者の個人的な力量に依拠するものであった。

4．明治憲法下における立法

　明治憲法下における法令には、法律、命令およびその他各種の規則が含まれた。寡頭指導者は、既に数年間にわたり、法律および命令を利用してきていた[23]。なぜ、寡頭指導者や他の誰もが、憲法制定以前に、法律と命令の区別にこだわったのかは明らかでない。憲法制定以前の寡頭指導者は、これら双方の法令をいわば勝手気ままに公布していたようである[24]。

　新しい憲法の下でも、法律と命令の効力の範囲は重複し続けた。憲法によれば、租税（第62条）および臣民の特定の諸権利（第18条から32条）は、法律によってのみ変更することができると規定されていた。さらに憲法は、法律の改正は他の法律によってのみ成し得ることを定めた[25]。同時に憲法は、皇室（第74条）および華族（第15条）に関する規定を含むその他の事項を、法律の効力の範囲外として位置づけた。しかしながら、憲法では、法律または命令を制定することにより、政府がほとんどの問題を処理できるように規定されていた。当時、伊藤は、理論的整合性よりも実際の政治的配慮を重視し、「それぞれの国の政治的な発展段階に応じて、法律の射程に何が収まり、何が命令の射程に収まるのかが決まる」（法律及命令ノ区域ハ専ラ各國政治発達ノ程度ニ従フ）と、いい残している（伊藤 1889: 69）。

　明治憲法下の立法過程では、伊藤の弁解じみたコメントが示唆するよりもや

23　「公文式」勅令第1号、1886年2月24日を参照。後に「公式令」勅令第6号、1907年1月31日がこれに取って代わる。
24　主に、一木（1892: 31-33, 141）を参照。
25　1890年の議院法が法律であったために、衆議院は、その組織および機能に関する改革案を阻止し得た点に留意せよ。また、衆議院は、枢密院と貴族院の権限を抑制しようとしたが、両院の拒否権によってその試みが阻止されている点にも留意せよ。抜本的な改革にはおよばず、衆議院が、政府内の権力を掌握する可能性はほとんどなかったといえよう。

4. 明治憲法下の立法

や多くの権限が帝国議会に与えられることになった。法律は、同一内容の法案が過半数の議決をもって議会両院を通過した場合にのみ成立した（第5条、37条および47条）。通過後、内閣を構成する国務大臣は、助言とともに天皇に対して法案を上程（上奏）した。そこで天皇の裁可（勅裁）が得られれば（第5条および第6条）、国務大臣による副署により法案は法律となった（第55条）。原理的に帝国議会の両院は、このような立法手続により、法案審議をめぐる拒否権を付与されていたのである。

法案審議をめぐる権限は両院に同等に与えられていたが、予算をコントロールする権限に関しては、憲法は衆議院に対して優越した地位を規定したといえる。しかしながら、この優越性の内実には疑わしいものがあった。1892年6月、予算をめぐる衆議院と内閣の間に生じた衝突を受け、枢密院は、勅令により、衆議院によって削除された政府予算項目を再び追加する権限を貴族院に与えた。加えて、予算は法律に劣る行政計画と考えられていたため、法律の執行に必要とされる財政支出を議会が拒否することは不可能であった。政治家による支配に対するさらなる防御措置として、憲法は、前年度の予算を執行する権限を内閣に与えていた（第71条）。これにより内閣には、通貨収縮（デフレーション）を実行する権限と併せ、実質的には議会のコントロールのおよばない財政支出権を与えられたことになった。

議会と内閣との間でそれぞれの利益が乖離した状況を前提に考えれば、議会が、法律の中で歳出要件を特定化することで、内閣の予算作成権限を否定しようと努めたことは理解に難くない。戦前の日本政府は、戦後日本の議会制度とは異なり、大統領制の下で立法府と執行府が異なる政党の支配下にある分割政府（divided government）により多くの点で類似していた。

帝国議会は、法律の内容を非常に具体的に特定化することにより、寡頭指導者に術策を用いる余地を与えまいとした。しかし、憲法第70条は、内閣にもう一つの抜け道を与えていた。それは、「公共ノ安全ヲ保持スル為緊急ノ需用アル場合ニ於テ内外ノ情形ニ因リ政府ハ帝国議会ヲ招集スルコト能ハサルトキハ勅令ニ依リ財政上必要ノ処分ヲ為スコトヲ得」とし、つぎの会期において承諾を得るために、政府が議会に予算措置を報告することを定めていたことであった。しかし、一旦政府が財政支出を行ってしまえば、その後の議会の抵抗は往々にして無駄に終わることが多かった。第4章で触れるように、憲法の予算関連規定に内在した曖昧さが原因となり、衆議院と内閣の間には憎悪に満ちた

交渉が繰り返されたのである。

　枢密院は、明白な拒否権とまではいかないまでも、特定の法案に対して意見を述べる実質的権限を有していた。このような権限は、憲法に明記されていたわけではない。代わりに、憲法には、枢密院が果たすべき役割の内容が、勅令の中で規定されるべき旨の規定があった[26]。そして、勅令により、枢密院は、(a)憲法に「附属スル」法律ならびに勅令に関する疑義、および(b)憲法に「附属スル」法律ならびに勅令に関する草案について意見を述べることとされた[27]。しかしここでは、枢密院が、天皇に対して諮問（諮詢）するという役割を通じて、事実上の拒否権を保持していた点に注意すべきである。明治憲法の下でも、この点が大きく変化することはなかった。すなわち、誰であれ天皇をコントロールする者は、立法過程を遮断することができたのである。

　枢密院は、また、勅令に対しても似たような統制手段を行使していた。憲法は、天皇が勅令を帝国議会に諮ることなく公布することができる旨を規定していた。また、ある種の制限はあるものの、天皇がひとたび勅令を発すれば、それには法律と同等の法的効力が付与された[28]。勅令の効力は、つぎのようにして生じることになっていた。まず、国務大臣が内閣に対して勅令案を提案する。内閣がその案を通過させれば、内閣総理大臣が助言とともにそれを天皇に上奏する。天皇がこれを裁可すれば、国務大臣の副署をもって、勅令は法としての効力を得たのである。枢密院は、法律の場合と同様、天皇に対するコントロールを維持している限り、いかなる勅令の制定をも阻止することができた。予期される通り、実際に内閣が勅令案を天皇に上程するには、それ以前の段階で枢密院の諮問を経なければならなかったのである[29]。

---

[26] 「大日本帝国憲法」第5条。「枢密院官制」勅令第22号、1888年4月28日、勅令第216号、1890年10月7日によって改正。

[27] 枢密院は、以下のような事項について意見を求められた。(1)皇室典範ニ於テ其権限ニ属セシメタル事項。(2)憲法ノ条項又ハ憲法ニ附属スル法律勅令ニ関スル草案及疑義。(3)憲法第十四条戒厳ノ宣告同第八条及第七十条ノ勅令及其他罰則ノ規定アル勅令。(4)列国交渉ノ条約及約束。(5)枢密院ノ官制及事務規程ノ改正ニ関スル事項。(6)前諸項ニ掲クルモノ、外臨時ニ諮詢セラレタル事項。「改正枢密院官制」勅令第216号、1890年10月7日、第6条を参照。

[28] 天皇の一般的な警察権力（第9条）の下で発せられた勅令は、既存の法律と矛盾する効力を持ち得なかった。天皇が法律に反して勅令を公布できるのは、議会が閉会中か次期開会期間中に勅令を議会に提出する場合のみであった（第8条）。

[29] 朝日新聞政治経済部編（1930: 43-45）、百瀬（1990: 63）、Colegrove（1931: 559; 1933: 892）。

5. 権力の分有をめぐる説明

　明治憲法の制定を通じて、寡頭指導者が、民衆および民衆を煽動するとの脅しをかけた一匹狼的な寡頭指導者に対して大きく譲歩したことに疑いの余地はない。寡頭指導者は、政治的企業家が選挙民を動員することを許しただけでなく、代償を支払ってまでそうさせていたのである。

　しかしながら、寡頭指導者の譲歩は、多くの点で、選挙民とその代表に完全な拒否権を与えるまでには至らなかった。つまり、寡頭指導者は、様々な規定の中に拒否権を与えるためのメカニズムを組み込んだものの、自分たちと対立する立法府を巧みに回避するための方策を確保していたのである。彼らにとっては、勅令により法律を回避することができたが、衆議院にとっては、憲法、枢密院および貴族院の地位を変えることなど望むべくもなかったことである[30]。また、寡頭指導者は、予算でさえ立法府による実質的な統制から隔絶することができた。そして、立法府が頑強に妥協を拒否するならば、寡頭指導者は、単に衆議院を解散すればよかった（第7条）。寡頭指導者は、解散を命じることにより、各政党に対して巨額の支出を強いることができたのである。

　寡頭指導者は、機会あるごとにこのような策略を用いたわけではない。政治的企業家の憤激を煽ることは、彼らが憲法制定によって回避したかったことに他ならない。一方、政党政治家の立場からすれば、寡頭指導者との対立から生じる費用は、寡頭指導者に与え得るいかなる打撃よりも深刻なものとなった。なぜならば、寡頭指導者は、勅令を通じて法制定機能を行使し、前年度予算を執行し、必要となれば、通貨収縮により予算を膨張させることができたのである。したがって、明治憲法下における政策の均衡は、寡頭指導者と政党の両者にとって理想とは異なる点で収斂していたのかもしれない。しかし、そのような均衡点は、政党にしてみれば、自らが寡頭指導者に対して不利な立場に立たされている状況を指していたのである。

5. 権力の分有をめぐる説明

　なぜ寡頭指導者は、そもそも権力の分有を受け入れたのだろうか。本章の冒頭で紹介したように、議会開設の方針を採択した寡頭指導者の意思決定に関す

---

[30] 憲法改正は、天皇の勅令による発議があって初めて行うことができた（第73条）。枢密院に関する事項は第56条により、貴族院に関する事項は第34条により、それぞれ天皇に付託されていた。

る第一の仮説は、経済効率性に注目するものであった。経済学者Y・バーゼル（Barzel 1992）やD・ノースとB・ワインガスト（North and Weingast 1989）によれば、合理的な独裁者は通常の場合、効率的な経済体制を望む。効率的な経済体制が存在すれば、支配者がレントを引き出すための余剰がもっとも多く生み出されるからである。しかし、経済に対する信頼感を醸成するためには、支配者は、国民に対してその財産を没収しないことを保障する必要がある。したがって、合理的な独裁者は、権力の分有を行うことで財産没収の権利を自ら制限するのである。こうすることで支配者は、財産が没収される可能性を低く抑え、経済生産と同時に彼らが最終的に引きだすレントを増加させることができる。

しかし、この効率性に関する議論では、明治期の寡頭指導者が下した選択を十分に説明できない。第一に、寡頭指導者は、政党政治家に対して完全なる拒否権を与えたわけではない。単に彼らは、拒否権には到底およばない不十分な権限しか政治家に与えていない。結果として、寡頭指導者には、陰でレントを引き出すための十分な余地が残されていた。寡頭指導者が関与した疑獄を記せば長大なリストになるが、これが何よりも物語っている[31]。第二に、寡頭指導者は、むしろ経済効率性を阻害するインセンティブを政治家に与えるような選挙制度案を起草している。次章でより詳細に論じるように、複数人区単記非移譲式投票制は、極度に腐敗した選挙キャンペーンと金権政治を生むことになった。

第二の仮説は、政権の座にあった寡頭指導者の地位を脅かす原因を、情報の非対称性に求めるものである。寡頭指導者が体制を脅かすあらゆる潜在的脅威に関する情報を熟知していたならば、競争相手に政治権力を与えるようなことはしないはずである。しかし、「全知ではないのに全能であることにはかえって危険が伴う」ものである（Miller 1992: 79）。

J・ベンダー（Bendor 1985）は、寡頭指導者が、自分たちの権限の一部を自発的に立法府に譲り渡した理由を、情報に関連づけて説明している。ベンダーは、問題を察知しかつそれを解決するためには、「2人の支配者が従属関係にあるよりも、比較的独立している方が適している」（Bendor 1985: 47）とした。つまり、ここでは、寡頭指導者が自らの利益のために、独立した競争相手に権限の一部を譲り渡すことが示唆されている。寡頭指導者は、権限の一部を譲り渡す

---

[31] たとえば、室伏（1988）を参照。

5. 権力の分有をめぐる説明

ことで、市民がもっとも必要としている政策がどのようなものかを知るための手段（選挙）を創り出すことになる。そうすることで寡頭指導者は、自分たちの政治的地位を保つ上で、もっとも費用効率性の良い方策を選択することができる。つまり、寡頭指導者は、自分たちに必要な情報の入手経路を制度化することで、実際には彼ら自身の権力基盤を強化することが可能になった、というわけである。

　この第二の仮説にも、第一の仮説と同じ理由による難点がある。寡頭指導者が、民衆の選好を知るために入手した情報の質の改善を必要としていたならば、実際に制定された憲法や法律がそのような内容になったとは考えにくい。つまり、彼らが政治家に付与したインセンティブの体系とは、国内にある不満の源泉を見つけ出すには全く不適切なものであった。

　寡頭指導者が必要とした情報は、国民が欲する公共財のポートフォリオに関する情報であった。政府指導者は、典型的には、公共財と私的財とを組み合わせたものを一般市民に供給する (Cain, Ferejohn and Fiorina 1987)。政権を維持しようとする指導者にとって、一般大衆が望む公共財と私的財に関する情報は極めて重要なものである。しかし、国民の私的財の選好に関する情報を入手するためには、選挙市場は必要ない。そのような情報は、経済市場により既に効率的に供給さる。指導者にとって困難なのは、一般大衆が欲している公共財のポートフォリオを見い出すことなのである。

　寡頭指導者は、公共財に関する情報を引き出すための選挙制度を構築することができたにもかかわらず、実際にはそうすることはなかった。第4章で説明するように、彼らがその代わりに創設した複数人区単記非移譲式投票制度による選挙制度からは、選挙民が欲していた私的財の情報だけがもたらされたのである。実際のところ、彼らが設計した選挙制度は、市場に目を向けてさえいれば容易に見い出すことができた選好情報（国民が望む私的財に関するポートフォリオ）を提供するに過ぎず、彼らがもっとも必要としていた情報（国民が欲していた公共財に関するポートフォリオ）を提供するものではなかった。

　最後の第三の仮説は、論理的には単純なものである。つまり、寡頭指導者は、政治的ライバルが革命により政府の転覆を謀ろうとする可能性を低く抑えるために、既存の体制の中でライバルまでが利益を得られるようにした、というものである。寡頭指導者は、選挙制度を創設するか、ライバルを強力な官僚にするかのいずれかによって、これを成し遂げることができた。寡頭指導者は、選

挙制度が一種の選別のための仕掛けとして機能することから、選挙制度の創設を選択した。つまりそれは、影響力のある地位を目指す候補者が、自らが政治的脅威になり得ることを選挙を通じて証明してみせることを強いるような仕掛けだった。

　以上の三つの仮説の中では、この第三の仮説が歴史的事実にもっとも合っている。寡頭指導者が構築したシステムは、経済的には非効率で、なおかつ民衆の選好に関して不確実な情報しかもたらさなかったが、明治後半の政治制度は、有能な政治的企業家を見い出し、ひいては彼らを飼い慣らしてしまう機能を果たしたといえよう。しかしながら、この仮説もまた、新しい体制の政府を選ぶという寡頭指導者の重要な意思決定に関する考察を欠いている。それは、前章で述べたように、寡頭指導者の間に存在していた敵対意識のために、一般大衆の脅威がどれだけ深刻であるかについて、統一的意思決定を行うことができなかった点である。

　つまり、明治憲法を理解するためには、寡頭指導者の関係が不統一であったことがむしろ重要なのである。寡頭指導者には、他の寡頭指導者からの中傷をよそに、大衆による支持の獲得に努力し、政党の擁立に成功している者もあった。寡頭指導者は、このような背信者の煽動による革命の危険性に曝されるよりはと、結局は民選議会の創設に同意したのである。つまり、寡頭指導者の対抗関係こそが、政治システムにおける新規参入を促進したのである。

　また、仮に寡頭指導者が、単独の独裁者として行動することができたならば、明治憲法は非常に違った内容の文書になっていた可能性がある。彼らが共倒れになるような対抗関係をひきずっていなければ、統合の象徴としての天皇の存在を必要とすることはなかったであろう。そして、常に自分たちの中から背信者が出るという可能性がなければ、寡頭指導者の手で枢密院の権限は制度化されていたであろう。さらに彼らは、他の寡頭指導者からの裏切りの恐れがなければ、権力基盤を継承するためのルール作りを行うことができたかもしれない。相互に不信感を抱く指導者達は、拘束力のあるルールを作る強力な動機を持つこともあるが、一方で競合する利益状況のために、そのようなルール作りが困難になることもあるのである。

　寡頭指導者は、互いの不和を緩和するための制度的枠組を作れず、むしろ相手に対して抱いていた不信感を制度化してしまった。明治憲法は本質的には寡頭指導者の自己保身を体現したに過ぎないが、結果として、解決よりも多くの

問題点を残すことになった。つまり、明治憲法により天皇は名目上の統治権者とされたが、実際に支配していたのは誰だったのか。選挙民は、代議員を選出することができたが、立法府は果たしてどれほどの権限を与えられていたのか。政治の舞台から寡頭指導者が消え去ったとき、誰がその地位を継承することになっていたのか。軍部の統制は、誰が行うことになっていたのか。明治憲法は、これらの疑問にひとつとして解答を用意してはいない。

集団として自分たちの地位を保持することができなかった寡頭指導者は、結局のところ権力に対する独占状態をも失うことになる。寡頭指導者の中には、他の寡頭指導者を驚愕させつつも、自分自身の政党を旗揚げした者もあった。これにより、一匹狼的な寡頭指導者は、寡頭制そのものを犠牲にして自らの支持基盤を強化した。これに対抗して他の寡頭指導者は、自衛手段として軍部を強化し、個人的に培った忠誠心により軍部を統制した。こうして、寡頭指導者内部の対抗関係は、新たな競争相手が政治システムへ参入することを可能にしたのである。実際、このような寡頭指導者の対抗関係により、政党と軍部の抗争の場が設定されることにもなった。しかしながら、明治憲法は、政党が軍部に抗するための手段を用意していなかったのである。

6. 結論

1889年に憲法を制定した時点で寡頭指導者は集団として、体制を強固なものにすべく非常に多くのことを成し遂げていた。彼らは、地方政府に対して僅かな譲歩をしたに過ぎず、封建制の存立に関しては全く譲歩しなかった。また、彼らは、武士階級を解体した後、過去とのつながりのほとんどない貴族階級を作り上げた。そして、寡頭指導者は、この新しい貴族階級による身分制を用いて、自分たちとその支持者に政府要職の肩書きや役得といった報酬を与えた。

しかし、新しい憲法には致命的な曖昧さがいくつか残された。寡頭指導者は指導者内部での抗争を収拾することができなかった。憲法の曖昧な条文はこの事実を反映していた。寡頭指導者は、当時の権力基盤の実相に反して天皇を国の統治権者とし、しかも、神聖にして侵すべからざる存在とした。さらに、彼らは、自分たちの発言権を制度化するために枢密院を創設したが、何者かが独裁的な権力を単独で手中にすることを防ぐために、枢密院の権限は天皇に対する意見具申に限定した。そして、彼らが漸次死去して行くのに伴い、その手中

第3章　譲歩か見せかけか：明治憲法

にあった統治権は傀儡の指導者の下に残されることになった。つまり彼らは、権力の真空地帯を生み出し、もはや抑制の効かない暴力的手段による権力の争奪状況を招くことになったのである。その後の歴史の展開は、よく知られているところであろう。軍部が政権を奪い取り、日本を壊滅的な戦争へと導いていったのである。

　一般に考えられているよりも、憲法を草案した当時の寡頭指導者には、選択の幅が限られていたのではなかろうか。もしも彼らの対抗関係が解消していたならば、おそらく寡頭指導者は、代議制による政府の誕生さえもさらに後日に引き延ばせたであろう。しかしながら、強制のための上位機構を持たないあらゆるカルテルと同様に、寡頭政治そのものは本来的に不安定な性質を有している。日本における寡頭制も例外に漏れず不安定であり、他のほとんどのカルテルと同様、最終的にはその崩壊を自らの手で招いたのである。

第4章　選挙制度と政党間競争：政治的生存を求めての闘争

1.　はじめに

　明治憲法は、政治過程の重要な部分を曖昧なままにしていた。それは、議員の選出方法である。前章では、寡頭指導者からの権力委譲の背後にある論理を概観した。本章では、権力構造の変化が、選挙制度の選択にどのように影響を与えたかを考察する。選挙関連の法規には何度も変更が加えられたが、これを制定する際には寡頭指導者、家族、政党、有権者、そして間接的にではあるが選挙権を持たぬ人々をも巻き込んだ長期間の交渉を必要とした。選挙のルールは、政治的説明責任（accountability）のまさに中心部分である。ゆえに、その進化する様を見て行くことで、政治体制の中で権力を持っていたのが誰か、その権力の大きさがどの程度のものか、そして権力の獲得はどのように行われたか、などの問題に一定の解答を与えることができる。

　寡頭指導者は、憲法上、議会に対して限定された権力しか与えなかったが、それでも政党政治家が大衆の支持を獲得することに対する不安は消えていなかった。政党政治家がさらに譲歩を求めてくることがないよう、寡頭指導者は、政党内での競争を促進するような選挙制度を確立し、そうすることで政党を弱体なままにしておいた。政党の幹部は、この同士討ち競争を有権者に私的財を供給することで緩和したが、結果として汚職が蔓延し、程なく有権者は幻滅することになった。

　本章では、まず寡頭指導者による様々な選挙制度の実験を概観する。これらの制度が政治家に対して、また政治家と寡頭指導者、政治家と有権者それぞれの関係に対してどのような影響をおよぼしたのか考察する。第2節では、1889年にまず1人区と2人区が選択され、ついで1900年にそれが複数人区に変更さ

れた理由を考察する。第3節では、1919年に、政友会が多数派としての地位と選挙制度論争を利用して、山県有朋に小選挙区制の採用を承諾させたことを説明する。それまでは政党と枢密院のいずれも絶対的な権力を持たず、双方が譲歩せざるを得ない立場に置かれていたのである。

第4節では、選挙権をすべての成人男子に拡大した決定について説明する。政府の指導部が選挙権の拡大に同意したのは、はじめに議会の開設に同意したのと同じ理由からであった。寡頭指導者は、集団として権力を保持し続けるために必要な協調を実現することができなかったのである。二大政党とそれを支持する有権者たちは、おそらく選挙権を制限し続けることを望んだであろう。既に選挙権を得ている者にとっては、普通選挙権は政府からの取り分を一般大衆と共有しなければならなくなることを意味していた。政党にとって、普通選挙権とは、選挙運動への莫大な支出と、選挙の不確実性の増大を意味していた。だが、政党政治家は、40年前の寡頭指導者と同じく、効果的に共謀することができなかったのである。

第5節では、議会が複数人区制を復活する法案を通過させた理由を説明する。議会で過半数を確保している政党がない状況で、この法案は三党間の合意を反映していた。複数人区制の導入によって、各党はほとんどの選挙区で議席を獲得する成算を得たのであった。第6節では、この複数人区制が選挙戦略にもたらした帰結を考察する。第7節では、複数人区単記非移譲式投票制で行われた選挙を歴史的に振り返る。

2. 初期の制度

2.1. 最初の選挙法

寡頭指導者は、民主制に対して慎重な姿勢をとった。彼らは、憲法の中で衆議院の設置を約束したが、どのように選挙を行うのかについては説明していなかったのである。憲法には、選挙の制度を特定する規定がなかった。この課題は、憲法と同じ1889年に公布された選挙法に委ねられたのである[1]。選挙法により選挙権を与えられたのは、全人口4,200万人のうちの45万3,000人であった。

---

1 「衆議院議員選挙法」法律第3号、1889年2月11日。

第 4 章　選挙制度と政党間競争：政治的生存を求めての闘争

選挙法第 6 条によれば、選挙権を持つのは、25歳以上の男子で選挙区に一年以上居住し、名簿に登録されていなければならなかった。さらに、人口のほとんどを選挙権から除外する条件として、選挙前に少なくとも 1 年以上にわたって地租15円以上を納税した者、または選挙前少なくとも 3 年以上にわたって直接国税15円以上を納税した者という項目が加えられていた[2]。

選挙法では、議員は300人で、任期は4年と定められていた。47の日本の府県が257の選挙区に分けられ、それぞれの選挙区に対して人口に応じて 1 人あるいは 2 人の代表が割り当てられた。そこでの考え方は、有権者資格を持っているかどうかには関係なく、人口約12万人に対して、1 人の割合で議員を割り当てるというものであった。10万人から20万人の人口を有する選挙区は 1 議席、20万人以上の人口を有する選挙区は 2 議席を有するものとされた。

この選挙制度によって、都市部に有利な偏向がもたらされたと考える向きもあるかもしれない。多くの人口を抱えながら少数の有権者しかいない都市部に比べ、富裕な地主層を多く抱える農村部は、過少代表されていたのではないかということである[3]。だが、納税条項があることにより富裕な農民を除くほぼすべての者が選挙権を与えられていなかったから、この都市バイアスとは、人口密集地に住む地主が農村部に住む地主に比べて過剰に代表されているというだけのことであった[4]。寡頭指導者は、最初の議会が資産家だけを代表し保守的になるよう仕組んだものと考えられる。

こうした用心をしてもなお、寡頭指導者は選挙結果を偶然に委ねようとはしなかった。寡頭指導者は、自派の候補者を有利にするために他にも様々な手段を仕掛けておいたのである。おそらく選挙民を恫喝するためだったのであろうが、規定によれば、有権者は選挙官吏の面前で投票用紙に署名しなければならなかった（選挙法第38条）。また寡頭指導者は、警察を意のままに利用して、政

2　第 6 節を参照。1889年当時、直接国税の 3 分の 2 は地租であったため、有権者の大多数は地主層であった。

3　島根第 6 選挙区には、52人しか有権者がいなかった。鹿児島第 7 選挙区では53人、長崎第 6 選挙区では55人である。一方、福島第 5 選挙区では有権者数は4,295人、滋賀第 2 選挙区では4,379人、三重第 3 選挙区では、4,568人であった（Uehara 1910: 171）。

4　市は、選挙区の単位としてそれ以上分割されないことになっていた（東京、京都、大阪の 3 市は県並みに扱われたので例外）。通常、都市部の有権者は農村部の有権者に数で圧倒されていた。1900年に林田衆院書記官長が語ったところによれば、衆院の300の議員のうち都市商工業者を代表していたのは僅か17人であったという（Uehara 1910: 172）。

2. 初期の制度

党の候補者に嫌がらせをしたり、政治集会を解散させたりした[5]。

　反政府派の政治家は弾圧をものともせず、最初の選挙で171議席という過半数を勝ち取った。伊藤首相や他の寡頭指導者らはこれに苛立って、議会の招集を待たずに、政党の活動をさらに抑圧するための勅令を通した。この勅令は、党員の勧誘、ビラの配布、他党との接触を禁止していた。

　議会が招集されると、寡頭指導者の前に立ちはだかったのは、手に負えないほどうるさい野党であった。だが、政党の力や資源が限られていたため、政党は政府との取引に弱かった。伝えられるところによれば、議会の多数派が内閣が提出した予算の修正を迫るや、寡頭指導者は、多額の報酬を払って40人以上の政党所属の議員を買収したそうである（羽仁 1956: 315）。

　1892年、改選された議会が攻撃的な態度を取ったことから、寡頭指導者は議会を解散した。それに続く選挙は日本史上、もっとも暴力的なものとなった。政党の候補者は、全国各地で集会を開催し、政府がどの程度まで選挙活動に対して寛容でいられるか、その限界を試したのである。正規の警察と悪名高き憲兵隊の両方がこの挑戦に応じ、25人が死亡、400人以上が負傷した。政府の高圧的な戦術にもかかわらず、政党は再び議会の多数派を握った（岸本 1990: 42-43; 羽仁 1956: 316）。

　日本の初期の立憲政体においては、立法府と寡頭指導者に支配された内閣との関係は、よくいっても緊張状態であった。寡頭指導者が僅か数日で議会を解散したこともあった。議会は、解散や政府による分断支配戦術に弱かったが、寡頭指導者もまた、多数派連合を維持するためにかかる費用を学ぶようになった。この費用とは、内閣に対する支配力だということがわかってきたのである。それでも、譲歩は小出しになされた[6]。以下では、必然的にやや混沌としていた初期議会について述べることとする。

　1895年、首相伊藤博文は、議会の不信任に対抗し、議会を休会にしてその間に取引をしようとした。かつて寡頭指導者であった板垣退助は自由党を結成し、それは107議席を擁して、いまや議会における最大の政党となっていた。寡頭指導者は、政党の協力と引き替えに、自由党員を入閣させることに同意した。

5　増田（1954: 471）、羽仁（1956: 315）、富田（1986: 75）を参照。
6　初期に予算案を通過させるために政府が議員と行わなければならなかった取引については、鳥海（1967: 87）、Akita（1967: 79, 107, 118）、Mason（1969: 173）を参照。

その結果、日本史上初の連立政権が誕生した。だが内閣は内部抗争のために倒れた。大隈重信伯爵とその進歩党（立憲改進党の後身。94議席）の支持を受けて、松方伯爵がつぎの内閣を組織した。この内閣もまた、1年4ヶ月後に不信任され、倒れた。伊藤は、1898年1月、再び首相となったが、その伊藤は、追加の歳入が必要だったにもかかわらず、地租を引き上げることができなかった。伊藤は、譲歩よりも議会の解散を選び、在職6ヶ月で辞任した。

後になってみれば短命な同盟ではあったが、1898年、板垣と大隈は、それぞれの党を合併して憲政党を結党し、260議席という議会の圧倒的多数を占めた[7]。その年に伊藤内閣が倒れると、寡頭指導者は二人に組閣を要請した。それまで寡頭指導者にとって内閣は最後の一線であったが、それが踏み越えられたのである。いまや、大隈は首相に、板垣は内相になった。政党政治家は、内閣の機能を妨害することで、権力への障壁すら越える手だてを見い出したのである。

こうした政治家への譲歩を危惧したのか、枢密院議長の山県は、腹心の桂太郎陸相に対し、大隈による軍事予算削減に応じないよう促した。この1898年の時点では、山県は陸相、海相が現役の武官であることを条件とする勅令の制定を指示してはいなかった。そのようなルールがなくても、山県は陸相人事を支配するために十分な影響力を陸軍内部に持っていたのである。後任の決まらないまま桂を解任すれば、大隈内閣は不完全な、つまり機能し得ない内閣となっただろう。この策のおかげで、大隈は辞任したのである。

再び首相となった山県は、議会を二つの方法であしらった。一方では、政府の資源を意のままに用い、文字通り野党を買収した。他方、軍部を政治の影響力の枠外へ隔離する工作をさらにすすめていった。山県は、陸相と海相についての勅令を改正して、陸相、海相、陸軍次官、海軍次官はすべて、現役の将官であることを条件とした[8]。第7章では、独立した軍部が日本政治にいかなる運命をもたらしたのか、考察する。

2.2. 複数人区と単記非移譲式投票

議会は寡頭指導者の財政政策に抵抗し続けた[9]。寡頭指導者がより大きな歳

---

[7] 山県は、自分のいうことを聞かない二人の寡頭指導者の下に巨大な政党が新たに結成されることを恐れ、この政党の活動を禁止できるように憲法施行を延期することを枢密院に促した。山県以外の寡頭指導者は、こうした狼狽した対応を退けた（Uehara 1910: 176）。

[8] 勅令第193号、1900年5月19日、および勅令第194号、1900年5月19日。

2. 初期の制度

入を求め、議会がこれを拒絶したことで、1900年2月、寡頭指導者は再び選挙制度を調整することになった[10]。まず、人口3万人以上の市は周辺の郡部と区別され、独立の選挙区とされた[11]。第二に、選挙権の条件が緩和された。選挙権の資格は、地租納税額では15円以上から10円以上に、所得税額では2年連続10円以上にそれぞれ引き下げられた（1900年改正法第8条）。都市選挙区の導入と納税基準の緩和の二つの修正は、ともに富裕な農民の代表性を薄め、地租引き上げへの道を準備するものであった[12]。1900年の法改正により、有権者数は2倍以上となり、98万3,000人、総人口の2.2%に増加したのである。

1900年の選挙法改正における第三の側面は、それが選挙競争に極めて深い影響をおよぼしたことである。それまでの1人区、2人区に代わって、97の複数人区が採用された（1900年改正法付則）。山県が懸念したのは、1人区が大政党を利することであった。後年M・デュベルジェが明らかにし、山県がその当時既に認識していたように、1人区は小政党を排除し二大政党制の出現を促すのである。

日本は、最初の選挙制度である1人区制をイギリスから直接輸入していた。寡頭指導者は、ヨーロッパで用いられていた他の制度をも検討していた。二大政党の指導部も制度選択の可能性を認識しており、1人区がもっとも望ましく、ついで拘束名簿式比例代表中規模選挙区制が望ましいと明言していた[13]。小政党の進出を妨げることが、彼らの利益にかなうことは明らかであった。次善の策として複数人区での拘束名簿比例代表式は、少なくとも政党指導部に候補者に対する影響力を確保し、党の統制を強化するものであった（内田＝金原＝古屋 1991: 226-229）。

山県の構想は、政党の利益と真っ向から衝突するものであった。政党をでき

---

9 政友会総裁の原と寺内首相の交渉の詳細については、たとえば玉井（1989）を参照。
10 「衆議院議員選挙法」法律第73号、1900年3月28日、第36条および45条。
11 農村部の47の選挙区は府県の行政境界と一致しており、人口に応じて4から12の議席を割り当てられていた。都市部の61の選挙区は、それぞれ1または2の議席を割り当てられていた。例外は県と同等に扱われた東京、大阪、京都で、それぞれ11議席、6議席、3議席を割り当てられた（法律、付表）。総議席数は1900年で369から、1902年には381に増加した（小早川 1940: 572）。
12 1900年の選挙法は、1890年の選挙法で有権者に要求されていた登録手続きの規定（第8条）が削られていた。内田＝金原＝古谷（1991: 244-247）、上条（1988: 4）を参照。
13 拘束名簿制は有権者が予め決められた候補者名簿にのみ投票し、名簿にある候補者の順位を変えることができない方式で、党幹部の陣笠議員に対する支配力を強化する効果がある。

る限り弱体のまま分裂させておく目的で、山県は選挙制度の絶妙な組み合わせを編み出した。すなわち複数人区で、有権者が単記非移譲式投票を行う方法である（1900年改正法第45条）。この方式は選挙に勝利し、議会の多数派を握ろうとする政党に、ほとんどの選挙区で複数の候補者を擁立することを強いるものであった（杣 1986: 41-42）。政党は、激しい党内競争に直面し、そのため議会でまとまって行動することが困難になった。複数人区単記非移譲式制度は、大政党が単独過半数を確保することを必ずしも完全に阻止するものではないが（1950年代、1960年代の自民党を見よ）、以前に比べて単独過半数を定着させることは困難になった。

　山県が政党の分裂を目的としていたとすれば、問題は、最終的に立法における拒否権を持っていた議会がなぜ彼の法案を通したか、という点にある。答えは明らかに、山県が言質とカネを用いて、法案を通過させるのにスレスレの過半数を確保できたという点にある。1900年、「進歩派」諸党は衆議院において、合わせて過半数ぎりぎりを獲得した。単独過半数を制する政党がなかったので、山県は「分断支配」を実行することができた。山県は、政党を互いに争わせるために、将来の厚遇と当座の現金を約束した。山県は、ちょうど過半数に足る票を買収して、政党を以後20年間悩ますことになる法案を通過させたのである。

　山県は政党に対して、嫌がらせ、議事妨害、内部工作、買収、抑圧などの手段を用いた。対照的に、伊藤は政党を利用した。伊藤にとっては、政党は政治ゲームのもう一つの手段だったのである。1900年8月、彼は山県の強い反対を排して、自由党員を募って政友会を結成し、その総裁となった。そうすることで、伊藤は寡頭指導者としての権力を放棄することなく、その政治的ポートフォリオを多様化できたのである。

　伊藤の動きは、彼の観点から見れば賢いものであったが、寡頭指導者連合の脆さを際立たせるものでもあった。新しい憲法をもってしても、寡頭指導者を臣民に対抗する統一戦線につなぎとめておくことはできなくなっていたのである。もっとも強大な寡頭指導者たちは、権力を求めて内部で争っていたため、集団として権力を最大化することができなかった。伊藤の変節は、寡頭指導者が権力継承問題の解決に失敗する前兆であった。

3. 1人区への復帰

　複数人区単記非移譲式での選挙運動は、政党に財政や組織の面で重い負担を強いるものであった（富田 1986: 91）。同じ政党の党員が互いに選挙で争うために、政党指導部は党員の間で規律を維持するという難問を抱え込んだ。政党指導部は、党員それぞれに比較的安定したニッチ（niche）をあてがうだけの資源を欠いていた。議会での重要法案の投票で党の統一を維持するためには、甘言や懇願に頼らなければならず、しかも、それは役に立たないことがしばしばだったのである。

　いまや最大の政党となった政友会は、選挙区の規模を小さくしようとする努力を決して諦めなかった。1911年、西園寺公望内閣の下で、政友会の政治家たちと内相の原敬は、選挙制度改革を研究する作業部会を設置した。その構成は、貴衆両院から選ばれた5人の議員と10人の内務官僚で、小選挙区への復帰を支持する答申を行った。この答申に沿った法案は、政友会主導の衆議院を通過したが、貴族院の圧倒的な反対にあって結局成立しなかった（升味 1986: 44-46）。

　1918年、最初の真の政党内閣といわれる内閣で、原自身が首相となった。山県は急成長を遂げる社会主義勢力を恐れていたが、原はこれを利用した。1919年の時点で、ボリシェヴィキがクーデターを組織し、ロマノフ王家を虐殺したこと、プロイセンの君主ウィルヘルム2世が退位し、オランダに亡命したこと、日本の都市貧困層が大規模な暴動を起こしていたこと、これらはいずれも山県の知るところであった（Lewis 1990）。同じ1919年のうちに、コミンテルンは、世界革命を主張するキャンペーンを開始することになっていた。そして、不満を持つ日本の労働者が、極左「プロレタリア」派の政治的企業家を志向する傾向が強まっていた。普通選挙権を要求する圧力が増大する中、山県はこうした人々が有権者資格を得るようになるまでにほとんど時間的猶予がないと悟った。そして、山県は、彼らが有権者資格を得れば、社会主義政党に投票するだろうと考えたのである。

　こうした政治的分極化という状況において、原は選挙区定数の縮小を山県に納得させたのである[14]。山県の承認で貴族院も同意し、1919年3月18日、小選

---

[14] 伊藤（1983: 560-562）、富田（1987: 74-81）。原と山県の小選挙区制に対する議論を記した原の1911年12月16日の日記を参照。

挙区制が施行された。新法では、有権者による代表の選出は、295の1人区と63の2人区、11の3人区で行われることになった[15]。

山県と議会はさらに選挙権を拡大した。1919年の選挙法によれば、3円を納税する成人男子に選挙権が与えられた[16]。有権者集団は、いまや800万人、総人口の5％以上になった。

1919年までの戦前議会に関する嵐のような年代記は、寡頭指導者と政党の間の陰謀、欺瞞、相互譲歩の物語であった。1870年代に、大隈と板垣が政党政治へと変節したことは、憲法発布に向けての最初の動因となった。1900年に伊藤が政友会を設立したことは、集団として権力を掌握し続ける寡頭指導者にさらなる一撃となった。山県にとってもっとも憂うべき変節は、子飼いの後継者であった陸軍大将桂太郎が、1913年に立憲同志会を結成したことであった[訳注5]。寡頭指導者の一部は、それでもなりふりかまわない抵抗を続けた。代議政体に対する強硬な反対派として孤立を深めていた山県とその一派は、代議政体の実現を妨げるためにあらゆることをした。山県は、現存の寡頭支配が維持可能であることを桂にすら信じさせることができず、後継者問題の解決に失敗した。しかし、その存命中（1922年没）は、枢密院における影響力を通じて、議会を封じ込めていたのであった。

4. 普通選挙権への道

政党には二つの戦いがあった。一つは、政党の役割を押さえ込もうとしていた強硬な寡頭指導者との戦いであり、もう一つは、当時の選挙制度の下で選挙権を与えられていなかった、大多数の国民との戦いであった。言い換えれば、政党は一、二世代前の寡頭指導者とほとんど同じ立場に立たされていることに気がついたのである。それは、権力が拡大するにつれて、暗黙の共謀に亀裂が入るという問題にどうやって対処するかということであった。

寡頭政治においてすら、カルテルを安定的に維持できなかったのであれば、政党やそれに代表されていた上流階級の有権者には、チャンスなどあるはずが

15　升味（1986: 334）。「衆議院選挙法改正法」法律第60号、1919年5月22日。
16　正確には、25歳以上の男子で選挙区に続けて6ヶ月以上居住し、1年に直接国税（地租、所得税他）3円以上を納めた者である。
訳注5　原文には「1911年に入党」とあるところ、訳者による修正を施した。

4. 普通選挙権への道

なかった。政党は互いに直接競争していたため、自党の相対的な立場を強化するためにあらゆる機会を利用したのである。確かに仮定の上では、選挙権を制限し、そうすることで選挙運動の支出を抑えられたとしたら、政党をめぐる状況はより好転していただろう。また、上流階級の有権者は、議員がより広範な国民の利益ではなく、彼らの利益のみに責任を負う存在となることで、より有利な立場に立つことができたであろう。だが、実際には、監視されずに相手を裏切ることができる十分な可能性（つまり、報道機関との裏のつながり）、政治的優位の非対称性（政友会は有権者の少数派に過ぎない地主層からもっとも強く支持されていた）、大衆の政治参加に対する強い要求、に政党は直面していたのである。そのため、ほとんどの政党指導者は、不承不承にではあったが、妥協のない選挙戦と普通選挙権が不可避であることを認めざるを得なくなっていた。

政党は、選挙権の問題から最大の利益を得るよう、複雑な政治ゲームを展開した。憲政会と、より小規模な国民党の指導部は、政友会が普選実施に消極的なことを公然と批判した。しかし、彼ら自身、選挙権の拡大が実現する日に備えるべく、様々な取引を行っていたのである。1922年、憲政会総裁の加藤高明が、当時出回っていた普選法案の骨抜きと引き替えに企業献金を受け取っていたことが分かると、今度は政友会が街頭宣伝集会を開いた。1924年、政友会は小政党の革新倶楽部と謀って、憲政会が公に支持していたものよりさらに改革色を強めた法案を提出して、加藤憲政会内閣を倒そうとした[訳注6]。結果は失敗に終わったが、その目論見は、内閣と枢密院の関係を危機に陥れようとするものであった。

混乱期における普通選挙権の採用は、日本の守旧派指導者には危険を伴うものであった。政党の断固たる敵であった山県有朋は、1922年に没した。維新の時代から存命している寡頭指導者としては、松方正義と西園寺公望が残った。しかし寡頭指導者は、枢密院のメンバーを慎重に選んでおり、枢密院のメンバーは政党に対する寡頭指導者の不安を共有していた。男子の工場労働者と小作農は戦前日本においては、おとなしいどころではない集団であり、900万人の新有権者の大部分を構成していた。しかし、これこそが、保守的な枢密院がこの計算ずくの賭を行った理由であった。すなわち、大衆が自らの手でより多くを奪い取る前に、なにがしかの権力を大衆に渡してしまう方が安全であったの

訳注6　原文には「進歩党と謀って」とあるところ、訳者による修正を施した。

である。さらに、これに伴う危険を減らすため、選挙制度改革は、極左政党を攻撃する新たな権限を警察に与える法案と抱き合わせで実現した[17]。

衆議院における政友会の策士であった小泉策太郎は、憲政会政権を打倒する方策として、貴族院に普通選挙権に反対する勢力を作り上げようとした（松尾 1989: 318-319）。この計画には支持者もいたが、貴族院のほとんどは、普通選挙権の導入をいつまでも遅らせることは、大衆の怒りを政府の手には負えないほど高めるであろうという点で一致していた。貴族院が法案に加えた唯一の修正は、「貧困ニ因リ生活ノ為公私ノ救助ヲ受ケ又ハ扶助ヲ受クル者」は、選挙権を失うという追加条項だけであった（1925年改正法第6条）。

1925年に選挙権法案が最終的に両院を通過したとき[18]、選挙は政党にとってはるかに金のかかるものとなった。地方に地盤を持つ政友会にとっては特にそうであった。男子普通選挙権によって、候補者は富裕な少数の有権者だけではなく、25歳以上のすべての男性に訴えかけなければならなくなったのである（1925年改正法第5条）。この制度の下で最初の選挙が行われた1928年までに、有権者は1,250万人、総人口の21％を越えるまでになっていた（杣 1986: 87）。

5．複数人区の復活

政党にとって、選挙権よりもはるかに厄介な問題は選挙区割りであった。いずれの政党も、他党に対して優位を確保し得るような区割りルールの制定を望んでいた。しかし、1924年に選挙権法案について各党が交渉した時点では、立法過程を支配するに足る過半数議席を単独で議会内に確保している政党は存在しなかった。したがって、憲政会内閣には、通常通り枢密院と貴族院から法案内容に関する了解を取り付けるだけでなく、議会で法案を通すため、他の政党との間に提携関係を築く必要があった。

1人区、すなわち小選挙区制が各政党にもたらす恩恵は、この時既に消失していたも同然であった。しかし、少なくとも当初、小選挙区制は、政友会にとって驚くべき成果をもたらした。1919年改正法施行時、379議席中162議席（42

---

[17] 「治安維持法」（法律第46号、1925年4月21日）は「国体ヲ変革シ又ハ私有財産制度ヲ否認スル」ことを目的とするあらゆる結社を禁止していた。治安維持法の導入に関しては、『朝日年鑑』（1926: 336-338）を参照。

[18] 「衆議院議員選挙法」法律第47号、1925年5月5日。

5. 複数人区の復活

%）を維持していた政友会は、新しいルールの下で行われた初めての選挙において、464議席中278議席（60%）を勝ちとったのである（政戦記録史刊行会編 1930: 617）。単独政党が、内閣と立法府における過半数との双方を制したのは、日本の選挙史上この時が初めてであった。われわれが、後続の各章で論じているように、政友会は、予算およびその他の規制関連の便宜を選挙民に分け与えるために、当時の政治環境を十分に利用した。

小選挙区制は、政党内部において、党指導者に新たな権力を与えた。なぜならば、新選挙制度の下では、党公認の有無が以前よりもその重要性を増していたからである。さらに、1人区においては、同一政党に属する複数候補者による選挙戦の必要がなくなり、大政党にとっては、以前より選挙費用がかからなくなっていた。大政党は、ほとんどの選挙区において複数候補者の擁立を強いられなくなったため、選挙区ごとに擁立した候補者個人に対して自党の資源を集中的に投下することが可能となった。

政友会にとっての災いは、小選挙区制が、最大野党である憲政会の基盤強化にも一役買ったことであった。選挙を制する見込みのない弱小政党が有権者に見放されるにつれ、憲政会への支持が増えはじめたのである。

政友会にとってさらに深刻な問題は、1924年、独自の政党を結成するために、党と袂を分かつ集団が出たことであった。そして、新党となった政友本党は、政友会の過半数割れを引き起こしたばかりか、単独過半数の獲得を競うことができるほど十分な規模を有するものとなった（川人 1992: 220）。両政党とも理解していたであろうが、小選挙区制の下では、二大政党が主な競争者となる一方、小規模政党は衰退する。つまり、政友会は、最大もしくは第二のいずれかの政党であることが担保されていればこそ、小選挙区制を受け入れることができたのである。しかし、その後、政友会は、政党そのものの存続の危機に直面することになった。

1924年5月の総選挙は、政友会の政治家たちの不安を増大させた。政友本党が獲得した116議席は、憲政会の151議席には届かずとも、政友会の101議席に勝った。そこで、政友会指導者は、かつての複数人区制を再評価しはじめた。なぜならば、選挙戦において、政友本党が有力な対立政党となった場合、複数人区制であれば、たとえ僅かでも議席を獲得する可能性が増すからである（松尾 1989: 309）。換言すれば、政友会にとっての複数人区制とは、立法府から完全に閉め出される危険に対して保険の役割を果たす可能性があった。

選挙後、寡頭指導者の一人である西園寺は、憲政会の総裁である加藤高明を指名し、新内閣の舵取りをまかせた。憲政会も過半数にはおよばなかったが、内務大臣の若槻礼次郎は、自らが属する憲政会、政友会、そして小党の革新倶楽部の3党間で、新しい選挙法案を起草するための作業部会を設立した。若槻は新参の政友本党の頭越しに話を進めたが、法案策定作業のための多数派連合の形成が効を奏し、衆議院では円滑な法案通過が確保された（松尾 1989: 309）。また、憲政会と革新倶楽部はともに、新しい選挙制度を好ましいものと考えていた。政友本党の設立により、憲政会にも、小選挙区制の下で第三党に転落する恐れが十分にあったからである。そこでは、政友会がいずれかの小政党と合併すれば、政友会と政友本党は、各々自らを二大政党として確立することにより、憲政会が再生する道を閉ざすことができた。そして、連立政権の中では規模の小さい革新倶楽部は、小選挙区を廃止することに明確な利益を見い出していた。革新倶楽部にとって、複数人区はより確実に選挙戦を戦う余地を残すからである。つまり、大政党に比べて資源に制約がある場合、選挙区の定数が3、4ないし5議席の中から1議席を勝ち取る可能性は、選挙区唯一の定数である1議席を勝ち取る可能性に優るのである。

　1925年の選挙法は、こうした政治的な構図に生じた変化を反映していた。その法律は、53の3人区、38の4人区、31の5人区を規定していた。法案を起草した3党から見れば、中規模選挙区であれば、各政党がほとんどの選挙区において少なくとも1議席を、そして多くの選挙区で1議席以上を獲得する機会を得たのであった[19]。また、社会主義を標榜する候補者が参入するには、当該選挙区定数は依然小さ過ぎたことから、中規模選挙区は枢密院と貴族院からも受け入れられるものとなった。

6. 複数人区の政治的論理

　各政党は、議会での過半数を獲得するため、各々独自の方策を放棄してはいなかったが、新しい選挙法は、そのための政党戦略に変化をもたらした。ここで、先に論じた選挙の論理を思い返していただきたい。1925年の選挙法の下では、1900年の選挙法と同様、各選挙区から複数の代表が議会に送り込まれた。

---

[19] 「衆議院議員選挙法」法律第47号、1925年5月5日。

6. 複数人区の政治的論理

各有権者には、非移譲式の投票用紙が一枚与えられたに過ぎないが、有権者は選挙区全体として、3から5人の代議士を選出した。その結果、各政党は、衆議院での過半数の獲得のため、ほとんどの選挙区から2人以上の当選議員を確保しなければならなかった。

1選挙区で複数の議員を当選させるためには、政党は必然的に自党所属の候補者らを互いに競わせるとともに、その中の誰か1人が他の候補者に圧倒的な大差で勝利することがないような状況を確保しなければならなかった。つまり、もし誰か1人の候補者が、同党出身のライバルよりも圧倒的多数の票を獲得したとすると、得票が少ない候補者は、本来であればうち負かしていたであろう反対党の候補者の後塵を拝すことになる。結果として政党は、支持者をより均等に割り振ることができれば、2人以上の候補者を支援することができた選挙区において、当選議員1人の選出に甘んじなければならなくなるのである。

候補者間でその支持者を割り振るにあたり、政友会のような政党は、いくつもの戦略を試すことができたであろう。たとえば、自党候補者の当選数を最大化するため、どのように投票すべきかを支持者に指示することもできたであろう。具体的には、候補者2人の当選を目指す選挙区では、住所が奇数で終わる支持者には候補者Aに、偶数で終わる支持者には候補者Bに投票するよう指導するのである。しかし、政友会のような政党にとって災いだったのは、そのような指導は、支持者が政党に対して強い一体感を抱いている場合しか機能しないことであった。そして現在の日本がまさにそうであるように、日本の有権者は、戦前のほとんどの期間、主要政党に対して強い一体感を抱いてはいなかった。

第二の戦略として政党は、イデオロギーを軸に各候補者を選別することができたであろう。左派の支持者は左よりの候補者に、右派の支持者は右よりの候補者に投票するのである。しかし、この戦略は少なくとも二つの問題を引き起こす。第一に、政治家にとっては、政党の名前が意味を持たなくなる。政策的にもっとも近い位置にいる候補者は、お互いにもっとも苛烈な競争相手となる。同一政党出身の候補者同士がお互いの政策案を非難すれば、その政党が党全体として何を目指しているのか、有権者は混乱したシグナルを受け取ることになる。米国の予備選挙に見られるように、候補者が独自の政治活動を許された場合、かえってそのせいで党全体の得票が減少してしまう可能性がある。そして、イデオロギーを軸に票割りを行うことの第二の問題は、党指導者にとって選挙

の結果を予測(そして、予測結果に応じた計画を策定)することが困難となる点である。とりわけ、(戦前期の日本のように)精巧な世論調査技法が確立していない選挙市場においては、誰が誰に投票するのかを長期にわたって予測することは困難である。予測が不可能であるため、政党指導者が些細な変化に適応することは困難だったであろう。

こうした問題を回避するため、政友会のような中道政党は、戦後、自民党が採用したのと同様の戦略を採用した。すなわち、彼らは、私的財(通常の場合、利益誘導や買収)を利用して支持者を割り振り、個々の候補者の支援組織に加わるよう、彼らを誘導していったのである。別の言い方をすれば、総理大臣を出している政党は、自党候補者の個人的なネットワークを構築して票を割り振るために、政府に対する支配力を活用しようとした。戦後の日本においては、支配政党である自民党が、政府により分配される補助金、現金および現物の贈与、官僚による便宜供与を利用している。戦前の各主要政党は、おそらくは自民党よりも多額の賄賂を使ってほぼ同一の戦術を用いていた[20]。

戦前期において実業界が持った政治権力は、上記の策略を遂行する主要政党間で現金が必要になったことから派生したものである。各政党は票割りのために現金を必要とし、実際に現金を手に入れるために、実業界からの施しを必要とした。また、政党は、そのような得意先を維持するために、優遇的規制策を施す必要があった。選挙費用は、法律上、1万円が上限と定められていたにもかかわらず、1900年制定の選挙法の下、政治家は10万円もの資金を費やした[21]。また、1925年制定の選挙法の下、有権者数の拡大に直面した政治家は、さらに多額の費用を支出したが[22]、そのための資金の大部分は、実業界から提供されたものであった。

---

[20] 当時、率直な批評家であった佐々弘雄は、選挙での贈収賄が広範に行われていたことは公然の秘密であったとする(佐々 1932: 42)。または、古島(1951: 165-168)参照。

[21] 支出は、有権者一人当たり40銭を超えていなかった。実際の選挙費用の概算は、佐々(1932: 216-231)および羽間(1982: 635-636)に詳しい。候補者の内田信也は、1924年の選挙において50万円を費やし、一票を100から150円で買収したとして、中央公論社により告発された。これは、農村地域では5円、都市選挙区では5から10円といわれていた平均「価格」をはるかに上回るものであった(Colegrove 1929: 334)。1926年、工場労働者の年間平均所得は312円であった(Ramseyer 1991: 95)。

[22] 1925年の選挙法は、選挙費用の上限を1万2,000円に引き上げたが、その額は依然として、実際の支出の平均をはるかに下回るものであった。たとえば、佐々(1932: 117)を参照。

7. 複数人区単記非移譲式での選挙

日本では、政友会が農村地域と結びついていたのに対して、憲政会は都市部を比較的強固な地盤としていた（坂入 1932: 239-245）。各政党は、異なった選挙民を支持層として有しており（第9章を参照）、普通選挙権の導入が不可避とみるや否や、憲政会が比較的左よりの労働政策を支持しはじめたことも理解に難くない（Garon 1987: 55-68）。両政党とも、議会での過半数獲得を目的とし、そのために必要な資金援助を受けるために実業家との結びつきを持った。多くの実業家は、政友会と憲政会との双方に資金を与えることで賭けに外れないようにしたが、それでも、各政党には、とりわけ近い関係を有する企業グループの存在があった。その意味で、三井は「政友会の財閥」と呼ばれた。また、三井よりも忠誠心に欠けるとされながらも、安田・住友財閥とともに、浅野、大倉、川崎、大阪商船、古河、久原、藤田、服部、大川、深沢、中橋の各グループが政友会を支持した。その一方、三菱財閥および渋沢、山口、根津、原の各グループは、東邦電力および日本電力会社などとともに、憲政会を支持した[23]。政治的な情実主義は、多くの企業を疎外することになり、ひいては、両党に対する非難や産業界への干渉を慎むべきとする政府への圧力を呼び起こした。

戦前の政治システムの腐敗ぶりは多くの者を驚かせた（美濃部 1930; 蠟山 1930）。小規模な「革新」政党の指導者であった尾崎行雄は、「政友会と憲政会の間で、唯一異なる点は、一方が強盗で他方は泥棒だということ」（Colegrove 1928: 402）としたが、この彼の皮肉は多くの一般有権者の声を代弁していた。しかし、こうした政治腐敗は、制度的に引き起こされたものである点に留意すべきである。すなわち、複数人区制の影響により、主要政党は票割りを強いられた。政党としては、自覚候補者が個人支援ネットワークを開拓すれば、より競争的に票を割り振ることができた。候補者の立場から見れば、党が与党の立場にあることを利用し、実業界および政府それ自体から政治資金を引き出すことで、自らのネットワークをもっとも効果的に開拓することができたのである。

7. 複数人区単記非移譲式での選挙

憲政会、政友会、政友本党および革新倶楽部の各政党は、新しい選挙制度で

---

[23] 佐々（1932: 201-237）および羽間（1982: 625）を参照。驚くべきことではないが、電力会社からの支援を受けていたため、民政党の政綱の一項目に公共料金規制に関するものがあった。

第 4 章　選挙制度と政党間競争：政治的生存を求めての闘争

実施される最初の選挙に恐れを抱いていた。政党にとっては、複数人区と普通選挙権との組み合わせが、とりわけ高価なものとなったからである。いずれの政党も、各選挙区内の数名の自党議員の間で票を割り振る必要が生じていた。これはすべて、選挙民が突然増加し、その動向が予測できないことへの対応策であった。各政党は、公の場面では自らの政策の相違を声高に宣伝したものの、1927年に出された不信任投票の可決を回避するため、憲政会内閣と他党との間では密かに裏取引が交わされていた。各政党は、1928年 5 月に 4 年間の任期満了で議会が解散するまでの間、できる限り選挙を引き延ばそうとする点に共通の利益を見い出していたのである（Colegrove 1928: 401）。

　各政党は、法定任期満了の期日が近づくにつれ、利用可能な様々な資源を駆使して、初めての普通選挙のための準備作業に取り掛かった。1927年 3 月、憲政会と政友本党は、より強力な民政党を創設するために合併することを決定した。加えて、この新しい民政党は、有利な条件の下で戦うために、選挙の際に内閣の地位にあることを望んでいた。しかし、若槻民政党内閣は、枢密院との衝突を受けて、1927年 4 月に崩壊した。その対立は表面的には、経営不振に陥った台湾銀行と鈴木商店を救済するための若槻の計画をめぐって生じたものとされた。しかし、われわれが第 8 章でより詳細に論じるように、枢密院の議事録によれば、民政党内閣を選挙前に政権から引きずり降ろしたいとする反民政党同盟が、枢密院内に形成されていたことが示唆されている。

　政友会は、敵対する政党に比べて小勢力ではあったが、いまや内閣と内務省を支配下に置き、前任の憲政会（民政党）政府によって任命された者を中心に、ほとんどすべての知事を解任した（表5.2を参照）。これまでの選挙の経験から、各政党は、選挙区での票の割り振りにおいて、地方政府が極めて重要な役割を果たすことを理解していたからである。さらに、地方政府は警察をコントロールしており、政党は必要であれば選挙関連の法の執行を選別的に行うよう、警察を誘導することもできた（第 6 章を参照）。両主要政党ともに、敵陣の選挙違反を報告させるためにスパイを雇っていたが、1928年、警察は民政党の候補者をより頻繁に捕らえた。また、これでは不十分といわんばかりに、これも当時政友会の支配下にあった司法省には、どの違反行為を訴追するかに関する裁量が与えられた[24]。

　小作農および労働者が支持する 6 つの政党と無所属の候補者からなるあるグループは、枢密院と貴族院に与えられた権力の現状と、「買った買われた、切

7. 複数人区単記非移譲式での選挙

った貼った（bought-and-paid-for）」の二つの大政党との双方に対して反対運動を展開した。二大政党にとって気掛かりな点は、それらの反体制派政党が、政友会と民政党が関与した汚職に関して膨大な情報を蓄えていたことであった。しかしながら、二大政党には莫大な運動資金があり、かたや政友会は警察を手中に収めていた。選挙戦を戦う道具としてこれらが持つ威力は、主義主張や清廉さといったものよりも、はるかに優れていたことが後に明らかとなる。

1928年の選挙でプロレタリア政党は、衆議院において僅か8議席を獲得しただけであった。このことは、選挙戦において真の競争関係にあったのが、政友会と民政党という二つの巨大政党だけであったことを意味する。選挙戦に突入する際の民政党は、議会での過半数を上回る議席を有していたが、対する政友会は、この規模の大きいライバルの追随をかわすために与党の立場を存分に活用した。しかし、またしても選挙結果は、いずれの政党も議会過半数には満たないというものであった[25]。政友本党と憲政会の政略結婚によって1927年に民政党が結党されたが、新しい会期が始まって数ヶ月も待たずにこの提携は解消された。政友本党は新政権党の一員となることで、党の状態を改善することができるため、1924年に分離した政友会の下に復帰した。

政友会と民政党の二大政党は、明治期最後の寡頭指導者である西園寺公望の許可を得て、交互に内閣の舵取りを行った。このことはまた、これら二つの政党が交互に選挙戦に勝利することを意味した。1928年8月、政友本党が政友会に復帰したことで、民政党の議会における影響力は低下したが、それにもかかわらず民政党は、1930年2月の選挙において単独過半数を勝ちとった。そして、政友会内閣が民政党内閣に取って代わると、政友会はその後すぐに選挙戦でめざましい勝利を収めた。

しかし、政治の時代の終焉はもはやそう遠いものではなかった。すべての政党が政治資金の争奪や選挙運動に明け暮れていたその水面下では、よりいっそう邪悪な事態が日本の歴史を覆い尽くそうとしていたのである。軍関係者によ

---

[24] 『時事新報』1928年1月26日、2面、『東京朝日新聞』1928年1月25日、2面、『東京報知新聞』1928年1月26日、2面（Colegrove 1928: 405 において引用）、新名（1961: 209-210）を参照。検察官の政治的説明責任については第6章参照。

[25] 政友会の217議席は、選挙後に同党に入党した日和見主義的な無所属候補がいたことから、234議席にまで増加した。この時、民政党は214議席を得ていた。二大政党の私的財戦略は、複数人区制の下で予測された政党数の増殖に抑制的な作用をもたらしたものと思われる（Cox 1990）。

る暗殺やクーデター計画が、日に日に新聞の見出しを賑わすようになっていた。それは、軍部勢力の台頭を警告するものに他ならない。われわれは次章において、なぜ軍だけが、戦前期日本の政治的動乱を切り抜けるだけの地位を確保し得たのか、という疑問を投げかけることにする。

8. 結論

　本章においてわれわれは、寡頭指導者が、彼らにとって唯一残された最善の望みを託すかのごとく、民選議会の設立に同意したことを論証した。寡頭指導者は、寡頭政体が崩壊しつつある以上、企業家が誰であるのかを見い出し、彼らを買収し黙らせてしまうことがもっとも確実であるとの理解に達した。やがて、政党も同じ論理を辿り、普通選挙権を支持したのである。政党間で暗黙のうちに共謀することが不可能であったため、各政党のメンバーは、選挙における投票という行為によって、それぞれの命運を悲惨なものにしてしまった。しかし、当時の彼らには、選挙を実施することにより、少なくとも議員であり続ける可能性が残されたのである。

　普通選挙権が導入される以前にも、寡頭指導者は、政治家を苦境に追い込むための選挙制度を企図していた。複数人区単記非移譲式投票制度の影響により、各政党は、多くの選挙区において複数候補者間の票割りを強いられた。寡頭指導者は、政党が内部意見の対立から混乱をきたして崩壊することを望んでいたように思われる。しかし、政党は崩壊するどころか、あらゆる候補者の当選への障害を取り除くため、選挙民に対して十分な利益誘導を行い、選挙制度の影響を減殺しようとしたのである。

　二大政党は存続したものの、政治資金の奪い合いや醜聞にまみれた利益誘導中心の政治は、全体として有権者を疎外した。政党は、次期選挙のために必要な資金集めに没頭したのである。政党が規制対象である実業界との間に近親相姦的ともいえる関係を構築したのは、そのためである。

　当初から寡頭指導者には、議会に対して完全な拒否権を与える意図などなかった。彼らには、内閣に対する支配力を維持する限り、制定法をめぐる議会の影響力を回避する（勅令の制定のような）方策が残されていたのである。しかし彼らは、結局のところ、そうした内閣に対する支配力を失うことになった。そして、その時彼らは、司法部、警察およびその他の官僚機構に対する支配力を

8. 結論

も失ったのである。もちろん、枢密院と貴族院は、政党政治家にとって考慮しなければならない勢力であり続けた。しかしながら、寡頭指導者が没し、かつ、有力な後継者を指名することがなかったため、これらの機関は天皇に対する支配力を失い、政治過程における影響力をも失ったのである。

第5章 官僚：誰が誰を支配していたのか

1. はじめに

　一般に研究者は、日本における「官僚支配」を強調するが、戦前期については特にその傾向が強いようである。それは誤った議論であり、本章ではその理由を説明する。端的にいえば、「官僚による統治」という視点から戦前の日本を記述するためには、明治期の寡頭指導者を官僚と見なすことが前提となるが、そのようなことは不可能だということである。つまり、倒幕を成し遂げ、壮大な実験である維新に乗り出した（企業家たる）彼らが、官僚であるはずがないのである。

　また、もし仮に寡頭指導者が官僚であったと仮定しても、戦前の日本政府は、常に寡頭指導者の支配下にあったわけではない。寡頭指導者は、統治を開始して20年のうちに、権力の独占的掌握を失い始めている。寡頭指導者は、共倒れを招きかねない対抗関係を抑えることができないまま、結局のところ典型的な失敗カルテルに過ぎないものを維持することに腐心したのである。寡頭指導者の中には、このような対抗関係のなかで「新規参入者」からの政治的援助を獲得した者もあった。これらの背信的寡頭指導者が旗揚げした政党は、1920年代の短い期間、舞台の中央に位置することになる。

　さらに、代議政体が自らの権力基盤の浸食することを憂慮した寡頭指導者、とりわけ山県は、軍部に対して高度の独立性を与えた。これも、われわれの見方では、寡頭指導者同士の対抗関係から生じたものである。山県にとって独立した軍部は、少なくとも自分が存命している間は、敵対する政治勢力から自らの権力基盤を守ってくれると考えられたのである。

　もちろん、軍部への政治的独立の付与は、寡頭指導者が日本国民にもたらし

た最大の迷惑であった。しかし、われわれの狙いは、寡頭指導者を非難することにあるのではない。どのようなレトリックを用いようとも、寡頭指導者は自分たちの保身のためにこのような行動に出たのであり、彼らにとって日本という国家利益の拡大は、せいぜい二次的な目標に過ぎなかった、というのが本書の主要論点の一つなのである。

　本章の第2節では、理論的視点から官僚行動を論ずる。そこでは標準的なプリンシパル＝エイジェント理論（principal-agent theory）を用いて、官僚が自らの政治的監督者から自律して行動できる状況がどのようなものか、またその自律性の程度について触れる。特に、能動的な官僚に対して政治家が受動的であるということだけで、官僚の自律性を結論づけることの危険性を指摘する。

　以下、本章において、戦前日本における官僚の裁量に関する証拠を検証して行く。第3節では、なぜ戦前の政治家が官僚を支配することを欲したのかを考察する。さらに第4節では、政治家が官僚支配をどのように行ったのかを分析する。特に、法律や規則がどのように官僚のインセンティブを規定したのかを検討する。誰がどの官僚を昇進させたのか。また、誰がどの官僚を罷免する権限を持っていたのか。また、これらの権限は、どのような状況下で行使されたのか。実際には、法律によれば、官僚の忠誠心をうまく操作するための幾ばくかの余地は、議会多数派ではなく内閣に残されていた。そして、寡頭指導者の権力掌握に翳りが見え始めた時、内閣をコントロールしていた政党は、官僚に対する影響力を徐々に行使していった。

　第5節では、官僚の配置と昇進に関する統計資料に目を向ける。すると、少なくとも、内閣が政府を掌握していた1918年から1932年までの期間は、政党が官僚のキャリアについて絶大な権限を行使していたことが分かる。この期間、政治家は、政策の策定および実施過程における寡頭指導者の権力行使を巧みに回避する方策を見い出していた。政治家と枢密院のメンバーは、官僚支配をめぐり競合しており、官僚にとっては自らを監督する者に事欠くことなどなかったのである。

2．政治家と官僚：プリンシパル＝エイジェント分析

　法の制定と執行という、いわば入口と出口の双方に関与することから、官僚こそが統治の実質を掌握しているとする見方は、何も日本研究に特徴的なもの

ではない。比較政治学における「国家と社会」に関する文献（Skocpol 1979; Schmitter 1979）や、アメリカ政治学における「議会の没落」に関する文献（Lowi 1969; Neustadt 1964; Sundquist 1969）の大半は、本来なら存在すべき代議制民主主義に対する賛辞で埋め尽くされている。つまり、これらの理論家は、選挙民の動向に敏感な議員によって構成されるはずの政府が、もはや実在しないと考えている。その代わりに、自発的にそうしたのか否かは別としても、政策形成のための権限を、責任を取ることのない官僚に明け渡してしまった政治家の存在を見ているのである。

　このような放棄理論（abdication theories）の問題点を指摘したのは政治学ではなく、産業組織論の研究者たちであった。何年もの間、経済学者や弁護士は、政治学者が民主主義についてするのと全く同じ議論をコーポレート・ガバナンスについて議論してきた。つまり、経営者が株主の手から企業統治の実質を奪い取った「経営者資本主義」の時代に突入していると、彼らは宣言していたのである（Berle and Means 1932）。

　結局、このような経営者資本主義を標榜する議論は正鵠を得たものではなかった。一見独立したかに見える経営者は、一見影響力がないかに見える投資家の収益を確実に最大化していったのである。つまり、一見影響力がない投資家は、一見独立した経営者に自らの資金を喜んで預けたというだけなのである。今日、経済学者は、いかにして投資家が、自らの利益を最大化するように経営者を規律づけするかを理解するために、プリンシパル＝エイジェント理論として知られる、概念的にも経験的にも洗練された一連の研究を発展させている。それは、いかにして本人（たとえば、企業所有者）が、自らの代理人（たとえば、経営者）に、自分の望む行動を取らせるのかという問題を扱う理論である（Alchian and Demsetz 1972; Jensen and Meckling 1976）。

　近年、政治学者や法学者は、官僚による政府支配をめぐる議論を整理する上で、このプリンシパル＝エイジェント理論を用いてきた。これらの研究者は、官僚が見かけ上は自律的（これはありふれた現象である）であったとしても、官僚が政治的監督者に対して独立している（これはまれな現象である）必然性はないということを指摘している。なぜ、政治学者が長きにわたり官僚の独立性を事実と思い込んできたか、その理由を理解することは難くない。大体の政治体制において、法案を起草し、法律を実施し、経済に関する洗練された情報を所有しているのは官僚だからである。さらに官僚は、各部局の人事案件に関して実質

2. 政治家と官僚：プリンシパル＝エイジェント分析

上の決定権を持っていることすらある。したがって、少なくとも外観上は、政治家は官僚のすることに単に盲目的に印を押しているように見えるのである。

しかしながら、このような外観は事態を見誤らせるものである。つまり、官僚が能動的で政治家が受動的であるからといって、官僚が統治しているとは限らないのである。ここで、政治家が好き勝手な選択をなし得る世界があったと想定してみよう。そのような世界では、政治家は官僚を雇い、自らの再選を容易にする政策を考えさせ、それを法案に盛り込ませ、法案が可決した後はその政策を実施させるであろう。官僚は、まさに政治家が欲している通りの行動をとっており、政治家は官僚のすることに印を押す以上のことをする必要がないのである。このような仮想の世界においては、官僚が支配しているように見える。しかし、実際にはそうではない。官僚は、政治家である本人に対する主体性なき代理人なのであり、彼らは政治家の再選を確実にするために忠実に働いているに過ぎないのである。

受動的な政治家が、実際に意図した通りに結果をコントロールできるのかを判断するためには、政治家が、官僚を安価に監視できるかどうか、さらに効果的にその行動に拒否権を発動できるかどうかが問われなければならない。これらの要素を視野に入れなければ、官僚が政治家の選好を織り込んで行動しているのかどうかが明らかにならないのである。ここで、政治家が官僚に対して拒否権を発動すると仮定してみよう。つまり、官僚を罷免し、選別的に昇進させ、官僚のとった措置を覆すことができるような状況を想定してみるのである。政治家にとってこれらすべての手段が可能であれば、合理的な官僚は政治家が何を望んでいるのかを予測するであろう。官僚は、もしそうしなかったとしたら、政治家が自分たちの作った計画を受け入れず、その上自分たちに懲罰を与える、と予測するからである。このような世界では、官僚は自律しているように見えるが、そのような外観は、目には見えないが実効性のある政治的支配の結果として生じ得るものなのである。

ここで監視費用が高い場合を想定してみよう。つまり、政治家が官僚のごまかしを見抜くことが困難な場合である。多くの論者によれば、実際の政治市場における監視費用は高いとされている。これらの論者は、通常、官僚はより質の高い情報を入手できる点を強調する。一方の政治家は、自分の選挙活動に直接関係する情報は持っていても、その他の情報をほとんど持っていない。もしそうであれば、政治家は政策に関する情報を欠いていては、自分の代理人であ

第5章 官僚：誰が誰を支配していたのか

る官僚を監視することはできない、ということになる。

しかし、これらの論者は、以下の二つの理由から監視費用の問題点を誇張している。第一に、政策に関する実質的な情報を欠く政治家であっても、昇進および予算配分をめぐる官僚同士の競争を喚起することができる。そして政治家は、これらの競争に勝つ者に報酬を与え、敗れた者に罰を与えられるのである。こうすれば、野心的な官僚は、自分に報酬を与えるように政治家を説得しようとして、自分の政策案に関する肯定的な情報と他者の政策案に関する否定的な情報を政治家に伝えるであろう。情報を与えられた政治家は、官僚のキャリアと予算に対して拒否権を持つことになり、官僚たちの競争を掌握することができる。そして、この拒否権こそが、事実上、監視費用を安くするのである。

第二に、政治家は、官僚の監視を自分の支持者に委任することで監視費用を軽減することができる。政治家は、監視者あるいは警笛を鳴らす者（whistle-blowers）に巨費を投ずることなく、当該の政策の運用に最大の関心を寄せる選挙民や利益団体から、官僚の立ち振る舞いに関する情報を絶え間なく受け取ることができる[1]。もちろん、この種の情報こそが、得票最大化を目指す政治家にとって必要なものなのである。

さて、複数の本人がいる場合を想定すると、プリンシパル＝エイジェント理論のロジックは複雑さを増す。野心的な官僚が複数の上司を持ち、それぞれの上司から異なった業務を行うように命じられた場合、どのような行動に出るであろうか。少なくとも、戦前の一時期、官僚はこのような状況に置かれていた。つまり官僚は、寡頭指導者、政治家、軍部のそれぞれの要望に応えていたのである。これは、米国の官僚が置かれる板挟み的状況に類似している。分割政府（divided government）の下で働く米国の官僚の行動は、複数の本人が潜在的に発動し得る拒否権によって制約されているが、そのことにより、官僚が独立した存在になることなどない。むしろ、自律した存在として行動するための能力がさらに制約されていることに、官僚自身が気づくことになるである。

さらに、複数の本人の相対的な力関係が、時間の経過とともに変化していった点に注意すべきである。当初、機を見るに敏な官僚は、寡頭指導者が彼らにとって唯一の本人であることを知っていた。その後、政党が内閣を支配し、寡

---

[1] McCubbins and Schwarts（1984）は、より費用のかかる「警察官の巡回」との対比において、これを「火災報知器」による監視と呼んだ。

頭指導者の権力が衰退していった時には、既に政党が新たな本人として登場していた。そして、順を追うかのように、軍部が政党政治家の権力を浸食していったのである。野心のある官僚たちは、それぞれの権力基盤が推移するのに応じて、自分たちが提示していた政策の内容を変える必要に迫られた。われわれは、以下の節において、それぞれの本人が持っていた個々の拒否権の性質を検討し、それらの拒否権の効力がなぜ増減したのかを説明する。

3. 戦前期日本における官僚と政治家

　かねてより、戦前の日本を研究する者は、権力を求めて争う二つの集団、すなわち政治家と官僚に焦点を当ててきた。ここでいう政治家とは政党政治家のことである。一方、「官僚機構」はこれよりもさらに多様な集団を指している。われわれは、キャリアの文民官吏を官僚機構の一部に分類することに何ら異論はない。しかし、黎明期明治体制の官吏から政府を指導する専制支配者にまで出世した寡頭指導者を、これらの文民官吏と一緒にする根拠は全くない。寡頭指導者は選挙のない状況下で権力の座を争う典型的な政治家であった。

　確かに寡頭指導者の多くが、官吏として政界入りしたことは事実である。しかし、野心的な企業家でなければ、実際に出世の階段を上り、自身が統治者となることはなかったであろう。もちろん、専制体制下では、統治する者とそれを実施する者との境界線は曖昧な場合がある。他方、民主制下における選挙プロセスほど、立法者が誰であるのかを明白にするものはない。しかし、寡頭指導者は、権力の座をめぐる内部抗争を制圧し、時として体制の生み出す余剰を要求し、自分たちの統治を実施する配下の者達を統括していたのである。

　先に見たように、政治現象にプリンシパル＝エイジェント理論が最初に適用されたのは、権力の抑制と均衡をはかる米国政府の文脈においてであった。これにより、行政府と立法府とが時として異なった政党の支配下に置かれる状態、すなわち分割政府の概念上の複雑さを解きほぐす上で、この理論が役立つことが分かった。分割政府では、官僚は代理人として潜在的に二種類の本人に応えることになる。一つの政党に所属する大統領と、もう一つの議会多数党である。これとは対照的に議院内閣制の下では、立法府から官僚へ一本の直線のように権限がおよび、より直接的な委任関係が生じる。このような文脈では、政治家である本人は、代理人である官僚を効果的に監視できる。だからこそ、本人に

よる監視活動はほとんど目撃されなくなってしまうのである。つまり、監視に失敗することがあまりないことから、事態を正常化するために政治家が表立って介入する頻度がより少なくて済むのである。

戦前の日本は大統領制ではなかったが、かといって純然たる議院内閣制でもなかった。通常の議院内閣制で見られるように、国会の多数党から内閣総理大臣が自動的に選出されることもなかった。多数党は、不信任案を可決して内閣を総辞職に追い込むことも、議会を解散させることもできなかったのである。また、寡頭指導者は表舞台にとどまっている限り、官僚が直面するインセンティブを操作することができた。つまり彼らは、法律制定を白紙撤回すると脅すこともできたし、爵位や退官後の枢密院の地位を官僚に提供するという手段も有していた。これとは対照的に、政党政治家は、法案に対する拒否権というかなり効き目の見劣りするインセンティブしか用意できなかった。すなわち、当時の日本には、数十年にわたり複雑な分割政府が存在していたことになる。選挙によって責任を問われることのない寡頭指導者が行政府を支配し、政党政治家が議会を支配していたのである。

政党が内閣を支配する以前において、政党政治家はできるだけ詳細な法案を策定することにより、官僚の行動に縛りをかけるインセンティブを有していた。同時に寡頭指導者は、自分たちが望む通りに法律を執行するエリート官僚を登用するインセンティブを有していた。その上、寡頭指導者は、天皇に対する「補弼」という独自の拒否権を持っていた。

政党政治家は1920年代までに、政治的影響力という点で既に寡頭指導者を凌駕していたが、それは資金と得票をめぐる政治家同士の競争という、新たな問題を自らの側に提起したに過ぎなかった。政党政治家は、この競争の中で官僚を監視する方法に問題があることを知る。つまり、官僚を厳しくコントロールすればするほど、自分の後継者もさらに厳しく官僚をコントロールするようになる。後継者が現在の政策を取り消すことが可能になればなるほど、政党政治家は、永続性のある政策を自分の支持者に対して約束することが事実上できなくなる。そして、政策の安定性を約束することが困難になればなるほど、政策の恩恵を享受するために支持者が支払っていた政治資金を獲得することは困難になるばかりだったのである。

官僚支配と政策の安定性に関する上記の二律背反関係を前提とすると、政治家は官僚を自分自身から隔絶しておきたいという一定のインセンティブを持つ

ようになる。より高額の政治献金を確保するためには、誰からも支配されることのない官僚制を維持しようとしたかもしれない。しかし、政治家は実際にそのような行動に出ることはなかった。なぜならば、明治憲法には、政治家がそのような行動をとることを正当化する規定がなかったからである。つまり、明治憲法は、内閣と官僚の間の距離を制度的に担保する規定を持たなかったのである[2]。

このようなジレンマは、「信頼できる約束（credible commitment）」をめぐる問題の一例と見ることができる（Williamson 1985）。明治憲法下の政党政治家は、官僚が誰の支配下にも入らないことを確実に約束してくれる方法を持ち得なかったのである。確かに政治家は、事前的な約束を取り交わすことができた。しかし、仮に事前に約束を結んだとしても、その約束を事後的に反故にするインセンティブを政治家は有していた。政党Aが内閣を支配している期間、Aが官僚機構の独立性を維持することを政党Bの指導者に対して信頼できる形で約束することができなかったとしよう。政党Bの指導者もAの指導者に対して同様の約束をすることができないのであれば、どちらの政党も官僚を操りたいという潜在的なインセンティブを持つようになるのである[3]。

4．官僚：誰に奉仕したのか

確かに、少なくとも机上の話としては、官僚は政党から独立した存在であったといえる。1887年には寡頭指導者によって、奏任官と勅任官のための文官試験が制度化されている（第3章を参照）[4]。寡頭指導者は、この試験制度の導入により、政治家が官僚のポストを政治目的のために利用することを防ごうとしたようである。当初寡頭指導者は、当該試験において東京帝国大学の卒業生を免

---

[2] もちろん、寡頭指導者が約束を反故にする可能性もあり、政治家と同様の信頼性問題を抱えていた。しかし、（少なくとも19世紀の間は）寡頭指導者の政治生命はより長期にわたることが予想された。将来期待されるレントが存在することから、寡頭指導者は約束の信頼性を確保することができた。短い任期で選出される政治家にはこの信頼性を確保することはできない。Klein and Leffler (1981) を参照。
[3] 本質的には、各政党は無限回繰り返し囚人のジレンマ・ゲームをプレイしていたのである。このゲームにおいて、協力は起こりうる均衡の一つではあるが、必ずしももっとも起こりやすいものとは限らない。この点は第6章で、司法府の独立性の文脈においてより詳細に検討する。
[4] 「文官試験指針及見習い規則」勅令第37号、1887年7月23日。

第5章 官僚：誰が誰を支配していたのか

除していたが、1893年にはこの免除規定さえも削除している[5]。これにより、奏任官または勅任官になることを志すすべての者に、厳しい試験に合格することを義務づけたのである。

重要なことは、1887年の勅令が、最上級の官僚（親任官）を文官試験から免除していたことである。そして、1898年に内閣総理大臣に就任した大隈は、自分の政党から友人または支持者をこれらの官職に任命した。この法の盲点に対処しようと、枢密院顧問の山県は新たな勅令をいち早く起草した[6]。この勅令により、文官試験に合格していない者は、いかなる職階の官職に就くこともできなくなり、最高位の官職もこの例外ではなくなった。これにより、依然として免除の対象となったのは、内閣の閣僚のみとなった[7]。山県は、官僚の独立を磐石なものにするために、過失および無能力以外の理由により、閣僚が官僚を罷免することを困難にする勅令をさらに起草した[8]。

しかしながら、結局、政党政治家は、この独立しているはずの官吏でさえもコントロールする方法を見い出す。つまり政治家は、たとえ官僚を罷免することができなくても、昇進を拒むことができたのである。これにより、出世の階段を登り詰めたいと考える官僚には、政治家の指示通りに行動する以外に選択の余地はほとんど残らなくなった。

政治家である本人に応えたいと考える野心家の官僚の側にとっては、そもそも政治家である本人が誰なのかを知る必要があった。各政党が権力の座を交代で担っている場合には、官僚にとってこれはそう容易なことではない。したがって、官僚はどちらの側にも取り入ろうとする可能性がある。議院内閣制下では一般的に、官僚はまさにこのような行動に出ることが多い。つまり官僚というものは、たとえそれが誰であろうとも、政権に就いている者に忠実に奉仕するのである（Moe 1990）。これとは異なり、官僚が一つの政党にのみ忠誠を尽くすという可能性もある。われわれがつぎの二つの節で検討するように（Spaulding 1967も参照）、戦前の日本では数多くの官僚が後者の道を選んだ。

官僚がある政党に対する支持を明らかにしていたのは、政党政治家が一政党に対する専属的な支持を要求し、これに報酬を与えていたからだと思われる。

---

[5] 「文官任用令」勅令第183号、1893年10月31日。
[6] 「文官任用令を全文改正」勅令第61号、1899年3月28日。
[7] 秦（1981: 663-664）、あるいは朝日新聞政治経済部（1930）を参照。
[8] 「文官分限令」勅令第62号、1899年3月28日。「文官懲戒令」勅令第63号、1899年3月28日。

しかし、この戦略は官僚にとって危険が伴った。なぜならば、官僚にとっては、自分を擁護してくれる者が政権に就いている期間にしか成功を納めることができないからである。定期的に昇進するような平穏なキャリアを望む官僚であれば、このような戦略を最善策とは考えないであろう。しかし、戦前の日本の選挙には、官僚の忠誠心を大いに煽る側面があった。政治家には選挙に勝利するために、地方政府をコントロールし、資金を投下し、そして政敵を苦境に陥れる能力が必要とされた。このように政治化した環境に置かれた政治家は、おそらく、八方美人の官僚を昇進させることには躊躇したはずである。いずれにせよ、多くの官僚がそのような八方美人的な行動に出ることはなかった[9]。

5. 官僚の昇進に関する経験的データ

ここでは、寡頭指導者が、官僚を政治家から隔離することにどれだけ成功したのかを検討するためにつぎの方法を用いる。第一に、三つの主要官庁、つまり内務省、大蔵省、鉄道省に勤務する管理職クラス（課長およびそれ以上）の官僚の名簿を検討する（司法省の名簿は第6章で検討する）。第二には、官僚自身による自伝的記録を見ることにより、この点に関する彼らの主観的な見解を求める。これらの分析に基づいた、官僚がどれだけ隔離されていたのか、という疑問に対するわれわれの答えは「それほどでもなかった」というものである。

5.1. 公務員名簿に基づく証拠

官僚のキャリアと内閣を支配する政党の変化との間に相関関係があるのかを見極めるために、戦前期の内務、大蔵、鉄道各省の人事録を調査した。まずはじめに、内務省から見ることにしよう。内務省は、幅広い領域にまたがる管轄を持ち、その多くは選挙戦での政党の勝敗に関係するものであった。たとえば、内務省には警保局と警視庁があり、これらはともに選挙を管理していた。内務省はまた、地方政府をも管轄し、これには47都道府県の知事を任命する任務も含まれた。知事は地方政府内の機構を掌握しており、政治家は選挙民の投票を掘り起こすためにこれを利用することができたのであり、実際にそのようにし

---

[9] 秦（1981: 327-354）を参照。また、1920年代までに、内閣を取り巻く政治情勢が、地方政治にまで影響をおよぼして行く過程に関する説明は、伊藤（1984）および筒井（1988）を参照。

第5章　官僚：誰が誰を支配していたのか

ていたであろう。内務省の他の部局には、衛生局、社会局、神社局、そして土木局が含まれていた。

　人事録は、官僚の任命と内閣の支配との間に、広範でかつ深い関係があることを明らかにしてくれる。たとえば、1920年代半ば、加藤高明率いる憲政会内閣を契機に新しい政党が政権に就くと、局長、課長、および警察の管理職の首がすげ替えられるようになったようである（表5.1を参照）。このような配置転換は、選挙と密接に関連したポジションに関して、特に迅速かつ系統的に行われていたようである。政治家による知事の操作はあからさまで、政権党が交代した数日の内にほとんどすべての知事を交代させている（表5.2を参照）。

　内務省ポストの配置転換の集計値を一年刻みで見てみよう。1924年（清浦内閣を継いだ加藤高明内閣の一年目）のデータは、それまでのいずれの年度を50％以上も上回るという非常に大きな増加を示している。つぎの年には空け渡されたポストの数は通常のレベルにまで戻っているものの、それ以降は異なる政党が内閣を制するたびに1924年のレベルにまで増加している（表5.3を参照）。政治的に中立な官庁においてこのようなことが起こり得ないことだけは明らかであろう。官僚は党派的な後ろ盾を得るための競争を強いられていたのであり、そのような官僚が、独立した存在として、あるいは政党政治家の要望に反してまで、寡頭指導者の忠告通りに行動することなどあり得なかったはずである。

　内務省に比べ顕著ではないものの、大蔵省に関するデータにも相当の政治的影響があったことが表れている。少なくとも1924年頃から、大蔵次官は政治的に任命されていたようである（表5.4を参照）。事実、加藤高明首相は就任後ただちに次官を代えている。

　その後、支配政党の異なる内閣が成立するたびごとに、前任者とは別の者が次官に就任している。時には、次官を既に経験した者が再任されることもあった。しかし、局長の中には、内閣の交代にもかかわらず、引き続きその地位を維持した者もいる。おそらく、選挙に直接影響のない政策を実施している官僚によって、内閣の意図が妨害されないようにするには、彼らの同僚の中から誰かを散発的に罷免することで事足りたのではなかろうか。これに反して、政治的な意味で比較的重要な主計局と主税局では、党派的な配置転換が集中して行われている[10]。いずれにせよ、大蔵省においても、空け渡されたポストの集計

---

[10] 秦（1981: 355-359）を参照。各内閣に見られた租税政策の相違については、池田（1984）を参照。

5. 官僚の昇進に関する経験的データ

表5.1. 内務省および警視庁における新規任命 1924-1931年

就任日	1924年6月11日	1926年6月30日	1927年4月20日	1929年7月2日	1931年4月14日	1931年12月13日
内閣	加藤	若槻	田中	浜口	若槻	犬養
政党	憲政会	憲政会	政友会	民政党	民政党	政友会
局長						
衛生局	−	−	−	X(2ヶ月)	−	X(1週間)
警保局	X(1日)	−	X(2日)	X(1日)	X(1日)	X(1日)
社会局	−	−	−	X(2週間)	X(3週間)	X(1週間)
神社局	−	−	X(3週間)	X(3週間)	−	−
地方局	−	−	−	X(3日)	X(1日)	X(1週間)
土木局	−	−	X(1ヶ月)	X(3日)	X(1日)	X(1週間)
課長						
警保局高等課*	NA	NA	NA	X(1週間)	X(1週間)	X(1週間)
検閲課	−	−	X(1ヶ月)	X(1週間)	−	X(2週間)
保安課	−	−	X(1ヶ月)	X(1週間)	−	X(1週間)
地方局						
行政課**	NA	−	X(1週間)	X(1週間)	−	−
財務課**	NA	−	−	−	−	−
警視庁						
警視総監	X(1日)	−	X(1日)	X(1日)	X(1日)	X(1日)
官房	X(2週間)	X(1ヶ月)	X(2日)	X(1週間)	X(2週間)	X(1週間)
刑事部	X(2週間)	−	X(2日)	X(1週間)	−	X(1週間)
警務部	X(2週間)	−	X(2日)	X(1週間)	−	X(1週間)
保安部	−	−	X(2日)	X(1週間)	X(2週間)	X(2週間)
特別高等警察部	−	−	X(1ヶ月)	X(2週間)	−	−
消防部	−	−	−	−	−	−
衛生部	X(2ヶ月)	−	−	X(1週間)	X(2週間)	−

注：Xは、内閣が局長・課長等を新しく任命したことを表す。括弧内は、任命を行う際に内閣が必要とした時間を表す。組閣から2ヶ月以上経過した任命は除外してある。NAは、データが存在しないことを表す。
*田中内閣は、1928年7月、警保局高等課長のポストを新設した。
**加藤内閣は、1924年12月、地方局行政課および財務課を新設した。
出典：秦郁彦『戦前期日本官僚制の制度・組織・人事』(1981: 327-332) に掲載のデータを編集。

第5章 官僚：誰が誰を支配していたのか

表5.2. 内閣ごとの支配政党の変化と県知事の新規任命

就任日 内閣 政党	1924年 6月11日 加藤 憲政会	1926年 6月30日 若槻 憲政会	1927年 4月20日 田中 政友会	1929年 7月2日 浜口 民政党	1931年 4月14日 若槻 民政党	1931年 12月13日 犬養 政友会
県名						
愛知	X(2日)	—	X(1ヶ月)	X(3日)	—	X(1週間)
秋田	X(2週間)	—	X(1ヶ月)	X(3日)	—	X(1週間)
青森	X(2週間)	—	X(1ヶ月)	X(3日)	—	X(1週間)
千葉	X(2週間)	—	X(1ヶ月)	X(3日)	—	X(1週間)
愛媛	X(2週間)	—	X(1ヶ月)	—	—	X(1週間)
福井	X(2週間)	—	X(1ヶ月)	X(3日)	—	X(1週間)
福岡	—	—	X(1ヶ月)	X(3日)	X(3週間)	X(1週間)
福島	—	—	X(1ヶ月)	X(3日)	X(1日)	X(1週間)
岐阜	X(2週間)	—	X(1ヶ月)	X(3日)	—	X(1週間)
群馬	X(1ヶ月)	—	X(1ヶ月)	X(2ヶ月)	—	X(1週間)
広島	—	—	—	X(3日)	X(3週間)	X(1週間)
北海道	—	—	X(10日)	X(3日)	—	—
兵庫	—	—	X(1ヶ月)	X(3日)	—	X(1週間)
茨城	—	—	X(1ヶ月)	X(3日)	—	X(1週間)
石川	X(2週間)	—	X(1ヶ月)	X(3日)	—	X(1週間)
香川	X(2週間)	—	X(1ヶ月)	X(3日)	—	X(1週間)
鹿児島	X(2週間)	—	X(1ヶ月)	X(3日)	—	X(1週間)
神奈川	X(2週間)	—	X(1ヶ月)	X(3日)	—	X(1週間)
高知	—	—	X(1ヶ月)	X(3日)	—	X(1週間)
熊本	X(2週間)	—	X(1ヶ月)	X(3日)	—	X(1週間)
京都	—	—	X(1週間)	X(3日)	—	X(1週間)
三重	X(2週間)	—	—*	—	—	X(1週間)
宮城	X(2週間)	—	—	—	—	X(1週間)
宮崎	—	—	X(1ヶ月)	X(3日)	—	X(1週間)
長崎	X(2週間)	—	X(1週間)	X(3日)	—	—
奈良	—	—	X(1ヶ月)	X(5週間)	X(5週間)	X(1週間)
新潟	—	—	X(1週間)	X(3日)	—	X(1週間)
大分	X(7週間)	—	X(1ヶ月)	X(3日)	—	X(1週間)
岡山	—	—	X(1ヶ月)	X(3日)	—	X(1週間)
沖縄	X(2週間)	—	X(1ヶ月)	X(3日)	—	—
大阪	—	—	X(1ヶ月)	X(3日)	—	X(1週間)
佐賀	X(7週間)	—	X(1ヶ月)	—	—	X(1週間)
埼玉	X(2週間)	—	X(1ヶ月)	X(3日)	X(1日)	X(1週間)
志賀	—	—	X(1ヶ月)	X(2ヶ月)	—	X(1週間)
島根	X(2週間)	—	X(1ヶ月)	X(2ヶ月)	X(2ヶ月)	X(1週間)
静岡	X(2週間)	—	X(1ヶ月)	X(3日)	X(3週間)	X(1週間)
栃木	X(2日)	—	X(1ヶ月)	X(3日)	—	X(1週間)

89

5. 官僚の昇進に関する経験的データ

表5.2.の続き

就任日	1924年6月11日	1926年6月30日	1927年4月20日	1929年7月2日	1931年4月14日	1931年12月13日
内閣	加藤	若槻	田中	浜口	若槻	犬養
政党	憲政会	憲政会	政友会	民政党	民政党	政友会
徳島	X(2週間)	－	X(1ヶ月)	X(3日)	－	X(1週間)
東京	－	－	－	X(3日)	－	X(1週間)
鳥取	X(2週間)	－	X(1ヶ月)	X(3日)	－	X(1週間)
富山	X(7週間)	－	X(1ヶ月)	－	X(1日)	－
和歌山	X(2週間)	－	X(1ヶ月)	X(3日)	－	X(1週間)
山形	X(2週間)	－	X(1ヶ月)	－*	－	X(1週間)
山口	X(2週間)	－	－	X(3日)	－	X(1週間)
山梨	X(2週間)	－	X(1ヶ月)	X(3日)	－	X(1週間)

注：Xは、内閣が県知事を新しく任命したことを表す。括弧内は、任命を行う際に内閣が必要とした時間を表す。組閣から2ヶ月以上経過した後の任命は除外してある。
*は、組閣から2ヶ月以上が経過しているが、選挙の直前に内閣が県知事を入れ替えたことを表す。
出典：秦郁彦『戦前期日本官僚制の制度・組織・人事』(1981: 333-349) に掲載のデータを編集。

表5.3. 内務省の新規任命 1918-1932年

年	新旧内閣	新規任命数
1918	寺内(無)－原(政友) 1918年9月29日	14
1920	－	54
1921	原(政友)－高橋(政友) 1921年11月13日	13
1922	高橋(政友)－加藤(無) 1922年6月12日	51
1923	加藤(無)－山本(無) 1923年9月2日	48
1924	山本(無)－清浦(無) 1924年1月7日	80
	清浦(無)－加藤(憲政) 1924年6月11日	
1925		38
1926	加藤(憲政)－若槻(憲政) 1926年6月30日	46
1927	若槻(憲政)－田中(政友) 1927年4月20日	73
1928	－	39
1929	田中(政友)－浜口(民政) 1929年7月2日	77
1930		27
1931	浜口(民政)－若槻(民政) 1931年4月14日	116
	若槻(民政)－犬養(政友) 1931年12月13日	

注：括弧内は、無が支配政党を持たない内閣を、政友が政友会が支配する内閣を、憲政が憲政会が支配する内閣を、民政が民政党が支配する内閣を表す。
出典：秦郁彦『戦前期日本官僚制の制度・組織・人事』(1981) に掲載のデータを編集。

第5章 官僚：誰が誰を支配していたのか

表5.4. 大蔵省の新規任命　1924-1931年

就任日	1924年6月11日	1926年6月30日	1927年4月20日	1929年7月2日	1931年4月14日	1931年12月13日
内閣	加藤	若槻	田中	浜口	若槻	犬養
政党	憲政会	憲政会	政友会	民政党	民政党	政友会
大蔵次官	X（1日）	—	X（2日）	X（2日）	—	X（2日）
局長						
主計	X（2ヶ月）	—	—	X（2日）	—	—
主税	—	—	X（1ヶ月）	X（2日）	—	X（1週間）
銀行	—	—	—*	—	—	—
国債	X（2ヶ月）	—	—	X（2日）	—	—
専売	—	—	—	X（2日）	—	—
出納	—	—	—	—	—	—
造幣	X（2ヶ月）	—	—	—	—	—

注：Xは、内閣による新規任命を表す。括弧内は、任命を行う際に内閣が必要とした時間を表す。組閣から2ヶ月以上経過した後の任命は除外してある。
＊は、選挙の直前に内閣が局長を入れ替えたことを表す。
出典：秦郁彦『戦前期日本官僚制の制度・組織・人事』（1981: 355-359）に掲載のデータを編集。

値からは、内務省と同様の現象が読み取れることに留意すべきである。それは、内閣の交代によって支配政党が代わるたびに、官僚の配置転換が急速に増えるということである（秦 1981）。

　鉄道省に関する名簿からも、党派的色彩の強い配置転換をいくつか読み取ることができる。ここでの配置転換は、内務省よりは大蔵省のケースに近いものである。内閣の支配勢力が交代するとともに、多くの局長が新たに任命されている。内務、大蔵両省と同様、1920年代の半ばに配置転換のパターンが始まり、内閣の支配政党が交代するたびにこれが繰り返されている（表5.5を参照）。驚くには値しないが、これらの人事異動は、内閣を支配している政党が交代するたびに、空け渡されたポジションの数の増加となって表れている（秦 1981）。結局のところ、これは、鉄道路線の決定や維持管理が、各政党それぞれの利益誘導の手段として重要であったことを示唆している（この点は第9章において確認する）。

　別の角度からデータを分析する目的で、われわれはすべての官僚が各ポジションに就いていた期間の変化を考察した。1868年からはじめて政党が内閣を支配した1918年までの間、寡頭指導者は、政府に対する比較的強固なコントロールを維持した。この間、官僚の28％が任命されたポストに3年以上とどまって

5. 官僚の昇進に関する経験的データ

表5.5. 鉄道省の新規任命 1924-1931年

就任日	1924年6月11日	1926年6月30日	1927年4月20日	1929年7月2日	1931年4月14日	1931年12月13日
内閣	加藤	若槻	田中	浜口	若槻	犬養
政党	憲政会	憲政会	政友会	民政党	民政党	政友会
局長						
運輸	−	−	X(1ヶ月)	X(1週間)	−	−
監督	−	−	X(1ヶ月)	X(1週間)	−	−
建設	−	−	−	X(1ヶ月)	−	X(2週間)
工務	−	−	−	X(1週間)	−	X(2週間)
電気	−	−	X(1ヶ月)	X(1週間)	−	−
工作	−	−	−	−	−	−
国際観光*	NA	NA	NA	NA	−	−
研究所長						
鉄道技術	−	−	−	−	−	−

注：Xは、内閣による新規任命を表す。括弧内は、任命を行う際に内閣が必要とした時間を表す。この表では、組閣から2ヶ月以上経過した後の任命は除外してある。NAは、データが存在しないことを表す。
*国際観光局は、浜口内閣による開設。
出典：秦郁彦『戦前期日本官僚制の制度・組織・人事』(1981: 384-386))に掲載のデータを編集。
[浜口内閣による建設・工務・電気局長の任命については、訳者による修正を施している。]

表5.6. 官僚の就業期間に生じた変化 1868-1932年

期間	人事異動の確立			
	1−6ヶ月	6−18ヶ月	1.5−3年	3年以上
I. 1868-1917	15	32	25	28
II. 1918-1931	17	43	30	10

出典：資料は、秦郁彦『戦前期日本官僚制の制度・組織・人事』(1981)に掲載のデータを基に作成した。

いる。これに続く政党内閣の時期（1918年から1932年）では、同じポストに3年間とどまった官僚は10％しかいない。また、1868年から1918年までには、官僚の47％が18ヶ月の間に異動しているが、1918年から32年の間では、この数は60％にまで上昇している（表5.6を参照）。

5.2. 自伝による証拠

官僚の人事に関する集計データが、各省内の昇進には党派性の観点から作為があったことを示唆しているならば、今度は、数名の官僚の生涯を例に取り、

第5章 官僚：誰が誰を支配していたのか

彼ら自身やその同僚がこの点をどのように見ていたのかを考えてみよう。まずはじめに、山岡万之助[11]の事例を取り上げる。若き検察官であった山岡は、キャリアの早い段階で政友会の指導者と交際するようになっていた。山岡の事例については、次章で日本の司法府の独立性を考察する際にも取り上げるが、ここでは、内閣を支配する政党が政友会から憲政会へと入れ代わった1925年に、山岡が司法省刑事局長の職を失っていることに着目する。山岡はその後の2年余、政友会が再び政権を掌握する1927年後半まで「私的な研究者」（つまり、失業中）として過ごした。そして、与党となった政友会は、山岡を内務省警保局長に任命した（細島 1964: 87）。

警保局長になった山岡は、政友会にとって政治的に極めて重要な位置を占めていた。それは、警保局が選挙関連法規の実施状況を監督していたからである。警保局の職員は、職務権限で調査を行う際、常に政権の座にある政党に便宜を働いた。なぜならば、それらの業務は、山岡のような党派心の強い者によって監視されていたからである[12]。山岡の職務は、1927年に特に重要な意味を持った。この時、普通選挙法の影響で選挙戦の性格が変化しており、そのことに政友会はこれまで以上に神経をとがらせていたからである。

1928年1月に選挙が行われると、民政党は当然のことながら、選挙運動の監視が敵対的かつ不公平であったとして、内務大臣鈴木喜三郎とその庇護の下にいた山岡を非難している（たとえば『東京朝日新聞』1928年1月25日、1月27日および1月29日を参照）。その後も続いた政治的揺さぶりを沈静化するために、鈴木と山岡はそれぞれ役職を辞すことになる（細島 1964: 93；『東京朝日新聞』1928年5月4日）。山岡の内務省でのキャリアは、このエピソードをもって幕を閉じることになったが、山岡自身は政友会指導層から敬意と信頼を得ることになった。そして、1年と経たないうちに政友会は、山岡を貴族院議員に任命することでその働きに報いたのである。山岡が、政治的忠誠の名において、反対勢力からの多少の攻撃に甘んじたことなど、帳消しになって余りあることが誰の目にも明らかであろう。

もう一人、大蔵官僚だった青木得三の例を見てみよう。青木が初めて政治と

11　山岡の生涯全般を描写したものとして、細島（1964）を参照。
12　酒井（1992: 270-273）は、警視庁と警保局の両組織が、選挙目的で民政党に利用される様子を描写している。また、警視庁の歴史の詳細については、高橋（1976）を参照。

の関わりを持つようになったのは、1914年、30歳の大蔵官僚として若槻蔵相の秘書を務めていた時であった（大蔵省編 1977: 228, 232）。ここで得た同志会（その後、党名変更により憲政会および民政党）との人脈は、そのキャリアを通して青木についてまわった。青木がつぎに省内で大きく昇進したのは、1924年に憲政会が再び内閣を制したときであった。1914年、若槻内閣において次官の経験のあった浜口雄幸がこの時蔵相を務めており、彼は青木が大臣官房文書課長に昇進するための地ならしをしたのである（遠藤＝加藤＝高橋 1964: 137）。青木にしてみれば、課長レベルの昇進の決定に至るまで、大臣自らが関与することは珍しいことではなかった（大蔵省編 1977: 252）[13]。大臣官房文書課が政治的に重要な部署であったことに鑑みれば、大臣自らが個人的な利害関心を持つことは決して特別なことではなかろう。

　青木がつぎに大きな幸運を手にしたのは、青木の後見人であった浜口雄幸が民政党内閣を首班した1929年であった。青木はこの時、省内でもっとも権威のある任務の一つである主税局長に46歳の若さで昇進した。しかし、大蔵省における青木の任務はこれをもって最後となった。1931年12月に政友会が政権の座に就くと、新政府は青木を横浜税関の署長に任じた。青木はこの降格人事を受け入れることなく辞職した。青木を政治的に支えるものが再び政権の座に戻ることはなく、青木自身は経済学を教えつつ職業人としての余生を送っている（大蔵省編 1977: 200）。

6. 結論

　われわれは、理論的かつ経験的な視点から、戦前の政治を官僚が支配していたという見解を疑問視している。官僚は当初寡頭指導者の要求に応じ、その後は政党の要求に応じていたのである。昇進を望む官僚には、自らの本人が望む通りに行動する他に選択の余地はなかった。人事に関する集計データと伝記的記述の双方から得られた証拠によって、このことを確認することができる。官僚は、自分を政治的に擁護してくれる者が内閣をコントロールしていれば活躍

---

[13] 課長ポスト人事は、大臣と次官がしばしば分け合っていた。たとえば1914年当時、次官であった浜口は、部下の一人を独占局の閑職から、省内最有力といわれた予算決算課の課長に昇格させている（大蔵省編 1977: 251）。

したが、それ以外の場合には不遇であった。第6章で見るように、判事に対してもこれと同様の結論を得ることができる。しかしながら、第7章で検討するように、軍人だけは、このような結末を避けることができたのである。

第6章　裁判所：誰が誰を監視したのか

1. はじめに

　理論上、大多数の研究者は、司法の独立が維持される可能性について肯定的な意見を持っている。たとえば、ある研究者によれば、合理的な政治家が、制定法の運用からレントがもたらされることを支持者に確約するためには、裁判所の独立を保つ必要があるという (Landes and Posner 1975)。また、他の研究者は、政治家が官僚を監視する目的で裁判所を利用するためには、司法の独立が保たれていなければならない、とする (McCubbins and Schwartz 1984)。さらに、独裁者でさえ司法の独立性を維持する、と弁明する研究者もいる。独裁者といえども、独立の裁判所なくしては自らの公約を確実なものにすることができない、と彼らは説明するのである[1]。

　1868年から1945年までに日本は政治体制の変遷を経験したが、それは二つの仮説の検証を可能にする。(a)民主的な政府は、独立した判事の存在を保障する。(b)独裁者は、独立した判事の存在を保障する。結局、これら二つの仮説はいずれも否定されることになる。つまり、戦前の日本では、民主的あるいは独裁的、いずれの政府の下でも独立した裁判所が維持されたことなどなかったのである。本章でははじめに、裁判所制度の構造を概観する（第2節）。つぎに、19世紀の寡頭指導者が司法部をどのように処遇していたのかを検討し（第3節）、続いて公選の政治家が司法部をいかに処遇していたかを検討する（第4節）。そして、

---

[1] Barzel (1991, 1992)、North and Weingast (1989)。日本政府は、有利な利率で容易に資金調達を行っていた。1870年、機能し得る裁判所が存在しないながらも、政府は年利9％で海外から資金を調達している。1873年までに政府は利率を7％まで下げており、1899年には4％の10年物ポンド建国債を発効している (Okura sho ed. 1906: 32-47)。

2. 制度の構造

司法の独立性をめぐる実証理論に対して一つの代替案を提唱し（第5節）、本章の結びにおいて、政治家が官僚に対するのとはいささか異なった方法で、判事を処遇していた理由を説明する（第6節）。

2. 制度の構造

2.1. 憲法制定以前の均衡

　寡頭指導者は、1889年に憲法が制定される以前から、表向きには自らの影響力を裁判所から隔絶するための方策を取っていた。少なくとも、寡頭指導者が講じた方策には、官僚を隔絶するために取られた方策と部分的に共通する点があった（第5章を参照）。たとえば、1886年に寡頭指導者は、理由もなく判事を免職することを禁じた勅令を公布している。この時点で既に寡頭指導者は、刑事あるいは懲戒裁判を経ずに、判事を退官させたり、懲罰を与えることができなかった[2]。

　この勅令による措置は、寡頭指導者の影響力からの隔絶というにはいかにも脆弱なものであった。なぜならば、新しい勅令によって古い勅令を改廃できたからである。1886年の勅令を撤回して判事を免職することは、いかなるルールによっても禁じられていなかった。つまり、寡頭指導者が集団として、新しい勅令を発するために必要なだけの協調関係を維持すれば、依然として彼らの意のままに判事を制約することができたのである。

　しかしながら、撤回が可能であったことを理由に、1886年勅令が全く無意味であったとすると、寡頭指導者が共有していた問題点を見過ごしてしまう。なぜなら寡頭指導者は、集団として権力を共有することで利益を得ていたものの、個々人としてはお互いを出し抜くことによって利益を得たからである。そのため寡頭指導者は、選挙で選ばれた政治家だけでなく、ライバルの寡頭指導者からも自らを守らなければならなかった。寡頭指導者は、同胞間の争いにおいてライバルが裁判所へ介入することを阻止するために、1886年の勅令を公布したのである。誰も単独では勅令を改廃することができないため、撤回可能なこの勅令は、寡頭指導者の間にある種の安定をもたらした[3]。つまり、たとえそれ

---

[2] 「裁判所官制」勅令第40号、1886年5月4日、第12条。

が撤回可能な勅令であっても、寡頭指導者の同士討ちに対して自らを保護する機能を持ち得たと考えられるのである。

2.2. 憲法体制下での均衡

1889年に制定された憲法によって、初期の均衡状態は安定して行くことになった。寡頭指導者は、1886年の勅令で用いたものと非常に似た条項を憲法の中に挿入した。その条項は、「判事ハ刑法ノ宣告又ハ懲戒ノ処分ニ由ルノ外其ノ職ヲ免セラルヽコトナシ」[4]としている。寡頭指導者は、勅令は天皇によって発せられるという虚構を打ち立てていたため、勅令を発するための規定を十分な形では明記していなかった（第3章第4節を参照）。勅令制定のルールを特定していなかったため、1886年の勅令の下では、ライバルが集団として裁判所を自らに対峙させるために勅令を利用する可能性があった。憲法は、改正手続が勅令よりも困難なものであったからこそ、このような策略に対してより十分な保護を寡頭指導者に提供することになったのである。

1890年の裁判所構成法[5]において、寡頭指導者は上記憲法条項に関する詳細を明文化した。判事は文字通り司法省の管轄下に置かれ[6]、司法大臣には判事に対する監督権限が与えられた（しかし、所管大臣が一般の官僚に対して持ち得た監督権限よりは限定されたものであった）。たとえば、判事があるまじき行為を働いた場合、司法大臣は、控訴院あるいは大審院のいずれかの合議体（総会）に懲罰のための訴えを提起することが可能であった。つまり司法大臣は、減俸から

---

[3] これを今日の政治学用語で別言すれば、撤回可能な勅令が「構造派生均衡（structural-induced equilibrium）」を生み出したということであろう。Shepsle (1981) および Krehbiel (1992: chap. 2) を参照。

[4] 第58条2項および57条2項を参照。さらなる詳細は法律の中で規定された。ルールが法律によって明文化されなければならないという要件の重要性に関しては、第3章第4節を参照。また、憲法第58条は、判事の資格および懲戒手続の詳細が、法律によって定められるべき旨を規定していた。第59条は、裁判の対審判決の公開を原則とし、第60条は、特別裁判所の管轄が法律によって定められるとし、第61条では、行政裁判所に関する規定を有していた。

[5] 「裁判所構成法」法律第6号、1890年2月10日。判事の身分に関するさらなる詳細は、「判事検事官等俸給令」勅令第17号、1894年2月14日によって規定されていた。

[6] 「裁判所構成法」法律第6号、第135条。これに代わって戦後の新憲法の下では、裁判所は、名目上独立した最高裁判所の下に置かれている。「日本国憲法」第76および77条を参照。このような変化が重要なものではなかったという点に関しては Ramseyer and Rosenbluth (1993: chaps. 8-9) を参照。

2. 制度の構造

弾劾に至るまでの処分を下すことができたのである[7]。

しかしながら、寡頭指導者はいくつかの点で、判事を政治的な支配から隔絶していたようにも見える。第一に、寡頭指導者は、退官年齢を法定化しなかったため、判事職を事実上の終身制とした[8]。第二に、彼らは、判事がその意思に反して転官転所を命じられ、あるいは退職を強制されることを禁止した（裁判所構成法第73条）。しかし、ここで重要なことは、「但シ予備判事タルトキ及補間ノ必要ナル場合ニ於テ転所ヲ命セラルヽハ此ノ限ニ在ラス」（第73条、その適用に関しては第3.3節を参照）とする但書が加えられていた点である。最後に、寡頭指導者は、判事がその職務をもはや遂行できない場合、控訴院または大審院の決議をもって、司法大臣に判事の退職を命ずる権限を与えた（第74条）。これに対し、判事職に空席がない場合は、司法大臣は単独で、半額の俸給で判事を休職扱いにすることができた（第75条）。

寡頭指導者は、判事に対するこれらの保護策を検察官に与えることはなかった。むしろ、寡頭指導者は、他の官僚に対するのとほぼ同様のやり方で検察官を処遇した[9]。裁判所構成法により、司法大臣は、検察官に対してその命令にしたがうよう強制することができた（第82条）。司法大臣は、懲戒の処分（第80条）を経ずに検察官を免職にすることはできなかったものの、転任あるいは退官を命じることができた。検察官は、免職であれば恩給を失うことになるが、退官であればその支給を受けることができた[10]。ただ、いずれの場合にせよ、検察官としての職は失うことになった。

このような制度的枠組によって、寡頭指導者による司法部のコントロールがより困難なものになったことは明らかである。そして、数十年後、寡頭指導者の後に続く政治家にとっても、これは同様であった。しかし、このような制度上の障害にもかかわらず、寡頭指導者は（集団として）、すぐにこの枠組を覆すことを決意した。そして、数十年の後、政治家も同様の決定を下したのである。

---

[7] 「判事懲戒法」法律第68号、1890年8月20日、第2条から第9条まで。
[8] 強制的退官制は、法律第101号、1921年5月17日により導入された。
[9] 官僚に与えられた保護策に関しては「文官分限令」勅令第62号、1899年5月27日。
[10] 「官士恩給法」法律第43号、1890年6月21日および「判事懲戒法」法律第68号、第7条を参照。

第 6 章　裁判所：誰が誰を監視したのか

3.　寡頭指導者による操作

3.1.　児島と寡頭指導者[11]

　寡頭指導者が、裁判所構成法発布から僅か1年後、既に判事の身分に介入しようとした事件がある。それを見てみよう。王位就任間近いC・ニコライⅡ世は当時、シベリア横断鉄道の起工のために東アジア来訪中で、日本に立ち寄ることになったが、これは慎重な行動とはいえなかった。1891年5月、観光の後京都に戻ったニコライⅡ世は、小さな町で巡査をしていた津田三蔵と遭遇する。スパイ行為のための来日とこれを決めつけた津田は、尊皇の意に駆られニコライを刺してしまう。

　このために、ロシア人民は極度の不安に陥るとともに、日本外交の舵取りも複雑なものになった。寡頭指導者は、ロシア人民を宥めるために津田の処刑を望んだ。しかし、彼らにとっての災いは、当時の大審院長が児島惟謙という人物だったことである。児島は、法により殺人および大逆罪には死刑が適用され得るものの、通常、謀殺未遂は死刑の適用外であることを指摘した[12]。刺し傷は深くとも、ニコライは死に至ってはいなかった。また、ニコライは王室の人間には違いなかったが、日本人ではなかった。児島は、大逆罪の規定は日本の皇族にのみ適用されると主張した。そして、裁判所の中にあっては、児島の言動が周囲を支配した。標準的な歴史書によれば、児島は津田の命を救った上に、この機会を利用して日本に「司法権の独立の原則」を説いたとされている（たとえば、Takayanagi 1963: 9-10; 斎藤 1985: 307）。

　事態がそう単純であれば良いものの、1892年には、寡頭指導者の一人である山県有朋が司法大臣に就任する。裁判制度上、児島を公然と免職にすることのできない山県は、即座に別の方法を探し出そうとした。その当時、児島やその同僚の判事らは芸者宿をひいきにしていた。しかし、法により買春が認められていたため、彼らは合法的に売春婦を買うことができた（Ramseyer 1991）。法

11　ここでの記述は Ramseyer and Rosenbluth（1993: chap. 8）に負っている。
12　「刑法」太政官布告第36号、1880年7月17日、第116条および292条から298条。

3. 寡頭指導者による操作

により妾の存在も容認されていたため、彼らは若い女性を何人でも欲しいだけ合法的に囲うことができた。色欲に耽ることも許されており、好みとあらば猥褻まがいの行為でさえ合法とされていた。

一方、多くのアメリカ最高裁判事と同様、児島とその同僚判事達はカード遊び（花札）に興じることがあった。賭博行為は違法であったため[13]、山県の命を受けた検察は、児島らをこの件で弾劾できるかに見えた。検察は告訴に踏み切り、14人の芸者を証人として出廷させたのである。しかしながら、一連の検察の動きは、その犯罪にも増してお粗末なものであった。検察の行動は失敗に終わったのである。なぜならば、法により賭博を行った判事らの懲戒手続は、彼らの同僚である大審院判事らの手によって進められることになっていたからである。裁判を担当した大審院判事らが賭博を行ったとされる同僚の側についてしまえば、検察側は敗れるより他なかった。大審院判事による論旨は、花札に金銭を賭けていた疑いを検察側が立証しなかったというものであった。これにより、表向きは児島が山県を凌駕したように見える。児島は、官職にとどまる権利を維持することができたのである。ところが、その後数日の間に、児島は辞職を選択してしまう[14]。

ここでの問題は、なぜ児島が官職を辞したのかという点にある。児島は道化を演じていたわけでは決してなく、自分の仕事を気に入っていた。とすれば児島は、判事職にとどまり続けた場合、いずれは山県が自分の官職を剥奪するか、判事としてその後の人生を悲惨なものにするか、どちらかの行動に出ると予測したのではなかろうか。あるいは児島は、山県が何を望んでおり、何をなし得たのかを正確に推し量ることができたのかもしれない。1世紀が経った現在、前者に関しては既に十分に明らかにされたが、後者に関してはそうとはいえない。この裁判の例だけでは、山県がとり得た行動を児島がどのように推測していたのかを明らかにすることはできない。しかし、1890年代の残りの期間に生じた歴史的事象を繙けば、それを明らかにすることができる。以下、1890年代に生じた他のいくつかの紛争に目を向けることで、山県と他の寡頭指導者が用いた戦術を明らかにしよう。

---

[13] 「刑法」太政官布告第36号、第261条。
[14] 『官報』第2748号、1885年8月23日、同年8月24日。

第 6 章　裁判所：誰が誰を監視したのか

3.2.　千谷と寡頭指導者[15]

　1894年の 1 月、54歳の千谷敏徳は、既に 1 年あまりの間、大審院に奉職していた。この時、司法省は突然、千谷を沖縄地方裁判所に転出させる決定を下した[16]。この措置は、日本人の社会的地位に関するほとんどの尺度から見て、組織の頂点から限りなく底辺に近い人事異動であった。千谷は転所に甘んじることなく、これを拒否した。千谷は、司法大臣の芳川顕正に対して、裁判所構成法によって拒否する権利が与えられていることを説いたのである。すると吉川は千谷に対して、裁判所構成法は、転所の決定が判事職の空席を埋めるためのものである場合には、そのような権利はない旨を伝えた。吉川は、事前に沖縄地裁の判事を転所させたばかりであり[17]、その空席に千谷を必要としたのである。

　寡頭指導者は、東京に居残る千谷を、沖縄地裁での職務を放棄したとして弾劾した。懲戒裁判における敗訴の苦杯を再び嘗めぬように、今回寡頭指導者は判事の頭数を調べた。そして、合議体の中に千谷の支持者がいることを知った寡頭指導者は、その判事を免職にした[18]。しかし、彼らにとって合議体の判事を正確に把握していたかどうかなど、もはや知ったことではなかった。1894年 9 月に千谷は死亡し、当該事件の争点はムートとなり争訟性を喪失したからである。

3.3.　別所と寡頭指導者[19]

　上記の争点がムートである期間は、そう長く続くことはなかった。その二年

15　事件に関するさらなる詳細は、楠（1989: 2 章）および「嗚呼東京弁護士会長三好退蔵君逝けり」『法律新聞』第517号、1 面、1908年を参照。
16　『官報』第3162号、1894年 1 月15日、同年 1 月16日。1893年 2 月、千谷は、大審院判事に就任する以前、部下の不始末の監督責任を問われ、大審院における懲戒裁判所によって月額10分の 1 の減俸を命じられている。したがってこの転所は、全くの予想外というものではなかったのかもしれない。楠（1989: 82-83）を参照。ここには、懲戒裁判所による判決書が再録されている。
17　『官報』第3159号、1894年 1 月11日、同年 1 月12日。
18　『官報』第3225号、1894年 4 月 2 日、同年 4 月 4 日。寡頭指導者は、裁判所構成法、法律第 6 号、第74条において必要とされる大審院の総会に、この案件を託さなかったようである。そのため、記録では、寡頭指導者がどのようにして判事に退官を説得したのかに関する記述がない。
19　ここでの記述は、楠（1989: 3 章）および「嗚呼前東京弁護士会長三好退蔵君逝けり」『法律新聞』第517号、1 面、1908年からのものである。

3. 寡頭指導者による操作

後、寡頭指導者は、千谷の死亡により便宜上の解決を見ていた難問に、再び直面することになったのである。1896年5月、司法省は地裁判事の別所別に転所を命じた。しかし、別所は千谷の友人でもあり、これを拒否した。司法省は任官地に現れなかったかどで別所を弾劾した。千谷とは異なり、別所は懲戒訴訟の最終段階まで存命し、その結果を自ら耳にした。別所は勝訴し、寡頭指導者はまたもや失敗したのである。ここでの争点は、裁判所構成法第73条の但書の適用であった（本章2.2を参照）。裁判所によると、当該但書は、司法大臣は転所を承諾する他の適当な判事がいない場合に限り、判事をその意思に反して転所させることができると定めていた。つまり、司法大臣は、自発的に判事職に就く者の存在を確認した後でなければ、別所に転所を命ずることができなかったのである。

別所の勝訴という展開だけが、この事件の不可思議さのすべてを物語るものではない。なぜならば、別所は児島と同様に、勝訴したその直後に退官を選択したからである。歳月が過ぎ去り、郷里の新聞に「弁護士、別所別」の広告が掲載された。それまでの間、別所は山梨「信託」所に加わっていた。弁護士事務所の広告には、「総て事件は手数料なく成功報酬」とあった。「人事に関する身元調、民刑事件の證拠準備」などは、すべて得意とする分野であった。顧客は、同弁護士事務所に対して、債権取りたてのための調査まで依頼することができたのである[20]。しかしながら、別所が裁判所を退官した真の理由を語ることはなかった。

3.4. なぜ寡頭指導者は判事を免職にしたのか

児島と別所が退官した理由を理解するためには、まずはじめに、寡頭指導者の意図がどこにあったのかが問われるべきである。1890年代に寡頭指導者がその官職を剥奪しようとした判事は、児島、千谷そして別所だけではなかった。それどころか、彼らは、判事の大規模な棚浚えを行っていたのである。つぎの表6.1は、1893年から1894年および1898年から1899年の間に退官を命じられた判事の人数を示したものである。これによれば、1893年7月から1894年3月および1898年8月から1899年5月までの19カ月の間に、寡頭指導者は158人の判事を追放したことになる[21]。

---

[20] 楠（1989: 103）において再録。

第6章 裁判所：誰が誰を監視したのか

表6.1. 退官を命じられた判事

	1月	2月	3月	4月	5月	6月	7月	8月	9月	10月	11月	12月
1893	1	1	3	0	0	0	8	5	14	7	12	4
1894	4	3	4	2	2	0	1	0	0	1	1	1
1898	1	1	4	3	2	4	1	0	5	10	13	25
1899	17	6	6	4	7	3	2	1	5	2	5	3	4

注：以下は、内閣総理大臣とその在職期間。伊藤（1892年8月8日から1896年9月18日）、松方（1896年9月18日から1897年1月12日）、伊藤（1897年1月12日から1898年6月30日）、大隈（1898年6月30日から1898年11月8日）、山県（1899年11月8日から1900年10月19日）。1898年から1899年の間、退官を命じられた133人の判事に加え、23人の判事が休職扱いとされた。「退官を命じられた判事」とは、官報において「退職を命ず」と記載された者を指している。
出典：楠精一郎『明治立憲制と司法官』（1989: 72, 265）。

　もちろん、これらの追放の動機の確定は常に困難な作業であり、特にここでは、非政治的な動機に基づくと解釈するのが妥当に思われる。しかしながら寡頭指導者は、（児島の場合はさておき）これらの判事のほとんどを「技術上」の理由で免職にしている。現在同様、当時においても、ほとんどの訴訟事件では、政治的論争が争点となることはなく、それだけに法律上の技術論は重要であった。それらの訴訟事件は、抵当や事故などに見られる、いわばありきたりの「技術的」な争点に関するものであり、寡頭指導者はこの点から初期の判事には問題があると見ていた。つまり、寡頭指導者は、維新直後の混乱期にそれらの判事を任命したが[22]、当時の大学教育の実状からして、これら初期の判事には、たとえ望んだとしても法学教育を受ける機会などなく、その結果、判事の多くが正規の法律学の訓練を受けていなかったのである[23]。

　1890年代の後半に至り、二つの重要な変化が生じていた。第一に、議会が、複雑でしかもその多くを西洋法に負う法律（たとえば、民法、刑法、民事訴訟法および刑事訴訟法）を多数で可決したことである[24]。これらの法律は（たとえば、米

[21] 当時、裁判所の判事定員はおよそ1,200人程度であった。勅令第17号、1894年2月14日（1,220人の判事を規定）、および勅令第122号、1898年6月20日（1,195名）。
[22] 寡頭指導者は1872年までに国の裁判制度を確立していた。「司法職務定制」太政官達番外、1872年8月3日。大審院は「大審院諸裁判所職制章程」太政官布告第91号、1875年5月24日によって創設。
[23] 判事に関するその後の教育上の要件については、「判事登用規則」太政官達第102号、1887年12月26日を参照。
[24] 「民法」法律第89号、1896年4月27日、および法律第9号、1898年6月21日。「商法」法律第48号、1898年5月9日、「民事訴訟法」法律第29号、1890年4月21日、そして「刑事訴訟法」法律第131号、1890年7月10日を参照。

3. 寡頭指導者による操作

国の内国歳入法典がそうであるように)、自前の学習では理解することが不可能な難解な文書から成っていた。第二に、大学で洗練された法学教育が提供されはじめたことである。いまや寡頭指導者は、古い世代の判事を免職にすれば、大学で法学の訓練を受けた者でその空席を埋めることができた。初期の頃の判事と異なり、これら新世代の判事は、新しく制定された各法律の解釈だけでなく、精緻な比較法の訓練も積んでいた。彼らは日本法の条文を駆使するだけでなく、西洋法のコンメンタール（注釈書）を理解することもできたのである。

3.5. 寡頭指導者はどのようにして判事を免職にしたのか

寡頭指導者が多数の判事を排斥した理由は、以上で述べてきた通りである。ではつぎに、どのような方法が用いられたのかを見てみよう。憲法および裁判所構成法により、司法大臣の裁量で判事を免職することは禁じられていた。判事は、司法大臣による退官命令、あるいは僻地の裁判所への転所命令を正当に拒否することができた。それどころか、司法大臣が判事に退官を強制するためには、控訴院か大審院のいずれかの決議を得る必要があったのである。にもかかわらず、表6.1の「強制退官」のほとんどの事例において、司法大臣がそのような手続を踏んだことはなかった。それでもなお、判事は従順にも退官命令にしたがったのである（楠 1989: 73）。そこで問題は、合法的には争うことができた命令に抵抗しないように、司法大臣がいかにして判事を説き伏せたのか、という点である。

答は簡単である。司法大臣は多くの判事を買収していたのである。つまり、司法大臣は、高額の俸給が支払われ、名声もある裁判所に彼らを昇進させる代わりに、彼らからおとなしく退官する同意を取り付けていた。司法大臣は、判事を上級裁から退官させるときに、彼らに面目を保つ機会を与えただけではなく、彼らに支払う恩給をも引き上げたのである。当時の規定では、判事の恩給は、奉職した合計年数と最終の俸給額を基準に算出されていた。僅か一日だけ高い金額の俸給を受けた判事がいたとしよう。その判事は、高額の俸給に比例した恩給を余生を通じて受け取ることになったのである[25]。

司法大臣は、高額の恩給を利用して広く判事を買収した。この点では、大審院でさえ格好の餌食となっていた。1898年の終盤から翌年の初頭にかけて、司

---

[25] 「官士恩給法」法律第43号、第5条。

第 6 章　裁判所：誰が誰を監視したのか

法大臣は、29人の判事で構成される大審院に15人を任命した。しかし、これらの判事は 1 日から 3 週間奉職したに過ぎない[26]。問題は、そこで交わされた取り決めにある。つまり、大臣は判事を大審院に任命することに同意し、そして判事は退官することに同意したのである。この同意の下、判事は「自発的」に退官したのである。おそらくは、そのような判事の多くは、表6.1の退官を強制された判事の中には含まれていないのであろう。要するに、実際には表6.1が示す以上に、寡頭指導者の司法への介入はより広範であった可能性があるのである。

　より反抗的な判事に対しては、寡頭指導者はさらに強圧的に出る方法を見い出す必要があった。ここで、判事が退官命令を拒否した場合を想定してみよう。この場合、寡頭指導者には二つの選択肢があった。一つは、寡頭指導者が、控訴院または大審院の判事に、その判事にもはや職務執行能力がないことを納得させた上で退官を強制することであった[27]。もう一つは、その判事が、職務上の義務に違背し、職務を怠り、あるいは官職上の威厳または信用を失うような行動をとったことを証明し、懲戒することであった[28]。

　いずれの手続に訴えたとしても、寡頭指導者には、勝利するとともに敗れる可能性もあった。事実上、司法部をコントロールしようとする寡頭指導者の戦略に対して相当の障害となるものと思われる制度が、彼ら自身の手によって構築されていたことになる。ここでいう障害が、単に1886年公布の勅令に起因するものであれば、寡頭指導者は集団としてそれを取り除くことができたであろう。しかし、憲法が制定された後では、より多くの困難が伴うかに見えた。

　実際には、依然として勅令には驚くような効力があり、寡頭指導者は当該勅令を操作することにより、ことの成り行きを操作していた。そして1898年に彼らは、この事実を判事らに知らしめている。この年、寡頭指導者がいかにして判事を支配するのかを誇示する小細工により、司法府の大粛正が着手された。それは勅令によって、各裁判所の定員を明記した規定を取り消したのである[29]。

---

[26] 大審院での奉職期間については、楠（1989: 282-293）を参照。大審院の規模については、判事検事官等俸給令、勅令第17号、第 2 条を参照。
[27] 「裁判所構成法」法律第 6 号、第74条。
[28] 「判事懲戒法」法律第68号、第 1 条。もちろん寡頭指導者は、希望にそぐわない職位への転任を行い、判事の退官を促すことも可能であった。仮に彼らがこのような手法に訴え、判事が転任を拒否した際には、やはり懲戒手続が採られることになる。

3. 寡頭指導者による操作

以前の勅令では、裁判所ごとにその人員規模を明記していたが、新しい勅令では判事全体の合計数のみを定めた。実際上、この新勅令により、ほぼ思うがままに控訴院や大審院に裁判官を送り込むことができたのである。寡頭指導者は、退官を拒否する判事がいれば、管轄を有する裁判所に提訴することになるが、彼らは、新勅令により、その裁判所が評決を下す前に、自分たちに忠実な者を必要なだけその裁判所に送り込むことができるようになった。寡頭指導者たちは、児島と別所の件で大きな失敗を犯しているだけに、今回は過ちを犯すことのない戦略をとっていることを判事全員に知らしめたのである。

3.6. 政治家と司法の独立

1898年6月、文字通り政争のただ中、寡頭指導者たちは、最大の競争相手である大隈を内閣総理大臣に任命した（第4章を参照）。大隈は、正式な法学教育を受けていない古い世代の判事を免職にすることに躊躇しなかった（楠 1989: 5章）。大隈は既に自分の支持者を他の官職に精力的に任命していた（第5章を参照）。そして、判事の免職により、より多数の支持者のためのポストをさらに捻出した[30]。

興味深いことに大隈は、一連の司法改革案の主要な立案者である横田国臣をも免職にした。1850年生まれの横田は、1896年に司法行政機構の頂点に立ち司法次官を務めた。さらに横田は、1898年6月に総理大臣を辞した伊藤により、検事総長に任命されていた。大隈は、その年の10月までに横田を免職に処した[31]。名目上、大隈は、新しく就任した司法大臣を侮辱したことを理由に横田を免職にした。免職の真の理由がこれと無関係なのは当然だが、それは横田個人の人事政策に対する反発という訳でもなかった。真の理由はむしろ、政治的な貸し借りの問題であった。横田が免職にした判事の一人に、古くから大隈を支持してきた者がいた。その判事は、大隈が政党を旗揚げした際の一員だった

29　勅令第122号、1898年6月20日によって、判事検事官等俸給令、勅令第17号で特定されていた裁判所の規模に関する規定が削除された。こうやって、必要とあらばいかなる措置を講じ得るのかを知らしめた寡頭指導者は、勅令第324号、1898年10月22日により、裁判所の規模を再び特定した。

30　大隈は「裁判所構成法」法律第6号、第65条の下、判事または検事への弁護士の任命を適法に行うことができた。

31　検察官の懲戒手続に関しては、「裁判所構成法」法律第6号、第80条および太政官達第34号、1876年4月14日を参照。

第 6 章　裁判所：誰が誰を監視したのか

のである（楠 1989: 188）。理念と政治的な顧客関係は別物だということであろうか。その支持者の訴えを汲んだ大隈は、横田を更迭したのである。

　表6.1で示された数字こそが、このような司法部「刷新」を大隈が支持していたことを示すもっとも有力な証拠である。つまり、伊藤が「刷新」に着手し、大隈がこれを受け継いだのである[32]。大隈が改革を支持していたことは、他の証拠によって裏づけられる。横田が侮辱したとされる司法大臣は、人心一新を支持する書簡を大隈に送っている。さらに、大隈の政党の機関誌までもが、一連の改革を擁護していのである（楠 1989: 182-195）。横田自身は首尾良く復権を遂げ、翌年の４月には東京控訴院の検事長に再び任命され、さらに1906年には大審院長に就任した。

4. 政治的操作

4.1. 寡頭指導者が残した遺産

　以上が、寡頭指導者が職業政治家に残した遺産である。その遺産により、裁判所を操作するためにの戦略は複雑なものになった。つまり、寡頭指導者が導入した制度的制約により、形式上は、判事は政党政治家の影響力から隔絶されているかに見えたのである。しかしながら、政治家には、裁判所を操作しなければならないいくつかの理由があった。そのうちもっとも明白な理由は、前世代の寡頭指導者と政治的な選好を共有する判事に、政策紛争の解決を委ねることを躊躇したというものである。

　それほど明白でない理由としては、政治家が選挙で勝利する上で、彼らに忠誠を誓う判事を利用することができたということがある。もちろん、判事の影響力は、警察官のそれほど重要ではなかった。警察官を操ることで、政治家は対立候補に対する積極的な攻撃を仕掛けることが可能である。事実、第５章で論じたように、政治家はこの方法を思う存分利用した。1928年総選挙の５日前、田中義一率いる政友会政府は、警察を焚きつけ638人の選挙法違反者を検挙させている。この時の検挙者のほとんどは、民政党あるいは無産政党の支持者であった（『東京朝日新聞』1928年２月15日）。政友会の指導者である原は、これより

32　大隈が免職の強制を止めたとする家永（1962: 10-11）の主張は誤りである。

4. 政治的操作

10年ほど前に「警察官はすべて政府与党の便宜を計りて其与党たる有様なれば、司法部に報告するものは反対党の行動のみ」と指摘している。つまり警察は、大抵の場合「政府与党［は］放任して自由を許し居た」のである（原 1965 IV-93, 1915年3月28日の記述）。このように警察は選挙において重要な位置を占めていたが、検察官と判事もまた肝心であった。忠実な検察官であれば、野党支持の被疑者を起訴したであろうし、忠実な判事であれば、そのような被告を有罪に処したであろう。

4.2. 犬養の前任者たち

しかしながら、司法府の人事録が示すところでは、1920年代に政治的介入がなされた明白な痕跡はほとんどない。まず、表6.2.から6.4.までを見てみよう。宰相では田中と犬養だけが、司法省の事務次官を入れ替えている。大審院長を入れ替えたのもこの二人だけである（表6.2を参照）。民事局長あるいは検事総長の首をすげ替えた宰相は一人もいなかった。犬養以前に他党出身の首相から政権を受け継いだ三人の首相（加藤、田中および浜口）は、それほど多くの支持者を大審院に任命していないし、強制的に退官を命じていたわけでもない（表6.3および6.4を参照）[33]。裁判所への介入を意図している政治家ならば、首相就任直後の数カ月間に、忠誠心のない大審院判事を自分の支持者と入れ替えたはずである。しかし、加藤はそのような行動を取らなかったようである[34]。また、田中と浜口がたとえそのように行動していたとしても、その痕跡は僅かに窺われる程度に過ぎない。

しかし一方で、おそらくこれらの表は、政友会の政治家たちによる裁判所操作の実状を控えめに示しているに過ぎない[35]。1913年の時点に遡れば、政友会

---

[33] これらの表は、就任後僅か4ヶ月間の状況を示すものである。実際のところ、二つの現象は想像以上に密接に関連している。免職を目前に控えた多くの判事は、まず数日の間大審院へ昇格したが、これには、退職して行く判事の面子を保ち、なおかつ恩給を引き上げる賄賂としての意味合いがあった。

[34] 1925年8月2日は、加藤が内閣改造を行った日である。この日、加藤は山岡を排除した者を司法大臣に任命している。

[35] もしくはこれらの政治家は、政府の様々なセクターを操作する方法を修得するために、単に時間がかかったという可能性はある。第5章で述べたように、政治家は、政治的にもっとも影響力のある官庁（特に、内務省）から操作を開始している。データは、政治家が、より重要な官庁のコントロールの仕方を会得した後に、司法省のコントロールに着手していたことを示しているのかもしれない。

表6.2. 司法省における主要人事異動

A. 主要ポスト（数字は、新内閣誕生後、1年以内の人事異動に要した月数を表す）

	加藤 1925年 8月2日	田中 1927年 4月20日	浜口 1929年 7月2日	犬養 1931年 12月13日
司法次官		1		1
司法政務次官	1	1	1	1
刑事局長（行刑局長）	1			
民事局長（民刑局長）				
大審院検事総長				
大審院検事局次長		1		
大審院長		4		1

B. 付属ポスト（数字は、左が、新内閣誕生後2ヶ月以内の人事異動数を、
　右が、その後10ヶ月間に追加的に行われた人事異動数を表す）*

控訴院検事長（7ポスト）	0,0	0,4	3,1	2,0
地方裁判所検事正（51ポスト）	1,16	3,17	1,9	12,12
大審院部長（8ポスト）	0,0	0,1	0,0	0,1
控訴院長（7ポスト）	1,0	0,1	0,0	1,0
地方裁判所長（51ポスト）	3,19	0,14	3,12	2,14

注：各内閣と支援政党──加藤内閣（憲政会）、田中内閣（政友会）、浜口内閣（民政党）、犬養内閣（政友会）。若槻内閣は、同一の政党が支援する内閣を継承したため除外した。
*当該計算は、1932年5月の犬養首相の暗殺までのものである。
出典：秦郁彦『戦前期日本官僚制の制度・組織・人事』（1981: 333-349）、司法省編『司法沿革史』（1960: 557-836）に掲載のデータを編集。

は内閣と議会の双方を支配していた。同年4月に政友会は、党独自の構想の下、裁判所の改革に着手しているのである。改革の地ならしとして、政友会はまず、裁判所構成法を改正した[36]。改正法の下、司法大臣は、控訴院または大審院いずれかによる単純多数決をもって、判事に転所命令を下すことが可能となった。司法大臣は、同様の手続により232人もの判事と検察官を休職扱いにした。そして、4月から6月までの間に司法大臣は、判事と検察官98人を免職、131人を休職扱いとし、443人を転所に処した（野村 1966: III-382）。

　数年後、議会と内閣を再び制圧した政友会は、裁判所に定年制を設けてい

---

[36] 法律第6号、1913年4月5日および法律第7号、1913年4月5日。法律第6号は、「裁判実務上必要アルトキハ」転所を命じることができるとした。また、既に裁判所構成法（第73条但書）が、空席を埋めるために必要であれば、判事の転所を司法大臣が命じることができると規定していたことから、条文解釈上の一般的な原則は、これが極めて緩やかな要件であることを示唆している。

4. 政治的操作

表6.3. 判事の人事異動

A. 新内閣誕生の前後4ヶ月以内の間に、大審院に任命された判事の数

	就任前	就任後
加藤内閣(1925年8月2日):	5	3
田中内閣(1927年4月20日):	1	2
浜口内閣(1929年7月2日):	0	2
犬養内閣(1931年12月13日):	3	13

B. 新内閣誕生の前後4ヶ月の間に、退官を命じられた判事の数

	就任前	就任後
加藤内閣(1925年8月2日):	16	8
田中内閣(1927年4月20日):	13	15
浜口内閣(1929年7月2日):	9	10
犬養内閣(1931年12月13日):	7	29

注：「退官を命じられた判事」とは、官報において「退職を命ず」と記載された者を指している。若槻内閣は、同一の政党が支援する内閣を継承したため除外した。
出典：『官報』。

る[37]。これにより政友会は、労せずして最古参の判事を一掃し、同党の支持者に新たなポストを用意することができた。この改革の影響を受け、1890年代の判事粛正の立案者であり、長年にわたり大審院長を務めた横田国臣はついに官職を失うことになる。この横田の一件は、この改正法の威力を象徴していた。改正法により、寡頭指導者が任命した判事が追放され、政友会の支持者が裁判所に送り込まれることになったからである。

1913年以降の12年間で、政友会が内閣を支配したのは、その約半分の期間に過ぎない。残りの期間で憲政会は、同党支持者を司法省に任ずる機会を得たわけだが、実際にそのような行動に出ることはなかった。その理由は、そのほぼ半分にあたる期間（1914年4月から1916年10月）、一匹狼の尾崎行雄が司法大臣を務めたからである。尾崎は、人事案件に全く興味を示さなかったばかりか[38]、すぐに政党指導者らと意見を衝突させた。一時期、超然内閣の首班として清浦が総理を務めたが、この時も政友会系の官僚が司法大臣に任命されている。

---

[37] 法律第101号、1921年5月17日。
[38] 「山岡検事局長休職に関して」『法律新聞』第2438号、20面、1925年、および「司法省検事局長休職問題」『法律新聞』第2438号、19面、1925年。

第 6 章　裁判所：誰が誰を監視したのか

表6.4.　検察官の人事異動

A. 新内閣誕生の前後 4 ヶ月以内の間に、大審院に任命された検察官の数

	就任前	就任後
加藤内閣（1925年 8 月 2 日）：	2	3
田中内閣（1927年 4 月20日）：	4	6
浜口内閣（1929年 7 月 2 日）：	0	1
犬養内閣（1931年12月13日）：	7	16

B. 新内閣誕生の前後 4 ヶ月の間に、退官を命じられた検察官の数

	就任前	就任後
加藤内閣（1925年 8 月 2 日）：	6	5
田中内閣（1927年 4 月20日）：	2	4
浜口内閣（1929年 7 月 2 日）：	6	3
犬養内閣（1931年12月13日）：	1	21

注：「退官を命じられた検察官」とは、官報において「退職を命ず」と記載された者を指している。若槻内閣は、同一の政党が支援する内閣を継承したため除外した。田中内閣の就任前の任命は、新内閣が誕生するまでの4日間に行われたいわば土壇場での人事異動であった。
出典：『官報』。

　このような沿革を考慮するならば、政友会による裁判所支配は、表6.2から6.4で見た手法を用いずに行われたようだ。ここで、司法省の役人である山岡万之助[39]のキャリアを見てみよう。1899年に大学を卒業した山岡は、検察官の研修生となった後、東京区裁判所の判事として勤務する。山岡はドイツで一時期を過ごし、1910年に帰国後検察官となった。その後山岡は、1914年までに政友会系の上司に目をかけられるようになっていた。後ろ盾を得た山岡は一連の要職を経験し、1925年には刑事局長を務めるまでに至る。しかし、憲政会主導内閣になると、司法大臣は即座に山岡を休職扱いに処したのである[40]。法曹評論家は、政治家が司法を政治に巻き込もうとするものとしてこの処分を非難したが、山岡自身は極めて率直なところをつぎのように述べている[41]。「自分としては公平な立場に居る積り……が併し憲政会の立場になって司法省を政治的に見ると、司法省は今日までほとんど政友系で固められていた。途中大隈内閣

39　山岡のキャリアに関するその他の側面については、第 5 章を参照。
40　主に、細島（1964: 45-95）または「司法省検事局長休職問題」『法律新聞』第2438号、19面、1925年を参照。
41　「司法省検事局長休職問題」『法律新聞』第2438号、19面、1925年。

4. 政治的操作

当時尾崎氏が法相であった事があるが氏はこういう事には超然といってもよい位であったから此処には憲政系の影はほんとに認められないと云ってもよい」。

4.3. 犬養による司法支配

1931年に政友会の犬養が首相に就任すると、1920年代には認められていた若干の司法の独立も、その基盤を完全に失ったようである。犬養は検察官と判事に対して公然とその支配力を振るった。犬養が大規模な改革に着手するであろうということは、首相就任前から既に予想されていた（『法律新聞』第3352号、17面、1931年）。事実、犬養は行動に移した。犬養が首相に就任した1931年12月13日から4カ月の間に、定員29名の大審院に対し13人の判事が送り込まれ、29人が免職になった（表6.3および6.4を参照）。さらに後日（1932年4月14日）、犬養はつぎなる一連の人事改革案を公にしている。報道はこれを「司法官大異動」と評した。犬養は僅か1日の内に、213人の判事と検察官を転所させたのである（『法律新聞』第3396号、19面、1932年）。

われわれは、犬養が任命した者たちの政治色に関する詳細を知ることができないが、当時の法曹界は、東京控訴院の新長官小原直をめぐる人事をあからさまな政治的任命と見なしていた。

検察に対する犬養の介入は、より厳しいものとなった。検察官は制度面での独立性を欠くばかりか、政治家にしてみれば、競争相手に対してより直接的な妨害を行い得る存在でもあった。結果的に犬養は、就任後2カ月の間に、地方裁判所検事正のほぼ4分の1を任命した。そして、約3カ月後に暗殺されるまでには、半数近くにものぼる数の検事を任命した（表6.2を参照）。一方で大審院には、検察官のポストが13しかなかったが、なんのことはない、犬養は4カ月の内に16人もの任命を行ったのである（表6.4を参照）。犬養はまた、29人の判事と21人の検察官を免職にしたが、単なる人数の比較は誤解を招くことになる。なぜならば、判事には、検察官の2倍に相当する数のポストが用意されていたからである（司法省 1939: 563）。実質的に犬養は、ほぼ2倍の割合で検察官を免職にしたことになる。このように、1920年代には何らかの形で存在し得た判事と検察官の独立性は、1931年をもって消失したのである。

5. 司法の独立に関する実証理論

　戦前の日本において司法の独立が欠落していたことは、実際にはそれほど不思議なことではない。つまり、司法が独立していることを示す論拠は、われわれが普段考えているほど説得力のあるものではないからである。もちろん、独立した裁判所は、一般によくいわれるような多くの利益をもたらす。しかし、同時に、独立した裁判所は、政策の実現を妨げるものでもある。つまり、独立した裁判所が存在することにより、寡頭指導者にとっては自分たちが望む政策の実現が困難になり、政治家から見れば選挙民が欲する政策の実現が困難になるのである。

　独立した司法府を備えることが有利だと、政治家が考えるのはどのような場合においてであろうか。これを理解するためには、二つの党派（political coalitions）、ＳとＭがあったと想定してみればよい。Ｓは現在政権を担当しているが、周期的に政権を失わざるを得ないと予測している。一方、Ｍは、現在は政権の座にないものの、周期的に政権を担当すると予測している。このような場合、ＳとＭは結局のところ合理的に、無限回繰り返しゲームでの協調的戦略を採用するであろう。つまりＳとＭは、政権担当期間中の党利党略のための裁判所操作は行わない、すなわち、裁判所の独立を維持するという点で同意するであろう。

　このような状況では、ＳとＭの双方は、裁判所を監視することで短期的には利益を得られるが、結局のところ裁判所の独立を維持するほうが得策だと判断する。その理由を理解するためには、それぞれの党派が、相手からの報復を合理的に予測する際、どのような判断を下すかを考えればよい。仮に、(a)裁判所不介入戦略を採用することで政権から離れている期間に得られる利益（つまり、この戦略を採用しなかったことにより被ったであろう損失の減少分）と、(b)政権担当中に裁判所を操作することで得られる利益とを比べたとしよう。(a)により多くの現在価値があるならば、両党ともに、裁判所の独立を維持するインセンティブを持つことになる。すなわち、両党は、自党の政権担当期間中、政策運営の実効性を多少犠牲にしても、政権から離れている間に被るであろう、より甚大な損失から自らを守る行動に出るのである。

　このすべてが正しいと想定されれば、ある合理的有権者集団が司法府の独立

5. 司法の独立に関する実証理論

性を望むか否かは、他の有権者集団が支持する政党との間で政権交代が起こると予想しているか否かに依存することになる。ここで、つぎの三つの可能性について考えてみよう。

Ⅰ 政権を担当するSは、以後無期限にわたって、Mと交互に政権を担当することを前提とする。この場合のSは、上記の理由により、裁判所の独立を維持することを合理的に選択する。

Ⅱ 政権を担当するSは、以後無期限にわたって、政権を維持できることを前提とする。この場合Sは、裁判所を操作するであろう。Sは、周期的に政権から離れると前提する場合に限り、裁判所不介入戦略によって利益を得る。もしもSが政権の座から離れることを前提としないのであれば、判事を監視・統制しない確固たる理由づけは存在しない。

Ⅲ 政権を担当するSは、近い将来、以後無期限にわたって政権を離れることを前提とする。必然的にMは、今まさに無期限にわたって政権を担当しようとしている。この場合（Ⅱの論理を前提とすれば）独立の裁判所が利益をもたらすとは考えられないため、Sは、Mが裁判所を操作するという前提に立つであろう。Mがすぐにでも裁判所を操作すると見込んでいるSは、これに先んじて裁判所を操作することが自らに有利に働くと判断する。

戦前の日本では、この力学が政治家と寡頭指導者の双方に作用していた。まず、1931年時点での政治家を見てみよう。当時の政治家は、軍部が政権を奪う日がすぐにでも訪れるかもしれないと気づいていた。政治家は、それが何時、如何なる形でなされるか、正確には知らなかったであろう。しかし軍部が近々政権を掌握するであろうということを認識していた。政治家は、永久に政権を失うと予測していたがゆえに、裁判所を操作した（上記Ⅲにおけるロジック）。

では、1890年代の寡頭指導者はどうか。寡頭指導者は、自らが指名した後継者とともに、向こう数十年間にわたり政権が維持できるとの（誤った）前提を置いていた。むろん、この時の寡頭指導者は、政治家に権力を移譲するための手続を開始していた。各々が集合的カルテルに背く行動をとっていたその頃の寡頭指導者は、集合体としては不本意な判断を下したのである。場合によっては政治家による組閣を容認する計画を有していただろうが、少なくともその当

初は、自分たちの手元に支配体制の根幹を残しておくことができると見込んでいた。そこで、1890年代の寡頭指導者は、はるか以前に雇い入れた者の首をいくらかすげ替える決定を下したのである。それは、時には非妥協的な判事ら（たとえば、児島）を排除し、時にはより訓練された判事を登用することを意味した。永久に政権にとどまることを予測していた寡頭指導者は、そのような目的を達成するために裁判所に介入したのである（上記IIにおけるロジック）。

6. 判事と官僚

　判事に関するこのような分析は、同様の条件で官僚についても当てはまる。したがって、残された課題は、1920年代に官僚の操作を開始していた政治家は（第5章を参照）、なぜ1931年まで裁判所の操作を控えたのかという点にある[42]。つまり、既に自分たちの代理人の行動を制約する意思のあった政治家が、なぜ判事を制約する前から官僚を制約する選択を下したのであろうか。ここでは、以下の二つの答えが浮かぶ。

　第一に、政治家は、判事をコントロールする方策に関してより厳しい制度的制約に直面していた。前述したように、寡頭指導者は、官僚よりも裁判所に対する政治家（本人）の介入をより困難にするような制度を確立していた[43]。したがって、政党政治家にとって、判事を操作するよりも官僚を操作する方が費用がかからなかったのである。

　第二に、政治家にとって、判事をコントロールすることで得られる利益はより少ないものであった。第5章で述べたように、政治家はすべての官僚を平等に扱ったわけではない。政治家は内務省を厳しく統制したが、その理由は内務省が選挙関連事項を管轄する官僚組織だったからである。一方で政治家は、選挙にとって重要でない役所には干渉せずにいた。裁判所は、選挙との関連が全くないとはいえないものの（本章の4.1を参照）、直接のつながりに欠けるところがあった。したがって、ひとたび政治家が終末ゲームの戦術を取り始めると、

---

[42] あるいは、政友会が既に裁判所を支配下に置いていたならば、なぜ憲政会・民政党は、内閣をコントロールしていた間にこの支配状況を克服しようとしなかったのであろうか、ということである。
[43] 本書では、寡頭指導者がこのような制度的選択を行った理由に関して考察を加えていない。しかしながら、われわれは、それが西洋諸国の政府に対して、領事裁判権の撤廃を納得させる必要があったことと何らかの関連があると考えている。

選挙対策上もっとも重要な組織（たとえば、内務省）を第一の攻撃目標とし、つぎにその矛先を裁判所へと向けたのである。

7．結論

　1890年代に日本を支配していた独裁者は、裁判所を厳しくコントロールした。1931年にその後を承けた政治家も、同じように裁判所を厳しくコントロールした。その理由は単純である。つまり、合理的な政府指導者が裁判所の独立性を維持する見込みがもっとも高いのは、将来無期限にわたって対抗勢力との間で政権を交互に担当することを前提にしている場合である。永久に政権を独占できると予測している場合には、政権を担当した当初から裁判所をコントロールする行動に出るであろう。彼らが、今後永久に政権を失うと予測している場合にも、機会あるうちに裁判所をコントロールする行動に出るであろう。

　これらの点は、日本の状況にも当てはまった。まず寡頭指導者は、いかにして判事をコントロールするのかを周囲に知らしめることにより、裁判所を支配した。こうして、寡頭指導者に介入の動機を与えるような司法判断を回避するように判事を仕向けていった。そして、1931年に政治家は、主要官庁を支配したのと同様の戦略を用いて、つまり内閣を支配するや否や人員の入れ替えを断行することによって、裁判所をコントロールした。しかしながら、専制支配者が裁判所をコントロールした理由は、彼らが政権にとどまることを予測していたことにある。他方、政治家が裁判所をコントロールした理由は、彼らが政権を離脱せざるを得ないと予測していたからである。すなわち、いずれのグループも、第三者との間で政権を交互に担当していく可能性を想定しなかったために、独立した裁判所が自らの利益になると判断することはなかったのである。

第7章　軍部：自らの運命を支配する者

1. はじめに

　戦前日本の寡頭指導者が作った制度的枠組みにおいて、内閣閣僚は任命権をてこに官僚と司法府を監視し、かつ支配することができた（第5章および第6章）。官僚と判事が内閣の要請に応えたのは、このためである。明治初期の数十年間は、寡頭指導者が内閣を操作した。1920年代には、職業政治家が同じことをした。

　一方、軍部に対しては、寡頭指導者たちは全く異なる枠組みを作り上げた。寡頭指導者、中でも山県有朋が作り上げた制度は、(1)天皇に謁見できる立場にいる者で、かつ、(2)軍の内部に個人的忠誠心の絆を培養できる者、これらの条件を満たす者に権力を与える仕組みになっていた。詳しく検討してみよう。第一に、軍部に対する形式的な指揮権を保持していたのは天皇であった。したがって、軍部の大筋を掌握するためには、天皇を操作する能力が必要であった。これによって山県とその同僚寡頭指導者の立場は、政党政治家に対しては有利になったが、寡頭指導者の中で山県の立場が強化されたわけではなかった。

　第二に、軍指導部は、軍の内規の制定、作戦事項の決定、軍部大臣の選任について、内閣の承認を必要としなかった。実際のところ、入閣したとしても軍部をコントロールできるわけではなかったのである。軍部をコントロールするためには、軍内部に人脈を持つ必要があった。この点では、山県は寡頭指導者の同僚に対して優位を誇った。山県は陸軍から反対派を一掃し、自派で固めていたからである。山県が生きていた間、軍部は建前の上では独立していたものの、実際には山県のいいなりになっていた。

　本章では、明治期の寡頭指導者がなぜこのような制度を選択したのか、その

2. 初期の対立

理由を明らかにする。まず軍を掌握するために繰り広げられた初期の対立について、その概略を述べ（2節）、後に確立された枠組みについて詳細に検討する（3節）。さらに政党政治家が軍人のキャリアを操作することが可能であったかを調べるために、人事データを検討する（4節）。最後に、軍部が政治的命運に対していかなる影響を与えたのかを検討し（5節）、寡頭指導者の戦略的打算を要約して（6節）、本章の結論とする。

2. 初期の対立

1912年に明治天皇が死去した時点で、山県は日本陸軍を支配していた。明治初期には山県自らが直接的に、後期には軍に送り込んだ部下を使って間接的にコントロールしていた。したがって極めて重大な意味において、日本陸軍内部の歴史は山県有朋の評伝でもある。

山県は、他の寡頭指導者との競争において不利な立場にあったため、陸軍を必要としたのである。伊藤博文や大隈重信らは、政治的に疎外された人々の心を摑むことによって、寡頭指導者カルテル内部における立場を強化することができたが、山県にはそうした魅力がなかった。そこで山県は自分の地位を維持するために、ライバルの寡頭指導者と協力しなくても十分やっていけることを何らかの形で示す必要があった。山県は、支持者による大集会を開くことができなかった代わりに、陸軍に対する個人的コントロールを保持することで、自らの力を示したのであった。

山県は常に陸軍を支配していたわけではなかった。新体制が発足した当初は、ライバルの寡頭指導者が陸軍内部に自己の派閥を持っていた。山県の最強のライバルは西郷隆盛であった。西郷は陸軍の創設に当初から関わり、忠実な配下を陸軍に集めた。ある意味では西郷の陸軍における力は山県のそれを上回っていたともいえる（松下 1963a: 178-179; 1967: I-76）。

だが山県が西郷を失脚させる機会は意外に早く訪れた。1873年、西郷は同僚の寡頭指導者らに朝鮮出兵を説いた（第2章を参照）。その提案は却下され、西郷派の強化のためか、あるいは感情を害したためか、彼は郷里に引きこもり、私設の士官学校（私学校）の人脈を使って強力な軍事組織を作り上げた。1877年、西郷の勢力に脅威を感じた寡頭指導者は、内戦の引き金を引いた。結果として西郷軍は、18,000人の死傷者を出し、彼自身も戦いの末自刃した。寡頭指

第7章 軍部:自らの運命を支配する者

導者は、このほか22人を処刑し、1,000人以上を投獄した。すべてが終わった時、西郷とその主要な側近は死んでいたのであった[1]。

この戦争を通じて、山県はその力を確立した。とはいえ、あくまで数字の上では、この傾向はそれほど明瞭なものではない。たとえば1875年時点で、少将以上の階級を持つ軍人の5人、中将以上の1人が山県と同じ藩の出身者であり、これに対して西郷と同じ藩の出身者は少将以上で8人、中将以上で3人、西郷自身の階級も山県より上だった。1879年時点でも、山県の勢力拡大はそれほど進んではいなかったようである。西郷の藩の出身者は少将以上で依然7人、4人が中将であった。山県の藩の出身者は6人が少将以上、4人が中将以上であった。しかしこの数字だけからでは、山県の勢力拡大を過小評価することになる。2年以内に、ライバルの7人の将軍のうち、2人が死亡、一人は北海道に転任した[2]。次第に陸軍は山県のものとなったのである。

新たなライバルが山県の地位を脅かすような場合には、山県は彼らを陸軍から粛清した。たとえば1881年、実権を持つ4人の将軍が陸軍の不祥事 (第2章参照) に関して天皇に直訴した。黒田清隆将軍が政府を動かして、北海道の国有施設を同郷人に不当に安い価格で売却させようとしたのである。4人の将軍が詳細を暴露し、世論は沸騰した。山県は個人的には事件に関与していなかったが、やはり激怒した。もっとも理由は違っていた。4人の将軍の直訴が山県の頭越しに行われ、新体制を大きく動揺させたからである。山県は、これらの将軍たちが陸軍で失脚するように仕向けた。山県は2人の将軍を直ちに退役させ、残る2人も1888年までに退役させた。4人の系列下の将校らも閑職に追いやられた (松下 1967: I-108-125)。

山県の陸軍支配は、世紀の変わり目までにほぼ完成していた。西郷隆盛の死後数年間は、寡頭指導者の大山巌と西郷隆盛の実弟であった西郷従道が、山県の支配に抵抗を続けた。大山は、1885年から1896年までの間、6つの内閣で陸

---

1 一般的には、旧参謀本部編 (1966)、Vlastos (1989: 382-402)、吉野 (1928: 295-300) を参照。
2 松下 (1963a: 56-58)、松下 (1966a: 48-50) を参照。しばしば、山県一派は、その出身地から「長州閥」として論じられている。西郷―山本派は、やはり出身地から「薩摩閥」と呼ばれる。もちろん出身地が忠誠心を保障するものではなく、現に山県のライバルだった寡頭指導者には長州出身者もいた。しかし陸軍内部では、基本的に「長州閥」は「山県閥」と同義語であった。軍部内部の様々な派閥の「系図」については、標準的な歴史事典に掲載されている。典型例として、京都大学文学部編 (1958: 724-726) を参照。さらに、Hackett (1971: 145)、松下 (1967: I-74-75. 96-103)、村上 (1973: 210) も参照。

3. 山県の改革

相を務めた[3]。だが、事態はまもなく変化することになった。1898年から1911年にかけて、山県の配下が陸相に就き、その後1920年代にも彼らはこの地位を独占したのであった[4]。

3. 山県の改革

3.1. 統帥権の独立

山県は軍に対する彼の個人的なコントロールを強化する一方で、他の指導者に対する軍部の独立を制度化していった。1878年、この目的のために山県は軍の組織を行政管理部門と指揮命令部門に分割し、行政管理機能のみ内閣の下に置いた[5]。このため軍の指揮権は全く内閣と関係ないところに置かれた[6]。

この新たな組織の細部を作り上げたのが、山県の配下の一人であった若き桂太郎であった[7]。新制度の下で、桂は、行政管理（軍政）を陸軍省[8]に、指揮命令（軍令）を天皇の下にある参謀本部に任せた。軍政事項については、陸軍の高級将校らは陸軍大臣に報告し、陸相が首相に報告することとした[9]。軍令事

---

[3] 日本近代史料研究会編（1971: 126-128）を参照。だが、他の者がたびたび陸相の職に就いたため、大山が継続的に陸相務めていたわけではない。

[4] 日本近代史料研究会編（1971: 128-130）を参照。閥のメンバーについては、注2 であげた文献を参照。

[5] 1873年12月5日の達により、参謀局は廃止された。1873年12月5日の達「参謀本部条例」で、新たに独立した司令部が設置されたのである。

[6] 「参謀本部条例」（注5）第2条。基本的には、伊豆＝松下（1938: 157-160）、村上（1973: 203）、中野（1936: 321）を参照。

[7] 桂は軍の組織を研究するため、二度洋行した（1870年、1875年）。フランス軍の研究のために訪れた際、桂が見たものはプロイセン軍によるパリ占領であった。桂は敗者に学ぶよりも、勝者に学ぶべきだと考え、プロイセン軍を研究することにした。桂は研究を終えて1878年に帰国すると、日本陸軍をプロイセンをモデルとして再編する仕事に取り掛かった。独立性の高いプロイセン陸軍は、山県の目的にも適していたのである。岩井（1976: 190-191）、小山（1944: 216-217）、松下（1966b: 291-293）を参照。

[8] 「官軍本部条例」1978年12月13日。管轄権についてのより詳しいルールについては、「陸軍職制」1879年10月10日、「各省官制」勅令第2号、1886年2月26日を参照。

[9] 中野（1936: 364 注7）を参照。だが実際は陸相、海相の職務は一部軍令事項に関わっていることを根拠に、陸相、海相による直接上奏も可能であるとの見解もあった。百瀬（1990: 251 注1）を参照。

項については、高級将校が天皇に直接報告する形を取った。そして山県は、自らを参謀総長に任じた（日本近代 1971: 142）。1885年の内閣制度の施行においても、この二重制度は存続し[10]、1889年の憲法制定において公式にその中に盛り込まれた[11]。この制度自体は第二次大戦期が終わるまで生き延びたのである。

何が軍令事項で、何が軍政事項なのかというまさにその問題に明確な答えを出した者はいない。少なくとも軍令は軍事戦略と部隊の配備に関わる問題を包括する。また軍政は人事と装備の調達に関する問題を含む。この境界は曖昧なまま残され、軍の指導部は次第に軍令事項を広く、軍政事項を狭く解釈するようになったのである[12]。

3.2. 現役武官制

1900年、山県は、陸相、海相、およびそれぞれの次官の資格を現役武官に限ることを定めた勅令を獲得して、自らの地位をさらに強化した[13]。この勅令により山県は、陸相の指名に実質的な拒否権を行使できるようになった[14]。現役武官に資格が限定されていればこそ、陸軍人事局が承認した場合に限り、陸相人事が通ったのである。山県は陸軍をコントロールすることで、新陸相の人事

---

10 太政官達第69号、1885年12月22日、「各省官制」勅令第2号、1886年2月26日、中野（1936: 410）を参照。

11 陸軍とその支持者はこのように主張していた。第11条は、天皇が軍令に大権を有することを規定し、第12条は天皇の軍政事項に関する権能を規定している。しかしいずれの条項も、この権能が具体的に何を意味するのかを詳しく規定しているわけではなかった。憲法条文に基づき、様々な組織構成を考えることができるが、少なくとも通常の解釈からは、軍令は独立していて軍政はそうではないという解釈はできないはずであった（百瀬 1990: 256）。だが軍令は天皇に直属し、軍政は陸相の管轄に属するという憲法以前の時期の慣行が、憲法発布以後も続いたのである。ほとんどの論者はこれにしたがったが（百瀬 1990: 256）、中にはこの憲法解釈を批判する者もあった（たとえば中野 1936）。

12 「参謀本部条例」前掲注5、第5条、小山（1944: 230-231）、百瀬（1990: 256-257）、中野（1936: 368-373, 440-446）を参照。

13 「陸軍省官制付則」勅令193号、1900年5月19日、「海軍省官制付則」勅令第194号、1900年5月19日。この要件は勅令第165号、1913年1月13日（陸軍関係）、勅令第168号、1913年1月13日（海軍関係）によって、それぞれ削除された。これは現役武官制が復活する1936年まで続いた。百瀬（1990: 258）。大臣を軍の部局から選任する手続きについては、百瀬（1990: 259）を参照。

14 既に述べたように、これは明確な拒否権とはいえなかった。人事に関する拒否権を握っていたのは人事局であったが、これは陸軍省の一部局であり、参謀本部の機関ではなかった。山県は陸軍省を常に支配していたわけではなかったのである。

3. 山県の改革

を個人的に左右できるようになったのである。

　実際、1900年の勅令はさらに重要な意味があった。山県と陸軍の長老たちはあらゆる内閣の決定に拒否権を持つようになったのである。たとえば陸軍の長老が、ある政府の施策に反発していたとしよう。陸相は辞職し、陸軍人事局は他の将官を陸相に任命することを拒否する。首相は組閣を行うことができず、慣行上辞職せざるを得ない。事実、首相が陸軍の望まない政策を取ろうとでもしたならば、陸軍は内閣を潰すことができたのであった[15]。

　陸軍内部では、長老達が軍部の独立性を強化するために、陸軍省のあらゆる人事を参謀総長（軍令の長）の承認事項とした。事実として陸軍人事は、軍令事項ではなく、軍政事項であり、潜在的には内閣の専管事項であった。陸軍長老らはこの内規を無理強いすることで問題に対処したのであった。軍部の独立専管は軍令事項だけであったから、陸軍内部において、参謀総長が新任陸相人事に対する拒否権を持つ形にしたのである（井上 1975: 95）。

3.3. 軍命令

　山県は、軍が行政上の命令を下す際に内閣を迂回するための手段をも講じた。明治憲法の下では、寡頭指導者は天皇の名によって行政命令（勅令、第3章参照）を発することができた。だが、そのためには勅令をまず内閣に付託する必要があった[16]。山県が行った1907年の改革により、陸海相は首相の承認なしに勅令を発布できるものとした。従来の制度に代えて、陸海相は勅令草案を天皇に付託し、独自にこれを発布できることになったのである[17]。

---

[15] 拒否権は時にその行使に失敗することがあった。たとえば山県の子分である桂が1912年に組閣を図った際、海軍は（予算問題でもめたことで）海相の指名を拒んだ。だが山県が天皇に上奏するという切り札を使ったため、桂は海軍を屈服させることができた。桂は海軍に大臣を指名せよとの天皇の命令を得て、組閣を行ったのである。Crowley (1966: 12-13) を参照。翌年山本権兵衛提督が首相の座に就いた際、山本は現役武官制を廃止した。今度は陸軍は人事権を参謀本部に移すことでこれに対応した（井上 1975）。同じく1900年に山県が桂に伊藤内閣をボイコットすることを求めた際、伊藤は天皇に説いて、桂に陸相の地位を受け入れさせたのである。松下 (1967: I-333-334)。
[16] 「公式令」勅令第6号、1907年1月31日。「公文式」勅令第1号、1886年2月24日。
[17] 軍令第一号、1907年9月11日、第2条。軍令を発する手続きの不備については、当時から指摘されていた（百瀬 1990: 69）。

第7章　軍部：自らの運命を支配する者

3.4. 結果

　これらのすべてをもってしても、軍部の独立が達成されたわけではなく、その代わりに　山県の権限が強化されたのである。山県は陸軍の職業軍人であった。1898年から1922年に没するまで、山県は軍の最高機関（元帥府）の一員であり、度々参謀総長および陸相の任にあたった。他の寡頭指導者とともに、山県は天皇へのアクセスをコントロールしていた。山県と他の寡頭指導者が生きている間は、山県が作り出した軍部の制度的独立は、単に軍部を政党政治家から切り離し、山県を中心とする寡頭指導者に従属させることになっただけである。だが寡頭指導者がこの世を去ってしまうと、軍部の力に対する実質的な歯止めはほとんど消滅してしまったのである。

　山県は海軍のコントロールには全く関与していなかった。20世紀初頭まで、海軍は西郷従道と山本権兵衛に連なる人々によって支配されていた[18]。だが海軍は、規模や重要性の点で陸軍にはおよばなかった。実際初期において、山県は陸海軍の統合司令部を強化し、これをコントロールすることで、海軍をも支配しようと図った[19]。だが山県は一度ならずこれに失敗した。1890年代までに、海軍は司令部の独立性を確保し、天皇に直接上奏できるようになった[20]。海軍には山県による支配力はおよばないままだったのである。

　このような制度的枠組みに異議を唱える者もいたが[21]、多くの者は楽観的な立場に立っていた。さらに軍部の独立は大日本帝国の「不磨の大典」の一部だ

---

[18] 閥への所属については、たとえば、京都大学文学部編（1958: 726）を参照。1879年には3,005人の陸軍将校のうち14％が長州出身、8％が薩摩出身であった。同じく887人の海軍将校のうち29％が薩摩出身、5％が長州出身であった。松下（1967: I-216-217）を参照。山本—西郷派は、1914年にシーメンス社とヴィッカース社が関わった調達汚職疑惑が明るみに出たことで力を弱めた（村上 1973: 186）。だがこの凋落は一時的だったようである。1923年には、山本の娘婿である財部彪が海相になったのである（日本近代史料研究会編 1971: 103, 230）。

[19] たとえば、「三軍官制」勅令第24号、1888年5月12日、「陸軍参謀本部条例」勅令第25号、1888年5月12日、「海軍参謀本部条例」勅令第26号、1888年5月12日を参照。

[20] 「参謀本部条例」勅令第25号、1889年3月7日、「海軍参謀本部条例」勅令第30号、1889年3月7日、「海軍軍令部条例」勅令第27号、1893年5月19日、第2条。

[21] たとえば、独自の立場を貫いた美濃部達吉東大教授は、このように警告していた。もし軍部に対して「あまりに大きな裁量が与えられるならば、……政府は軍部の権力に支配され、軍国主義の悪癖が拡大するであろう」（Miller 1965: 10 での引用）。同じく衆議院議員岡郁造は、軍部の独立性を完全に廃止すべきだと主張し、東京朝日新聞も社説でこれを支持した。

4. 集計データ

と見なされていたのである（中野 1936: 495-498; Fujii 1940: 88）。少なくとも法理論的には、この決まりは「不磨」などでは全くなかった。山県が軍部の独立を定めたのは勅令のみにおいてであったからである。新たな勅令は旧勅令に優先し、法律は勅令に優先する[22]。すなわち帝国議会は、新たな法律を成立させて勅令を無効にすることもできたはずである。議会はそうしようとはしなかったし、それを試みたとしても二つの理由で成功しなかったと思われる。第一に、天皇をコントロールできる立場にいれば、法案に対して拒否権を使うことができた（第3章参照）。天皇をコントロールする立場にいた者は、概して軍を政党政治家のコントロールの下に置きたいと考えてはいなかった。第二に、3.2節で述べたように、軍部自身が望むままに内閣を倒すことができた。内閣が軍部の独立を脅かすようなら、軍部は単に内閣を倒せばよかったのである。

4. 集計データ

　前述の制度的独立を軍の人事録を分析することによって確認しよう。内閣の変化は、将校の昇進や退役と相関していない。新内閣が陸軍の高官を交代させることは全く起こらなかった。表7.1および表7.2を第5章の諸表と比較すれば、この点は明らかである。1924年から1931年までの六つの内閣において、新政権が交代させた軍高官は、陸軍では19名のうち2名、海軍では15名のうち1.3名であった。制度的枠組みを前提とすれば、この独立性はまさに予想通りであった。政治家は、軍の将官をコントロールする術を持たず、将官をコントロールできなかったために下級将校に対してもほとんど影響力を持たなかった。寡頭指導者は、組織の独立性を確保する方法を知り抜いていたし、その多くが軍部の独立性を保つことを望んでいたのであった。

---

[22] 「国対宮田」『21大判刑集』178、184-185頁（大審院1942年4月6日）。一部の研究者は法律は命令を無効にし、あるいは停止することはできないと論じていたが（たとえば、穂積 1910: 688-689）、憲法解釈の基本原則（憲法は命令をもって法律を停止することはできないと定めていたが、その逆については述べていない）、伊藤の注釈書（1889: 23）。学界の通説は、いずれもそれとは異なった立場に立っていた。福島（1926: 253）、一木（1892: 33）、美濃部（1926: 458）、野村（1935: 378）、上杉（1935: 53-54）を参照。

第7章 軍部：自らの運命を支配する者

表7.1. 日本陸軍の人事異動 1924-1931年

日付	1924年6月11日	1926年6月30日	1927年4月20日	1929年7月2日	1931年4月14日	1931年12月13日
内閣	加藤	若槻	田中	浜口	若槻	犬養
政党	憲政会	憲政会	政友会	民政党	民政党	政友会
陸軍省						
大臣	—	—	X(1日)	X(1日)	X(1日)	X(1日)
次官	—	X(1ヶ月)	—	—	—	—
官房 I	X(2ヶ月)	—	—*	—	—	—
官房 II	—	—	—	—	—	—
高級副官	—	—	—	—	—	—
監察総監	なし	なし	—	X(1ヶ月)	—	—
局長						
軍務	—	X(1ヶ月)	—	—	—	—
人事	—	—	—	X(1ヶ月)	—	—
法務	—	—	—	—	—	—
経理	—	—	—	—	—	—
医務	—	—	—	—	—	—
兵器	—	—	—	—	—	—
兵務	—	—	—	X(1ヶ月)	—	—
参謀本部						
参謀総長	—	—	—	—	—	X(10日)
参謀次長	—	—	—	X(1ヶ月)	—	—
教育総監	—	—	—	—	—	—
軍事参議官	—	—	—	—	—	—
憲兵司令官	—	—	—	—	—	—

注：Xは、内閣による新規任命を表す。括弧内は、任命を行う際に内閣が必要とした時間を表す。この表では、組閣から2ヶ月以上経過した後の任命は除外してある。*は、内閣が交代する一週間前に新規任命が行われたことを表す。
出典：日本近代史料研究会編『日本陸海軍の制度、組織、人事』(1971)に掲載のデータを編集。

5. 政治における軍部

表7.2. 日本海軍の人事異動 1924-1931年

日付	1924年 6月11日	1926年 6月30日	1927年 4月20日	1929年 7月2日	1931年 4月14日	1931年 12月13日
内閣	加藤	若槻	田中	浜口	若槻	犬養
政党	憲政会	憲政会	政友会	民政党	民政党	政友会
海軍省						
大臣	X(1日)	―	X(1日)	X(1日)	―	X(1日)
次官	X(1ヶ月)	―	―	―	―	―*
官房I	―	―*	―	―	―	―
官房II	―	―	―	―	―	―
高級副官	―	―	―	―	―	―
局長						
軍務	―	―	―	―	―	X(1日)
人事	―	―	―	―	―	―
法務	―	―	―	―	―	―
経理	―	―	―*	―	―	―
医務	―	―	―	―	―	―
軍需	X(1日)	―	―	―	―	―*
軍令部						
軍令部総長	―	―	―	―	―	―
軍令部次長	―	X(1日)	―	―	―	―
艦隊司令長官	―	―	―	―	―	―*
艦隊参謀長	―	―	―	―	―	―*

注：Xは、内閣による新規任命を表す。括弧内は、任命を行う際に内閣が必要とした時間を表す。この表では、組閣から2ヶ月以上経過した後の任命は除外してある。*は、内閣が交代する以前の1ヵ月以内に新規任命が行われたことを表す。
出典：日本近代史料研究会編『日本陸海軍の制度、組織、人事』(1971) に掲載のデータを編集。

5. 政治における軍部[23]

5.1. 内閣

　制度的裏づけを手に入れると、軍部は実際に権力を行使した。山県と陸軍は1908年に寡頭指導者、西園寺公望の政策に反対し、同内閣を倒した（伊豆＝松

---

[23] 第1章注2で述べたように、基本的に権力は政治家に移譲され、その後軍部に移ったと考えられる。1932年以後の軍部支配の時期については、簡単に触れるに止める。

下 1938: 353-355; 立命館 1993: 61-79)。陸軍は1912年にも、予算問題での陸相辞職を通じて第二次西園寺内閣を打倒した[24]。1927年には、中国に対する「軟弱」外交に反対して、若槻礼次郎の憲政会・民政党内閣の打倒に手を貸した（高橋 1981: 124-128)。また軍部は1914年には清浦奎吾の組閣を阻止し、1936年と1940年にも内閣を倒した（伊豆＝松下 1938: 360-362; 松下 1963b: 262)。それ以上に政党政治家は軍部の意向を事前に尊重することで、破綻を避けていた。軍部が望むなら内閣を倒せることが分かっていたため、政党政治家は当初から軍部にその望むものを与えていたのである（新名 1961: 71-77)。

5.2. ロンドン海軍条約[25]

　政党政治家は常に軍部に敗れていたというわけではないが、彼らが軍部に勝ったときも、それは単に僥倖によるものであった。1930年のロンドン海軍軍縮条約の場合を考えてみよう。民政党の浜口雄幸首相は6ヶ月をかけて、条約に対する天皇、議会、枢密院の承認を取り付けた。浜口は海軍軍令部による抵抗に直面しながらも、これをすべて成し遂げたのである。軍令部が条約に反対したのは、海軍の保有艦艇が、トン数で米海軍の70パーセントに抑えられていたからであった。しかしながら軍令部は、軍備問題に関する交渉において、浜口が統帥権を犯したとまで主張した。実際、首相に条約の交渉を行う権限はないという立場は、軍部の独立について極端な解釈を取るものであった。にもかかわらず、政友会は、軍部の見解をおうむ返しにしてまで、民政党内閣の打倒を図ったのであった。

　浜口が優位を占めていたのは、単に二つの点においてである。まず、浜口は議会において多数派を握っていた。そして、珍しいことだが、この問題について海軍幹部の意見が割れていた。軍令部総長および次長は条約に反対していたが、海軍大臣、次官、そして有力な提督の一部は浜口の側についた。海軍の内部対立を利用しなければ、浜口は軍令部に勝つことができなかったのである。

　もちろん、それは無駄に終わった。その10月、海軍は大臣を条約反対派に交代させ、前大臣は予備役に退いた。翌年の4月、右翼活動家が浜口を狙撃したが、それはまさに浜口が統帥権を犯したという理由に基づいたものであった。

24　Crowley (1966: 12-13)、木村 (1985: 138)、豊田 (1983: 304-307) を参照。
25　一般的には、青木 (1958: 76-92)、Crowley (1966: chap.1) を参照。

5. 政治における軍部

民政党内閣は若槻の下でなお8ヶ月存続したが、その後再び内閣を握ることはなかった。

5.3. 満州事変[26]

陸軍は、海軍よりもさらに大胆な行為に走った。1928年初頭、陸軍はゆくゆく日本政府を中国との戦争に追い込むことになる、一連の既成事実を作り上げた。陸軍は、満州軍閥の張作霖は殺害した方がよいと判断して、張の乗っている列車を爆破したのである。1931年9月、南次郎陸相は、満州への増援部隊の派遣を要求し、若槻内閣はこれに消極的だったが、朝鮮守備軍司令官は麾下の2個師団を満州に送り込んだ（松下 1963b: 258-259）。内閣が米国に、日本は錦州を攻撃することはないと約束したときも、陸軍はお構いなしに錦州を爆撃したのであった。

1931年12月に若槻内閣が倒れたときには、軍部はほぼ初期の目標を達成していた。犬養毅が政友会内閣を組閣したが、その僅か6ヶ月後に右翼活動家の凶弾に倒れた。犬養内閣は、戦前日本における最後の政党内閣となった。

5.4. 宇垣一成

政党との間に人脈を築いていた軍人でさえ、軍は内閣に責任を負うものと、必ずしも考えていたわけではなかった。陸軍軍人、宇垣一成の場合を見てみよう。宇垣は山県につながる軍歴を自ら誇りとしていた。宇垣は田中義一閥に属していたが、その田中義一は、桂太郎の閥に属する寺内正毅の庇護を受けていた（尾佐竹 1938: 20-21; 山本 1985: 1)。第6節で述べたように、桂は山県の後継者であった。（同志会を率いていた）桂や（政友会総裁を務めた）田中と同じく、宇垣は自らの野望を叶えるべく、政治家達と親交を結んだ。桂や田中の考えは、政党と関係を結ぶことにより、軍内部における地位を失うことなく、文官の所管する問題にも影響力を持つことができるということであったろう。

宇垣自身は、憲政会・民政党の政治家を利用することを選んだ。1924年1月、非政党系の清浦圭吾内閣の陸相に就任したにもかかわらず、宇垣は清浦内閣の後を継いだ憲政会の加藤高明内閣と若槻礼次郎内閣においても陸相の地位を維

---

[26] Colegrove (1936: 919)、信夫 (1952: 1058-1061)、青木 (1958: 92-93)、Coox (1989: 405) を参照。

持した。だが1927年4月、田中が政友会内閣の首相に就任し、宇垣に留任を懇請した際には宇垣はこれを辞退した。

宇垣が田中の要請を拒んだのは、憲政会への忠誠心からというわけではなかった。田中が陸軍資金を政友会に流していたことを、憲政会を率いる若槻が暴露するにおよんで、宇垣は憤激していたのである。若槻は政敵を信用していなかったため、宇垣には、若槻は公に陸軍を裏切ったと映った（井上 1975: 200-204）。

これとは裏腹に宇垣が田中の申し出を辞退したのは、単純な野望からであった。宇垣が望んだのは、田中が申し出た以上のものであった。憲政会・民政党の幹部は、宇垣を党首に推す意思を伝えた。つまり宇垣は次期内閣の首相になる可能性を得たのである。これに対して田中の申し出は単なる陸相の地位だった。実際には、宇垣の見通しは誤っていた。民政党幹部が次期首相に推したのは、宇垣ではなく、浜口と若槻であった。

宇垣は、失望はしたがなお野望を捨てず、今度は青年将校の一部を煽動してクーデターを策した。宇垣はクーデターによって首相の座に就くことを狙ったのである。このクーデター計画は、実現する前に暴露され、宇垣の計画は破綻した。宇垣は共謀関係を否定して、訴追を免れたものの（井上 1975: 225-235）、陸軍将校たちは（彼らもまた訴追を免れた）野望と策謀に満ちた宇垣を決して許すことはなかった。最後の寡頭指導者である西園寺公望は、1937年に宇垣に組閣を要請したが、陸軍は宇垣の首班指名を阻止したのであった[27]。

5.5. 陸海軍の共同歩調

しかし、政治活動が完全に消失したわけではなかった。軍部は1937年まで、政党が議席をめぐって競争することを容認していた[28]。少なくとも1930年代の前半には、陸軍の将官たちの間にも分裂があった。1936年に青年将校が起こし

---

[27] 第二次大戦終結後、衆院選に出馬しようとした宇垣の意図は、軍関係者を政界から「追放」しようとした占領軍によってくじかれた。宇垣は時期を待ち、1953年についに国会に議席を得た。参議院全国区でのトップ当選であった。だが宇垣は戦争における陸軍の役割については、決して反省することはなかった。晩年にもこの立場を守って「太平洋戦争は日本の過ちではなかった。日本はただ自衛のために戦ったに過ぎぬ」（井上 1975: 280）と語っていた。

[28] 1937年4月の選挙は、1942年翼賛選挙になる前の最後の選挙であった。1940年には政党は、大政翼賛会の「大同団結運動」に呼応して解体した。

6. 戦略的な賭け

たクーデターが失敗した後になって、はじめて将官たちが陸軍を掌握できるようになったのである[29]。陸軍を支配下に収めると、将官たちは政府を直接支配しようとしはじめた。ついには、寺内寿一陸相が新内閣の人事を掌握するに至ったのである[30]。

だが、寡頭指導者同士で共同歩調を取ることが困難であったのと同様、陸海軍の統帥部もお互いに競争相手であり続けた。最高権威を欠く状況で（寡頭指導者は既に亡く、昭和天皇は政争にはほとんど関与しなかった）、陸海軍は対立を自分たちだけで解決しなければならなかった。寡頭指導者間の競争は、その権力独占をしばしば突き崩した。陸海軍間の競争もまた、同じ脅威をもたらしたのである。

寡頭指導者とは異なり、軍の首脳部は陸海軍間の調整問題を解決することになった。陸海軍は帝国の官職をめぐって争う代わりに、影響力を行使する地理的範囲を分割したのである。陸軍は北支を、海軍は東南アジアをとった[31]。国内的には、この解決策は機能した。国際的には、それは破滅をもたらした。日本の侵略が北支と東南アジアのどちらか一方であったなら、西欧諸国の指導者はおそらく（不本意にせよ）それをしばらくは容認したであろう。日本がその双方に侵略の手を伸ばしたことで（それは国内の調整問題に対する取引の結果であったが）、陸海軍は国を破滅的な戦争に引きずり込んでいったのである。

6. 戦略的な賭け

ここで再び、なぜ山県が陸軍を意図的に独立の地位においたのかという問題を考えてみよう。陸軍の独立性は、第二次世界大戦への奈落の道を辿ったように、国全体の利益にはならなかった。だがそれが結果として国に悪影響をおよぼしたということと、それが山県にとって悪い賭だと事前に予知できたということは別の問題である。二つの点が重要である。第一に、この賭によって、陸

---

[29] 1936年2月26日のクーデターは失敗に終わったが、青年将校は軍事予算削減を断行した蔵相高橋是清を暗殺した。高橋と軍部の対立に注目したものとして、大蔵省編（1977: 130-136）を参照。反乱軍は、内大臣、将軍、首相の実弟を殺害した。これは1931年10月21日の一件を含む、数度のクーデター未遂と、見境のない暗殺の最後を画するものとなった。青木（1958: 97-99）を参照。

[30] 『東京朝日新聞』1936年3月6日、7日、8日。

[31] 領土をめぐる票取引（logrolling）については Snyder（1991）を参照。

第7章　軍部：自らの運命を支配する者

軍は政党政治家から隔離された。山県と競合する関係にあった寡頭指導者は、天皇のコントロールにおいて山県を超えることができなかったため、これによって軍は山県以外の寡頭指導者からも隔離されたのである。

　第二に、軍は制度的には独立していたものの、山県は個人的な忠誠心によって陸軍を掌握していた。陸軍将校としてのキャリアを通じて、山県は陸軍内部に閥を形成した。この忠誠心によって、山県は文民統制を制度化することなく、陸軍を統制することができたのである。おそらく文民統制は山県の権力を削ぐことになったであろう。そして文民統制を足がかりに、競争相手が山県の支配力を奪ってしまう危険性が高まったであろう。ライバルにそうしたきっかけを与えることを防ぐため、山県は如何なる形であれ、文官による監視の制度化に反対して戦ったのである。

　1922年に山県は死去した。山県の死とともに、陸軍に対する寡頭指導者のコントロールは消滅した。山県は自分に対する個人的忠誠を他の誰にも遺産として残さなかったからである。陸軍は完全に独立した存在になり、制約なしに動けるようになった。軍部が独立していることは、山県が生きている間は山県の役に立った。山県の死後、それは日本を破滅に向かわしめたのである。

　問題は、なぜ山県は、日本に破滅的な結果をもたらす戦略を採用したのかという点にある。率直にいってわれわれは、山県が自分の死後に何が起こるかについて無関心ではなかったと考える。第1章の合理的選択理論の枠組では、このような重要事を除外してはいるが、われわれはこの点について無関心ではない。もっとも合理的かつ自己中心的な指導者ですら、誰が自分の後を引き継ぐのかについて、関心を持つものである。山県の政策がこうした悲惨な結果を招いた原因の一つは、山県が自分の後継者が支配するような状況を構想していながら、その後継者を特定することができなかったということではなかろうか[32]。

　山県が最初に後継者として期待していたのは、桂太郎であった。桂に対して、山県は陸軍内を掌握するための人脈を引き渡し、陸軍がいうことを聞く状態を保障しようと考えていた。だが、大方の法定相続人と同様、桂は山県に忠誠を尽くさなかったし、余りにも早く世を去ることになる。山県が死ぬ前に、桂は既に山県と絶縁し、政党政治家と手を結んでいた。だが桂が山県に対して忠誠を尽くし続けたとしても、桂はまともな後継者とはならなかっただろう。それ

---

[32] 後継者の養成に関する寡頭指導者の失敗については、第1章を参照。

7. 結論

は単に、桂が山県より早く亡くなったということだが。簡単にいえば、山県は陸軍の支配権を桂に譲り渡そうとして、失敗した。だが山県は桂が没した後なお9年間存命していたが、別の後継者を真剣に捜そうとした気配はない。この理由は、われわれには分からない。

山県が（後継者の育成という）賭に失敗したからといって、山県の選択そのものが誤っていたこということではない[33]。結局は損をしたとしても、賭は誤りだったとはいえないのである。1回10ドルを賭けて、十分の一の確率で1,000ドルを獲得できるのであれば、賭けてみる価値がある。たとえ10回のうち9回までは失敗するとしても。山県が後継者の擁立に成功していれば、山県は軍部への人的コントロールを後継者に譲り渡し、後継者は陸軍の行動を御して行くことができただろう。山県は失敗し、陸軍をチェックできる後継者は現れなかった。日本が破滅したことが、山県の選択が愚かだったということを意味するわけでもない。時に自然手番は偶然にまかせた手を打ってくるのであり、その場合は割のいい賭でも失敗することがある。

7. 結論

世紀の変わり目に日本を指導した寡頭指導者たちは、三種類の代理人、すなわち官僚、判事、軍人に対する本人として行動した。前二者は内閣に対して独立であると寡頭指導者は称していたが、実際は違っていた。三番目の軍人は、名実ともに内閣に対して独立性を保っていた。寡頭指導者が制度の独立性を望むとき、彼らはその術に通じていたのであった。

だが寡頭指導者は形式的には軍部を独立の地位に置いたものの、戦前のほとんどの間、軍は実質的に独立の地位に置かれていたわけではなかった。少なくとも陸軍は山県の支配下にあった。山県は陸軍内部に閥を作り上げるため、数十年をかけてねばり強く工作した。山県はそれを成し遂げたが、それは山県が陸軍への影響力を寡頭支配体制の中で自己の権力を維持するために用いたからであった。山県のライバルたちは政治的弱者に迎合することで、寡頭体制内部での政治的レントを獲得しようと図った。山県は陸軍を支配して、彼らに対抗

33　加えて山県は利他主義者どころではなかった。われわれは、山県がその判断にあたって、自分とつながりのない日本国民の身に何が起こるかを考慮したはずはないと考える。

した。山県の存命中は、陸軍はおとなしくしていた。1922年に山県が後継者のないままに死去すると、陸軍はついに誰からも制約を受けることがなくなったのであった。

第8章　金融をめぐる政治

1. はじめに

　戦前期日本を研究する者は、官僚が開発と国家建設において振るってきた手腕をうたいあげることを常としてきた。だが戦前期の政策を子細に検討すれば、異なった側面が姿を現す。第9章と第10章では鉄道業と綿業における政策を検討する。本章で取り上げるのは、金融政策である。少なくとも、政党が内閣を支配していた1920年代において、金融政策ははっきりと党派的性格を帯びていた[1]。金融規制は経済的優位を達成するための手段ではなく、議会での過半数獲得を目指す選挙戦のための武器であった。

　第4章で述べたように、二つの主要政党は全く異なる支持層に支えられていた。したがって両党の金融政策における選択もこの影響を受けた。憲政会および民政党は大銀行と国際市場志向の企業の支持を得ていた。これに対し政友会は、農民、中小企業や中小銀行、そして国内市場志向の製造業との結びつきを強めていた。本章では、内閣の交代に伴う金融政策上の変化を詳述する。

　第2節では、明治期の寡頭指導者が、銀行合併を全く行わなかったことに触れながら、戦前の金融規制を歴史的に概観する。つづく第3節では、1927年に改正された銀行法に焦点を当て、内閣を掌握した憲政会が、大銀行を優遇する金融規制法案を作成し、政友会の支持基盤である中小銀行を弱体化させたことを明らかにする。

1　第9章、第10章で他の産業部門について論じるのと同じく、政府の銀行業に対する介入がもっとも露骨になるのは、1920年代に政党政治家が主役になってからのことであり、その時期には寡頭指導者の権力は既に失われていた。

2. 初期の銀行規制

　ただし、制定法に根拠を持つ他の政策分野と同様、銀行規制を導入するためには、内閣を支配するだけでは十分ではなかった。官僚が忠実かつ有能であったとしても、反抗的な議会は法案策定を妨害することができたのである。1927年、議会で過半数に満たなかった憲政会は、銀行法案を通過させるために他党に譲歩しなければならなかった。また、同年、内閣を握った政友会も、やはり議会で過半数を獲得できず、法律の効力を失わせることはできなかった。そして、政友会が再び過半数を回復した1932年には、軍部の影響力のため、銀行規制を政友会支持者の利益になるように操作する余地は既になかった。

　第4節では、1927年の金融恐慌と、これが結果的に政党政治におよぼした影響を検討する。第5節では、戦前の外国為替政策、特に金本位制に対する姿勢を概観する。政府の為替政策は法律の裏づけを必要としなかったので、政策は与党の交代に合わせて変更された。憲政会・民政党内閣は、大銀行や国際競争力を有する企業の要請にしたがって、一貫して金本位制を支持した。一方、農業や国内市場志向の製造業に支持基盤を持つ政友会は、同じく一貫して金本位制に反対した。

2. 初期の銀行規制

　銀行部門の合併は何度も試みられたが、その度に議会で拒否された[2]。1892年、東京銀行協会の銀行委員長で、第一銀行の創設者であった渋沢栄一は、大蔵省に対し、銀行業への新規参入を規制し、競争を抑制するために銀行の資本金に最低額を設定するよう求めた[3]。1894年、大蔵省は銀行にこの条件を課す法案を提出したが、衆議院は中小銀行への配慮からこれを廃案とした[4]。1896年4月、議会は銀行合併を推進する銀行合併法案を通過させたが、そこにあったのは税金の優遇措置というアメだけで、ムチはなかった[5]。議会は依然として、中小銀行を業務停止に追い込むような資本金制限を設定することには消極的だったのである。

2　坂入（1988: 191）を参照。1928年まで銀行業は「銀行条例」（1890年法律第72号）の規制の下に置かれていた。この規制には、資本金要件はなかった。
3　渋沢（1956: 263-264）を参照。
4　『銀行通信録』第79号、6頁（1892年1月28日）を参照。
5　「銀行合併法」法律第85号、1896年4月、金融研究会（1932: 13）を参照。

第 8 章　金融をめぐる政治

表8.1.　「普通銀行」数の推移　1898-1945年

	銀行数	閉鎖	合併	新規設立
1898	1,305	20	9	171
1899	1,485	19	6	184
1900	1,634	45	12	293
1901	1,854	45	7	94
1902	1,890	31	5	6
1903	1,857	26	5	5
1904	1,780	39	4	3
1905	1,730	31	3	9
1906	1,697	21	3	5
1907	1,670	24	8	27
1908	1,663	28	5	7
1909	1,635	28	3	14
1910	1,617	10	3	11
1911	1,618	7	1	10
1912	1,615	5	6	18
1913	1,621	18	2	21
1914	1,457	12	2	13
1915	1,445	4	2	4
1916	1,442	10	7	6
1917	1,427	19	16	15
1918	1,398	15	21	16
1919	1,378	20	31	29
1920	1,344	11	32	38
1921	1,326	15	31	25
1922	1,331	17	42	12
1923	1,799	16	85	2
1924	1,701	32	49	8
1925	1,629	37	69	14
1926	1,537	46	87	16
1927	1,429	58	90	11
1928	1,283	59	222	29
1929	1,031	54	110	14
1930	881	26	79	6
1931	782	52	56	9
1932	683	102	60	17
1933	538	13	11	2
1934	516	18	18	4
1935	484	7	13	2
1936	466	24	21	3
1937	424	12	39	4
1938	377	4	29	2
1939	346	5	25	2
1940	318	1	35	4
1941	286	3	108	11
1942	186	0	37	1
1943	148	0	52	7
1944	101	0	18	2
1945	86	0	24	5

注：1922年、1923年の銀行数の急激な増加は、この年に多数の貯蓄銀行が普通銀行に転換したためである（表8.2 を参照）。1921年、貯蓄銀行法が改正され（1922年施行）、貯蓄銀行の資本金要件が50万円に引き上げられたため、小規模の貯蓄銀行が営業免許を維持するインセンティブが低下したのである。
出典：日本銀行『本邦経済統計』（1935: 6-39）、後藤新一『本邦銀行合同史』（1968: 55, 93, 127, 211, 359, 377）。

2. 初期の銀行規制

表8.2. 貯蓄銀行数の推移

	銀行数	普通銀行に転換	合併	閉鎖	新規設立
1904	696	12	4	11	14
1905	683	2	3	6	11
1906	683	3	0	8	15
1907	687	11	4	9	15
1908	278	2	1	13	7
1909	669	0	2	11	4
1910	660	6	0	11	3
1911	646	4	1	0	5
1912	646	8	7	2	11
1913	640	2	0	2	12
1914	648	5	3	3	21
1915	658	154	2	4	159
1916	657	6	2	9	24
1917	664	1	4	8	13
1918	664	3	4	6	10
1919	661	3	20	3	22
1920	657	4	20	3	31
1921	661	28	24	5	32
1922	670	515	10	7	8
1923	146	1	4	2	0
1924	139	1	1	2	1
1925	136	0	2	1	0
1926	133	0	6	3	0
1927	124	0	1	10	0
1928	113	0	11	2	0
1929	100	0	3	3	0
1930	95	0	3	2	0
1931	90	0	1	1	0
1932	88	0	1	0	0
1933	87	0	0	2	0
1934	85	0	5	1	2
1935	79	0	1	1	1
1936	79	0	2	1	0
1937	74	0	4	0	0
1938	72	0	2	1	0
1939	72	0	0	0	0
1940	71	0	0	0	0
1941	71	0	0	0	1
1942	69	0	0	0	0
1943	69	0	29	0	0
1944	40	0	16	0	0
1945	24	0	21	0	1

出典：後藤新一『本邦銀行合同史』(1968)。

1902年と1906年に大蔵省は最低資本金を課す法案を再度提出したが、いずれも衆議院で廃案となった。地方銀行には基準を緩める条件をつけても、やはり無駄であった（後藤 1968: 37-82）。おそらく寡頭指導者は、銀行合併は衆議院の政党政治家と取引しなければならない重要な問題とは考えなかったのであろう。この時点において大銀行は、議会との交渉術を修得していなかったのかもしれない。理由はどうであれ、資本要件条項は議会を通らなかったのである。

　多くの中小銀行に業務停止や吸収合併を強いることになる資本金要件立法は衆議院によって阻止されたが、それでも銀行数は減少していった。衆議院は厄介な法案には拒否権を行使したが、中小銀行を救済するための規制を要求することはできなかった。銀行の破綻に対する政府保証、大銀行からの資金拠出による預金保険、金利競争に対する規制などは、まだ現実の制度とはなっていなかった。銀行数は景気変動に伴って変化し、1902年以降は徐々に減少した（表8.1および8.2参照）。1903年から1926年の間に、銀行数は1,857行から1,537行に減少した。

3. 銀行法改正：1927年

　1926年7月、若槻礼次郎率いる憲政会内閣は金融制度調査会準備委員会を設立し、新たな銀行法案の検討を始めた。委員のほとんどは財閥系銀行の関係者であった。すなわち三菱、第一、住友、三井、日本銀行の各行から代表が出ていた（岡野 1927: 90-101）。

　憲政会が中小銀行の代表者を排除した理由を知ることは難しくない。中小銀行は、中小企業セクターと同様に、政友会支持に偏っていたからである。一方憲政会は、大銀行を含む国際市場志向の大企業と密接な関係を有していた。憲政会は、政敵のパトロンであった主要取引銀行のなかでも、最大の三井銀行こそ委員会に加えたが、多数にのぼる中小銀行は排除した。憲政会は、経済活動の比重を大銀行に移すことによって、政友会支持者を犠牲にして自党支持者に利益誘導を行うとともに、来たるべき普通選挙においてそうした支持者を資金源とすることを目論んでいたのである。

　委員会の構成を見れば、委員会が作成した法案が大銀行に有利になっていたことは驚くに当たらない。法案は厳しい資本金要件を設定していた。この法案が施行されれば、1,400余の銀行の約半数が整理される可能性があった（表8.1

3. 銀行法改正：1927年

参照)。

　憲政会を銀行法改正に向かわせた戦略的計算は、経済的なものというよりは政治的な理由によるところが大きかった。この点は、中小銀行が閉鎖に追い込まれることで、大銀行がどのような経済的利益を得たのかを考えてみれば理解しやすい。まず、大銀行は、預金金利を低めに抑えておくためのカルテルを作ろうとはしなかったであろう。では、当時の大銀行が競争相手を倒すだけの政治権力を持っていたならば、彼らは預金金利規制を仕掛けることができたと考えられる点はどうであろうか。多数の銀行が銀行法の下で競争していた以上、預金金利規制の存在はいかなる価格カルテルよりも効果的に金利を引き下げたはずである。しかしながら、実際には大銀行が金利上限規制を要求することはなかった[6]。

　また大銀行は、銀行の数が淘汰されれば、自行関連企業ではない借り手に課す金利を引き上げることができると期待したのかもしれない。もちろん財閥系銀行は、財閥関連企業に高い金利で貸し付けて、銀行の最終的な所有者である財閥のためのレントを稼ぐようなことはしなかった。つまり、三井銀行が三井物産に高金利を課して、三井本家に利益をもたらすようなことはなかったのである。だが三井銀行は、非三井系の借り手にも資金を貸し出していた。大銀行は、こうした自行系列以外の借り手から独占レントを得ようとした可能性がある。

　しかし、貸出金利カルテルは、預金金利カルテルに比べて成立する可能性が低かった。貸出金利カルテルを遵守させることが、より困難な戦略だったと思われるからである。銀行法施行後も、カルテルの維持を不確実にするに十分なだけの数の銀行が生き残っており、貸出金利カルテルを維持できる見込みは低かったはずである。これに比べ、特定の残高と預かり期間を前提にすれば、少なくとも預金金利は標準化されたものである。そのため、預金金利カルテルのメンバーは、相対的に安い費用でお互いを監視することが可能である。しかし、企業への貸出金利は、それぞれの借り手に固有のリスクを評価することによって決まる。それゆえ、これを監視することは極めて難しいのである。

---

[6] 戦前においては、最高預金金利を地域的に設定しようとした銀行もあったが（橋本 1984: 130）、預金金利規制は行われていなかった（寺西 1982: 98-101, 422-424, 476）。戦後になってから、金利は「臨時金利調整法」（法律第181号、1947年）の下で、大蔵省告示によって規制されるようになった。

第8章　金融をめぐる政治

　さらに、仮に銀行がうまく金利を引き上げたとしても、その利益は小さかったはずである。なぜならば、銀行が金利を引き上げれば、もっとも信用度の高い借り手の一部は証券市場に移った可能性があったからである[7]。確かに、銀行借入に比べ証券市場には（特に調達額が少ない場合）高い取引費用がついてまわり、小規模で信用度の低い借り手は証券市場を利用できなかったと思われる。ただし、少なくとも規模の大きい借り手にとっては、大阪と東京の株式・債権市場は費用の面でも比較的有利な資金調達先だったはずである。

　他方、大手銀行の利益としてではなく、銀行法改正はむしろ憲政会の政治戦略に適合するものであった。前述したように、経営規模の零細な地方銀行は圧倒的に政友会を支持していた[8]。普通選挙制の下で戦われる来るべき総選挙において、これらの銀行は政友会に計り知れない支援を提供するはずであった。複数人区単記非移譲式投票制では（第4章を参照）、各党はそれぞれの選挙区において支持者を均等かつ予測できる形で自党の候補者に振り分けなければならない。普通選挙制の下では、この作業は以前より困難に、そしてより重要になることが見込まれた。地方の企業、投資家、政治的に忠実な銀行との絆を固めることは、この作業にとって理想的であった。

　憲政会にとって、銀行法改正の魅力は、そのままなら政友会の票割りに寄与することになったであろう銀行を、直ちに閉鎖できる点にあった。銀行法をもってして閉鎖につながらない銀行についても、他の地方銀行による吸収を促進した。事実、銀行法改正によって民政党支持の銀行に中小銀行を買収させることができれば、政友会を支持していた地方の銀行を民政党支持に転換させることが可能だったのである。

　自党を支持してくれている銀行に政友会支持の中小銀行を買収させる見返りに、憲政会は大蔵省を動かして、中小銀行を「投げ売り価格」で競売にかけた。もし大銀行が自由競争によって中小銀行を買収しようとしていれば、その費用はそれほどまでに低くはならなかったであろう。銀行買収の詳しい財務内容が分からないため、この問題の詳細については知る由もない。だが中小銀行を閉鎖する力を持っていたならば、憲政会と大銀行は効率化のための競売を中止さ

---

[7]　民政党内閣が銀行の要請に応える形で社債発行企業に厳しい資本要件を課し、企業の債券市場への参入を制限するようになったのは、1931年になってからのことである。

[8]　Yabushita＝Inoue（1994: 393）は、地方銀行の多くは伝統的に政友会の支持層だった地主層に所有されていたと述べている。

3. 銀行法改正：1927年

せることもできたはずである。そうしていれば、政友会支持団体の株主から憲政会系企業へと、資産を移転することになっていただろう。憲政会にとって、この計画は二重の利益をもたらした。党は票割りを行い、支持者は利潤を得たのである。

政府提出の法案は、中小銀行に対して若干譲歩した内容になっていた。基本的に銀行が改正基準を満たすまで、増資や合併を実施するための5年の猶予期間が与えられた[9]。しかしこの譲歩は小さなもので、政友会と一部の憲政会の陣笠議員は法案に反対し続けた。本会議での審議が紛糾した挙げ句、法案は修正され、人口1万人未満の地域では資本金50万円で、銀行に営業許可が与えられた[10]。ほとんどの銀行は資本金100万円を維持しなければならず、金融の中心地たる東京と大阪の銀行には資本金200万円が要求された[11]。

大蔵大臣片岡直温（日本生命の創設者で前社長）は、この法案を国会で擁護した。法案が多くの銀行を切り捨て、地域経済を損なうものと批判する者に対して、彼が述べたことは、単に日本には銀行が多過ぎるというものであった。銀行がその意に反して合併されることはないとの言質を取り付けようとした者には、関係者全員が納得するよう善処すると述べただけだった。中小銀行のためのさらなる譲歩の要求には、政府は資本金50万円未満の銀行に営業を認める意思はないと語った[12]。

1924年の総選挙後、憲政会は衆議院でかろうじて第一党とはなったものの、過半数を取るために政友本党と連立を組まざるを得なくなった[13]。5年の猶予期間と、零細銀行への資本金要件の引き下げは、この連立を維持するための代償であった。法案は1927年2月に無事成立し、1928年1月1日をもって施行さ

---

[9] この法案の政府案は、実際には7年の移行期間を置くことを明文で示していたが、小都市の銀行の要件を引き下げることと引き替えに、陣笠議員は移行期間を5年に短縮することに同意した。小川（1930: 377-378）を参照。小川自身、弁護士であり政友本党の金融委員会のメンバーでもあった。

[10] 銀行の資本金要件を50万円とし、この要件を満たさない金融機関を別のカテゴリーに置く法案が1921年に成立した。衆議院事務局（1927）、「整理合同法」『東京朝日新聞』1927年2月11日4頁、京都市教育部社会課編（1932: 161）を参照。

[11] 「銀行法案の一部修正通る」『東京朝日新聞』1928年2月11日、夕刊1頁、「第五二議会、銀行法案」『法律新聞』1927年2月23日、19-20頁、寺西（1984: 332）を参照。

[12] 衆議院（1927）、小川（1930: 90-101, 151-155, 377-378）を参照。

[13] この法案を本会議に上程する前に審議した衆議院大蔵委員会は、10人の政友会議員、7人の憲政会議員、4人の政友本党議員、1人の新政クラブ議員で構成されていた。衆議院（1925, 1927）を参照。

第8章　金融をめぐる政治

れることとなった[14]。憲政会と大銀行は、様々な思惑を持ちながら求めていた法律を、ようやく手にすることになったのである。

4. 1927年の金融恐慌

銀行法改正の頃には一時的な政治対立の緩和が見られたものの、憲政会が政友本党との合同を画策していることが政友会に伝わるにおよんで、この雪解けは終わりを告げた[15]。二党の合同が実現すれば、絶対多数となり、政友会は予算に関与することができなくなってしまう。選挙区への予算配分は選挙に勝つことに役立つから、政友会がこれを恐れたのももっともであった[16]。

二党合同かとの報道が流れたのと同じ頃、憲政会は、「震災手形」の再割引で日銀が被った損失を補塡するための、政府による日銀支援強化策を通過させようとしているところであった[17]。政府は、1923年、壊滅的な影響をもたらした関東大震災の後、大量の債務不履行が発生するのを回避する目的で、日銀が市中銀行が有していた手形を再割引することを承認していた[18]。この計画にしたがい、銀行は、震災の被害を受け、破産寸前の企業が振り出した手形を日銀に売却することができるようになっていた。そして1927年の春には、銀行は日銀に対して再割引の条件を緩和するように要求した。日銀の損失は新たな政府予算の割り当てを必要とするほど大きかったので、帝国議会の承認が求められていたのである[19]。

憲政会の合同計画を憂慮した政友会は倒閣の方針を決めた。そして政友会は、憲政会の真の目的は台湾銀行とその最大の融資先を救済することだという非難を浴びせた。台湾銀行は、日本の植民地であった台湾に置かれた政府管理の金融機関で、鈴木商店が振り出した巨額の震災手形を保有していた。鈴木商店は、

---

14 「銀行法案」『法律新聞』1927年2月20日、19頁、坂入（1988: 1193-1195）、岡野（1927: 99-100）。貴衆両院の質疑内容は、小川（1930: 102-112, 155-161）。
15 「政友猛戦、新提案に反対す」『東京朝日新聞』1927年3月4日、2頁。
16 憲政会内閣は僅か数ヶ月前に、1927年度予算を他の主要二党を編成過程から除外して成立させたばかりであった。
17 正式の名称は「日本銀行特別融通法案及び損失補修案」である。
18 勅令第425号、1928年9月27日および法律第35号、1925年3月30日。
19 1927年には、日銀は2億7,000万円相当の不渡り手形を銀行からの割引という形で保有させられていた。この多く（一説にはほぼ半分）は、台湾銀行のものであった。羽間（1981: 322-324）を参照。

4. 1927年の金融恐慌

　第一次大戦の好景気に乗って急成長した貿易商社であったが、その後の不況期に急激に業績を悪化させていた[20]。鈴木商店の業績が回復することはなかったが、台湾銀行はなお巨額の貸し付けを行っていた。そして台湾銀行は、銀行間コール市場と日銀からの巨額の借り越しで、その債務を埋め合わせていたのである。

　政友会は、鈴木商店が憲政会と深くつながり、この関係を利用して政府が支配する台湾銀行から資金を得ていると主張した[21]。政友会はこうしたやり方に原則論として反対したのではなかった。自ら与党であった時には、政友会もやはり選挙資金の見返りを喜んで提供していたのである。だが帝国議会において民政党が絶対多数を確保する可能性が生まれると、政友会は倒閣の方針を固めたのであった。政友会の幹部はまず鈴木商店と憲政会との関係について集められるだけの証拠を集めた。そしてこの資料を貴族院、枢密院、新聞に流した[22]。つぎに政友会は、緊密な関係を持っていた唯一の大銀行である三井銀行に対して協力を要請した。政友会幹部からのこの要請を受けて、三井銀行は台湾銀行に対し巨額の債権の返済を要求した。このため台湾銀行は破綻寸前となり、憲政会内閣はますます苦境に立った（大江 1968: 89）。

　日銀再割引法案の予算委員会審議は極めて厳しいものとなり、憲政会の片岡蔵相は銀行業界の流動性問題が深刻なものであることを強調しようとした。だが、それをするために彼は、東京の大銀行である渡辺銀行がまさに破綻寸前の状態にあると発言してしまった[23]。片岡が超党派の協力を取り付けようと画策していたとするなら、これは最悪の発言であったといえよう。政友会はこの失敗を存分に利用した。

---

[20] 1927年に台湾銀行の貸し出しの35％は鈴木商店宛てになっており、このほとんどが鈴木商店系の企業の株式を担保としていただけであった。1923年以来台湾銀行は日銀から震災手形の再割引という形で997万円を得ており、そのうち650万円が鈴木商店に渡っていた。羽間（1981: 339-341）を参照。

[21] 鈴木商店の支配人金子直吉は、神戸商事を政治家の助けを借りて日本有数の貿易商社に押し上げた人物である。金子は憲政会の政治家浜口雄幸や片岡直治らとともに四国の同郷出身であり、親交を培ったのであった。羽間（1981: 339-341）を参照。

[22] 坂入（1988: 197-199）、羽間（1981: 321-324）を参照。

[23] 大江（1968: 86-87）を参照。3月には東京地裁において、渡辺銀行が大蔵省復興局に土地を売却し、100万円以上の金を清浦内閣に献金したとする訴訟の審理が始まっていた。その後まもなく大蔵省職員の一人が自殺を遂げた。「銀行の破綻と緊急勅令」『法律新聞』1927年5月3日、3頁。

第 8 章　金融をめぐる政治

　破産が切迫しているとの報道が全国に流れるやいなや、多くの預金者は全国的な取り付け騒ぎの恐怖に駆られて、資金を銀行から引き出した[24]。予言は自己成就し、1927年3月15日、渡辺銀行は閉鎖された。政友会は預金者の不安を宥めるどころか、18日には芝公園で憲政会の法案に対する抗議集会を挙行した。数週間の後、華族が所有し、盤石だと目されていた第十五銀行が廃業した[25]。株式市場は暴落し、他の銀行も破綻寸前となった[26]。

　若槻首相は、救済措置を講じないまま、国会が予定通り3月末に閉会することを認めた。おそらく若槻首相は、憲政会—政友本党の連立政権の弱体化を政友会が狙っている状況で、法案を通過させることは難しいと判断したのであろう。かりに法案が衆議院を通過したとしても、それが成立する見込みはなかった。貴族院は、台湾銀行の資金を鈴木商店に融通した憲政会の無責任を激しく攻撃し、政府資金を鈴木商店に融通するいかなる試みにも断固反対することを明らかにしていたからである[27]。

　しかし若槻首相は、震災手形をより寛大な条件で再割引することを諦めなかった。若槻は法定でこれを実施することを考えていた。4月14日、若槻内閣は日銀再割引法案を緊急勅令の形で成立させた。明治憲法第8条においては、帝国議会の閉会中、天皇の裁可の下にこうした勅令を発布できるとされていたのである。しかし、天皇の裁可は枢密院の承認を意味していた。枢密院議長を務める倉富男爵は、この問題を審議するための特別委員会を直ちに組織した。2日後、特別委員会はこの勅令の発布を却下すべしとの決定を下し、枢密院全体

---

[24] 大蔵省官房に勤めた青木得三は、大蔵省編（1977: 212-219）の中で、衆院予算委員会でのこの問題の審議を鮮明に回想している。

[25] 第十五銀行は、明治期に華族以外の者が銀行株の保有を許されていた時代に、松方家によって設立された銀行であった。羽間は、第十五銀行の経営が危機に瀕した理由の一つに、銀行が大蔵省や日銀の検査の目を逃れるために貴族院や枢密院との関係を使った点をあげている。銀行の融資の半額近くが松方家やその傘下の企業に対する無担保融資に充てられていた。羽間（1981: 343-344）。

[26] 銀行問題研究会編（1927: 113-124）、「銀行の破綻と緊急勅令」『法律新聞』1927年5月3日、4頁、「銀行業に対する監督の処分」『法律新聞』1927年7月15日、3頁。台湾銀行の株価は85.2から28.5に急降下した。他社の株式についても同じく低下し、鐘紡は248.6から228に、明治製糖は107.2から92.1に下がった。財閥系銀行はほとんど影響を受けなかった。たとえば安田銀行の株価は75.6から75に変化しただけである。大蔵省昭和財政史編集室編（1963 第10巻：65-67）を参照。

[27] 貴族院が純粋に政治腐敗に対して怒りを燃やしていたのか——その時々の貴族院の関与を前提にすると、これはあまりありそうもないことだが——、それとも貴族院議員の相当数が憲政会よりも政友会支持に傾いていた結果そうなったのかは分からない。

4. 1927年の金融恐慌

もこの決定を支持した。この時、若槻首相は既に敗北していたのである。

枢密院が若槻首相の勅令案を却下した理由は、内閣が帝国議会の特別会を召集できる場合には、緊急勅令を発布することは許されないというものであった。ちなみにこの議論は、明らかに伊藤博文の『憲法義解』(1889: 118) における解釈に反していた。伊藤博文は、問題は帝国議会が会期中か否かであって、開催可能か否かではないと述べているからである[28]。にもかかわらず枢密院の決定は学界の支持を得た。たとえば憲法学者の佐々木惣一 (1932: 610) や大谷美隆 (1939: 338-339) は、この問題について、折に触れて枢密院の立場を支持した。

内閣の要望が拒否された本当の理由は、微妙な憲法解釈とは全く関係のないものであったであろう。枢密院の審議から窺われるのは、むしろ枢密院内部で反憲政会連合が形成されていたのではないかということである。軍人出身の枢密顧問官たちは、憲政会による対中「軟弱」外交に憤慨していた。彼らは、政友会が再び権力を握れば自分たちの影響力を強められると考えていた政友会寄りの官僚出身顧問官たちと手を組んだのである。

枢密顧問官たちは、金融恐慌の広がりを止められなければ、若槻首相とその内閣は辞職せざるを得ないことを知っていた。また、その場合、政友会に政権が譲り渡されるであろうことも知っていた。枢密院が緊急勅令案を拒否すると、ただちに若槻内閣は総辞職した。そして、政友会総裁田中義一が3日後の4月20日、首相に就任した[29]。

政友会の幹部たちは原則的には再割引法案に反対ではなかった。実際、彼らは選挙に勝つということを別にすれば、道理の分かった人々だった。鈴木商店の救済に関して発せられた表向きの言辞はともかくとして、彼らは投資家が銀行の取り付けを憂慮していることを認識していたのである。東京銀行協会と東京証券取引所は4月21日、早急な対策を取るように要望し、政友会はただちに帝国議会を再招集した。議員の召集に2週間の余裕を要したため、その間銀行取り付けを阻止するために緊急モラトリアムが発令された（高橋 1955: 672-673）。

---

[28] 原文を見れば伊藤の立場についてはさらに強い根拠がある。天皇は帝国議会の開会中も憲法第8条に定める緊急勅令を出せたばかりか、議会を開会できない場合に限って出せる憲法第70条に基づく非常大権でさらに大きな権力を行使することもできた。古典的な法解釈原理を適用して、法の起草者がある条文を置き、他の条文を別の箇所に置いた場合には、この二つは異なったものとして解釈すべきだ、というわけである。

[29] Colegrove (1931: 887-888)、高橋 (1981: 124-125) を参照。

第 8 章　金融をめぐる政治

　5月10日、帝国議会は憲政会内閣が作成したものとそれほどかわらない法案を通過させた。貴族院が、日銀が鈴木商店の救済を行わないこととする付帯決議をつけたため、日銀はこの企業をあっさり倒産させた。しかし台湾銀行の救済は行われた。様々な点で、政友会幹部が作り上げた法案は憲政会が提案した法案よりも寛大であった。政友会は、日本の金融サービス産業を破綻させたという世論の非難を浴びたくなかったのである。したがって、憲政会の法案では2億円となっていた日銀損失への政府保証は、5億円へと引き上げられた。日銀が年度を越えて貸し付けを行うことを許可し、貸し出しを国債の裏づけを有する低利の10年物債券で行うことを認めた。これらはまさしく東京銀行協会が、田中首相、高橋是清蔵相との私的な会見で求めた内容に他ならなかった[30]。

　再割引法案がもたらした結果はまちまちだった。大銀行は生き残った。しかし用心深い預金者が口座をこれら大銀行に移した結果、多くの中小銀行は倒産した[31]。1927年5月までに29の銀行が破綻した。政友会の新蔵相である大蔵大臣三土忠造が1927年10月5日に東京朝日新聞で語ったところによれば、中小銀行の預金額は8億3,000万円減少し、その多くが大銀行に流れたとのことであった。

　1928年1月には改正銀行法が施行され、金融恐慌に生き残った1238の銀行中、790の銀行が新たな資本金要件を満たすことができなかった（坂入 1988: 212-217）。内閣を担っていたのは政友会であったが、衆議院で過半数を占めていなかったため、法律を廃止することはできなかった[32]。法律は銀行に5年の期間内に特別増資を行うことを認めていた。にもかかわらず多くの銀行が新基準を満たすことを断念したのであった[33]。

　政友会内閣は中小銀行を救済するために、できるだけのことをした。政権にあった2年の間に、政友会は銀行の増資と基準達成を支援するため、法律の一部の運用を明らかに歪曲した（後藤 1968: 271）。また政友会は銀行の閉鎖よりは

---

[30]　高橋（1955: 674-675）。しかし鈴木商店の持つ権益の多くは三井の手に渡った。資産が憲政会・民政党支持者から、政友会支持者の手に移ったのである。
[31]　銀行研究社編（1932: 107-109）、寺西（1984: 311）を参照。
[32]　1931年2月、65の地方銀行が新しい資本金要件の適用期限を1938年か1939年まで猶予するよう、議会に陳情した。この延期には民政党陣笠議員の一部の支持があったが、民政党指導部と貴族院は法案に反対した（後藤 1968: 276）。
[33]　松崎（1933: 280-286）。閉鎖された銀行の保証金の取り扱いをめぐる法的手続については、銀行研究社編（1932: 107-172）を参照。

5. 政治的手段としての金平価

合併を支援し、この期間銀行合併の数は顕著に増大した（表8.1参照）。

政友会の努力も空しく、銀行の数は1932年には683にまで落ち込んだ。中小銀行が淘汰され始めると、大銀行のシェアが上昇した。1931年には13の大銀行が総預金量の58.9％を占めていた。このうち財閥系銀行と渋沢の第一銀行が65％、すなわち総預金量の38％を占めた。この5年前には13の大銀行のシェアは40.8％、上位5行のそれは24％に過ぎなかったのである（住友銀行編 1979: 250）。

憲政会は、政友会が頼みとする中小銀行業界に大打撃を与えた。だがこの策略によって、明るい政治的将来が保証されたわけではなかった。憲政会の後身である民政党は1930年の総選挙で過半数を大幅に上回る議席を確保した。だがこの勝利は、つぎの選挙で政友会が勝つまで2年の猶予期間を与えてくれたに過ぎなかった。しかも政争が過熱したことにより、政友会と民政党は力を結集して共通の政敵である軍部に対抗することができなかった。

政友会が衆議院で過半数を回復した1932年2月には、もはや銀行法を再度改正することはできなくなっていた。軍は、金融制度に独自の構想を持ち、軍需産業への資金供給を円滑にしようとするその政策選好をますます声高に主張するようになっていた。3ヶ月後、政友会の犬養首相は暗殺され、軍部があっさりと内閣を支配した。

軍部政権の下で、大蔵省はその目標を「金融制度の安定の確保」から「集権的コントロール」に移すようになっていた。大蔵省に課された課題の一つは、地方銀行を一県一行に削減し、都市の製造業向け銀行への資金融通を容易にすることであった（全国地方銀行業界編 1988: 54-55）。財閥系銀行は軍部支配の中でも生き残ったが、それは規模の大きさが軍部が目指す集権的な生産と分配に適したものであったからであり、収益機会と経営判断の裁量権は奪われた（Tiedemann 1971: 267-316）。大銀行の絶頂は短い政党内閣期、特に憲政会内閣の時期であり、そこでは政党政治家が選挙に勝利すべく、選挙事情によって金融政策を歪めていたのであった。

5. 政治的手段としての金平価

金平価に関する政策決定は、銀行規制の場合よりもさらに明確に、現内閣の政治的利益を反映したものだった。憲法（第八条、九条）に基づけば、帝国議会がある問題に関する立法を行った場合、内閣は新たな法律（それは問題を議会に

戻すことになる)、もしくは緊急勅令(つぎの会期において議会の承認を必要とする)によらなければ、これを改めることはできなかった。長い間法律の規制の下に置かれてきた銀行業界が、この規制を変えるためには議会での過半数を必要としていた。議会において明確な多数会派の存在しない状況では、妥協が必要であった。しかし、金平価について議会は法律を制定したことがなかった。そのため内閣は単に政令によって、金兌換の開始または停止を行うことができた。

金は、19世紀末までに、次第に国の通貨単位としての地位を占めつつあった。1893年初頭、大蔵官僚、政治家、学者からなる国の委員会が、貿易の基盤を確立し、国内経済をインフレから守るために、日本は金本位制を採用すべきであるとの勧告を行った(堀江 1927: 329)。松方首相は1896年にこの勧告を受け入れ、金本位制を採用した。

第一次大戦が勃発すると、日本は諸列強に倣って金兌換を停止した。世界の先頭を切ってアメリカが1919年に金本位制に復帰し、イギリスも1925年にそれに追随した。1924年から、憲政会内閣は緊縮政策と実質的な金輸出の許可を決定し、日本が旧来の兌換比率で金本位制に復帰するとの観測が流れた。この思惑のために円の価値は1926年末には1円＝0.49ドルにまで上昇した。しかし1923年の関東大震災後の日本経済の弱体化と1927年後半の金融恐慌が、金本位制復帰への動きを遅らせた。憲政会が内閣を投げ出した1927年半ばには、円は再び1円＝0.45ドルに下落した。市場は、政友会が金本位制と強い通貨にあまり熱心ではないことをはっきり知っていたのである[34]。

国際市場で活動する銀行と貿易商社、彼らの支持する憲政会・民政党は、貿易相手国が金本位制を取っているなら、日本も金本位制を採用していなければならないと考えていた。金本位制がもたらす節度によって、日本市場に均衡を回復できると論じていたのである。もっとも重要だったのは、金本位制はインフレを防止すると考えられる理由があったことである。すなわち、国内の物価高は輸出を減退させ、金流出につながり、さらに金流出はただちに国内通貨供給を収縮させ、物価に対して下落圧力となる。言い換えれば、金本位制策は、外部から金融政策に節度をもたらす役割を果たすのである。強い円が実現され

---

[34] 坂入 (1988: 218)。J・P・モルガン社のN・ラモントは1927年10月に日本を訪れ、日本が金本位制に復帰すべきだと力説した。ラモントの見解は、財界の一部で好意的に迎えられたが、政友会政権の田中首相は全く耳を貸そうとしなかった(伊藤 1987: 248)。

5. 政治的手段としての金平価

ることにより、資産保有手段として円が選好されれば、日本の銀行に国際金融取引においてより大きな機会を与えることになる[35]。

経済において国内志向のより強い企業（たとえば農業や重工業）は、金本位制に反対した。彼らは金本位制が破滅的なデフレ効果をもたらすことをはっきり恐れていた。その代弁者であった政友会の政治家たちは、金本位制は多くの平民を犠牲にして一部の貴族を潤す仕組みであると批判していた（高橋 1932: 122-133, 肥田 1955: 282）。

1929年6月に浜口首相が井上準之助を大蔵大臣に指名したのが、金本位制に復帰しようとするシグナルであるということは金解禁問題に通じている者の常識だった。井上は横浜正金銀行頭取、日銀総裁を歴任し、金本位制のもっとも雄弁な支持者として知られていた[36]。1929年11月21日、予測通り浜口内閣は1930年1月11日をもって金輸出を解禁することとした。大蔵省は、13年ぶりに金本位制に復帰する省令を発した（岸本 1990: 110）。浜口は、政令に法律的な裏づけを加えることで政令の効果を永続的にしたいと考えたであろうが、そのためには帝国議会での過半数の議席が必要だった。民政党にはそれだけの議席がなかったのである。しかし10日後、浜口は衆議院を解散して総選挙を実施することを決定し、まさしく議会での過半数獲得を狙ったものであった。

民政党は綱領において財政責任と財政再建を訴え、政友会の綱領は景気回復と財政刺激で真っ向から対立した（岸本 1990: 111）。綱領が日本の一般市民の琴線に触れたのであろうか、それとも単にうまくやってのけたのか、民政党は衆議院において十分な過半数を制した。

民政党にとって不幸なことに、金本位制への復帰はタイミングを誤っていた。僅か数カ月前、ニューヨーク株式市場が暴落し、アメリカ経済は大不況に突入していた。アメリカの繁栄の終わりは、日本に破滅的な影響をおよぼした。たった一年で日本の絹糸価格は半分になり、その輸出額は1929年から27％下落した（Allen 1981: 107-108）。金本位制に復帰し、1929年に1円＝0．44ドルだった平価を、第一次大戦前の1円＝0．49ドルに戻したことで、民政党は国際経済の影響をさらに悪化させた。為替レートの引き上げが日本の輸出品価格を短期

---

[35] 銀行はこのような議論を展開していた。「金の解禁が急務」『東京朝日新聞』1928年2月5日、4頁。
[36] 大蔵省編（1977: 166）、遠藤（1964: 168）を参照。

第 8 章　金融をめぐる政治

的に引き上げたばかりではなく、予測された通りに国内においてはデフレ効果をもたらしたのである。

　民政党内閣は、困窮する生産者に巨額の貸し付けを行ったが、デフレ政策は継続させた。浜口首相とその後継者である若槻首相は、軍事支出の切りつめによって財政赤字を削減する決意であった[37]。だが民政党は、1931年9月21日、イギリスが金本位制を停止してポンドを切り下げると、この路線を中止した。通貨市場が均衡するまでこうした路線を取ることは、日本の生産者をイギリスとの競争においてより厳しい立場に立たせることになる。日本政府が円切り下げで対抗することを見込んだ日本の投資家は、円を売り金を買ったのである。

　金流出を食い止めるため、政府は10月と11月の二度にわたり日銀の公定歩合を引き上げた。暗澹たる状況で大胆な態度を取ることで、政府は金本位制に固執することを再確認した。しかし、為替動向をあてにした中央銀行の思惑は、市場によってかきけされた。1930年7月31日から1931年末までの間に、日銀は4億4,000万円相当の金を売却し、金準備の半分以上を使い果たした（肥田 1955: 277)。そして、12月までに民政党内閣は崩壊した[38]。

　1931年12月、政権についた犬養内閣が最初にしたことは、金本位制から再び離脱することであった[39]。これは民政党の「小さな政府」政策に対する、政友会の逆転路線のほんの手始めであった。たとえば政友会の高橋是清蔵相は、「日本初のケインジアン蔵相」として名をなした。高橋は軍部嫌いであったが、軍部は手厚い財政支出を確保したのであった（大蔵省編 1977: 167)。

---

[37] 1930年11月、浜口は狂信的な右翼に狙撃された。

[38] 財閥は今後の動向を予期しただけで法を犯したわけではなかったが、平価切り下げを見越して巨額の利益を得たとして、世論の厳しい非難を浴びた。これらの事件を詳しく論じたものとして、佐々（1932: 91-102）参照。

[39] これに続く選挙で、前蔵相井上準之助は都内の候補者を応援中に狙撃され、死亡した。暗殺者は日蓮正宗の僧侶で、金融問題に関する政党の腐敗に怒って、この挙に出たのであった。この若き暗殺者の目標リストには、犬養首相、政友本党総裁床次竹二郎、前内相鈴木喜三郎、民政党総裁若槻礼次郎、前外相幣原喜重郎、三井財閥の大立者池田成彬、同じく団琢磨らがあがっていた（青木 1958: 101)。

6．結論

　銀行合併も為替政策も、いずれも急速な経済発展を志向する官僚が計画した結果ではなかった。憲政会・民政党による1927年の銀行合併策は、政友会が頼りとする中小銀行に打撃を与え、政友会の力を奪おうとする選挙戦略の一環であった。政権交代とともに180度転換した日本の外為制度の場合は、事態は一層明らかである。反インフレ政策を売り込むことによって、憲政会・民政党は巨額の選挙資金を獲得したのであった。

　研究者の中には、主要な政党が互いに争いを続けたため、より邪悪な敵が現れたときにはもはや持てるすべてを使い果たしてしまっていたと考える者もいる。政党は選挙における政党同士の戦いに勝利を収めた一方、軍部への最終的なコントロールをめぐるより重要な戦いには敗北を喫していた。だが、第4章で論じたように、政党同士が継続的に結託することは、個々の政党にとって最適戦略ではなかったのである。寡頭指導者から受け継いだ制度的枠組みの下で、各政党は枠組みが想定した方向に沿って極めて自然に行動していたのであった。

第9章　鉄道をめぐる政治

1. はじめに

　鉄道業は、他の投資対象とは区別して理解される傾向にある。歴史家によれば、鉄道業は他の産業に比べ、その重要性が異なるとされてきたし、研究者は何十年にもわたって、まさに鉄道業こそが19世紀における技術革新であると主張してきた。

　また、鉄道業はその外部性においても、他の業種と区別される。鉄道業により各種の有益な波及効果がもたらされたと、研究者は数十年にわたり繰り返し論じてきた。鉄道は、労働市場の拡大、国防戦略の円滑化、商取引の広域化をもたらしたとされる。研究者は、鉄道業の投資家はそれらの波及効果のすべてを享受できるわけではないので、何らかの支援がなければ、社会的に最適な水準に満たない規模で投資が行われると論じてきた。よって、ここに政府の役割が生じることになる。つまり、政府が鉄道業に補助金を支給すれば、より効率的な投資パターンが実現するのである。

　さらに、調整問題が発生するという点でも、鉄道業は他の業種と異なる。鉄道企業は、線路の標準軌間を設定し、複数路線を経由する貨物の荷主と交渉しなければならない。それだけではなく、線路用地の買収に伴う、特殊な問題をも解決しなければならない。路線区画の連続性を確保しなければならない鉄道企業に対して、（建設計画を知り得た）土地所有者が予定地の価格を釣り上げることにより、企業の土地取得を妨害することも起こり得る。したがって、ここに、政府のもう一つの役割が生じることになる。おそらく政府は、こうした立退きをめぐる問題を緩和することで、取引費用をも軽減し得たのである。

　これらの主張は、ある特定の国にのみ当てはまるものではない。米国やヨー

1. はじめに

ロッパだけでなく、日本についても同様の議論を展開している研究者もいる。たとえば、日本経済を概説する著作において伊藤隆敏は、日本におけるインフラ投資の最たるものとして鉄道をあげている（Ito 1992: 20, 29）。伊藤は、政府が鉄道を奨励したその手法にこそ「日本の急速な経済成長の鍵」があるとする。鉄道はインフラの中で特別な重要性を持ち、インフラが経済成長を促し、そして政府がインフラの発展に貢献したというのである。

いうまでもなく、こうした議論の正しさは何一つ実証されていない。それどころか、その大部分が誤りである可能性もある。鉄道が経済発展に対して決定的な役割を演じたという点は、米国においてさえ明らかにされたとはいい難い。R・フォーゲルの古典的な推計によれば、米国の鉄道は1890年時点で、農産物の輸送により国民所得をせいぜい0.6％押し上げたに過ぎない（Fogel 1964: 47）。

おそらく、日本についても同じようなことがいえる。つまり、日本の鉄道が経済発展に決定的な役割を演じたとする点も明らかにされてはいないのである。しかも、鉄道業には、主要路線と競合する代替交通手段が存在した。鉄道は、東京と大阪、九州および北海道を結ぶ各路線において、大量の旅客や貨物を輸送した。しかし、それらの路線は、少なくとも貨物に関する限り、海運業と激しく競争していた。海運業は、徳川時代末期までに、多種多様な産品のための市場を全国規模にまで拡大していたのである。確かに海運業は、奥地との間を往復する交通を取り扱うことはできなかった（もっとも、奥地ではほとんど経済活動はなかった）。しかし、その種の輸送は、大戦前のほとんどの期間、鉄道業にとっても不可能であった。そして、鉄道企業がより遠方の村落に至る線路敷設をようやく完了するころには、運送業者はトラックやバスを利用して奥地へ貨物を輸送できるようになっていたのである[1]。

日本における鉄道が、どの程度重要だったかが明らかでないのと同様、日本

---

1 もちろん、石炭やその他の鉱物資源を海岸線まで運搬することが目的だったのならば、トラックが鉄道の代替手段として十分な機能を果たし得たとは考えにくい。しかし、ここでいう鉄道とは、まさに鉱物の運搬に特化していたものであり、それゆえに、最小限の外部効果しか伴わない類の鉄道であった。そこでは、鉄道の所有者は、鉄道がもたらすほとんどすべての利益を手にすることができたと考えられる。また、鉄道業が絹織物業の発展を促した地域もあった（対照的に、綿紡錘業は海岸付近で発展する傾向にあった）（Harada 1980）。しかしながら、ここでも、絹織物企業に関連した外部経済が、鉄道業によって一切内部化されなかったといえるのかは明らかではない。

第9章　鉄道をめぐる政治

政府が、国家の成長を促す目的で、鉄道産業にいかなる施策を講じたのかという点もまた明らかではない。確かに政府は、鉄道の育成に取り組んでいたといえる。政府は、自ら鉄道網の構築に乗り出し、それ以外の路線には助成措置を講じ、民間企業に対して用地収用の権限を付与した。その過程では、鉄道政策によって経済成長がもたらされたかもしれない（この評価の真偽は、政府が鉄道に費やした分の費用で、納税者が他に何を成し得たかに依存する）。しかし、このような政府による産業育成策は、事の本質のせいぜい一側面を語るものに過ぎない。というのも、鉄道業は莫大な不正利得を生み出し、毎回のように選挙の行方を左右したからである。1980年には、日本国有鉄道の無駄をめぐる話題が、世界中の新聞を賑わせるまでになっていた。事実、自民党の有力政治家田中角栄は、4,800億円をかけて300キロメートルにわたる広軌の線路を敷き、100キロメートルのトンネルを掘ったが、これらはすべて彼の地元に新幹線を走らせるためであった（Ramseyer and Rosenbluth 1993: chap. 7）。しかし、田中による利益誘導はその額面だけに目新しさがあったに過ぎない。なぜならば、鉄道業については、今世紀の初頭から一貫してその本質が利益誘導だと見なされてきたからである。

本章では、日本における利権政治の論理は、早期の鉄道産業に帰因するものであると論じ、以下のことを明らかにする。1906年に私有路線を国有化した政治家は、自らの後援者に莫大な利益が転がり込むように、価格設定を行っていた（第2節）。政治家は、鉄道の運行に対し常に補助を与えたわけではない（第3節）ものの、設備品の発注に際して自らの政治的後援者を厚遇していた（第4節）。そして、地方の選挙民を地盤としていた者が（後の田中角栄が劇的なまでにそうしたように）鉄道路線を地方にまで延ばそうとする一方で、その競争相手は都市部における通勤路線網の拡張に努めていた（第5節）。

ワシントンや東京、あるいはタマニー・ホールや霞ヶ関がそうであるように、新聞読者なら誰でも、本章における政治の論理は飽るほど見慣れたものであり、恥ずかしくなるほどありふれたものと考えるだろう。だとすれば、まさにそのような点こそが重要だと確信してよい。つまり、戦前日本においては、一見したところ産業振興を謳った政策といえども、冷徹な選挙の論理と結びついていたのである。

2. 明治期の鉄道

2.1. 国有鉄道[2]

　鉄道がはじめてアメリカ大陸を横断したのは1869年のことであった。そして、この時までに既に渡来していた米国人により、大陸横断鉄道の話、そして実際に動く模型までが、日本に持ち込まれた。幕府は、ある米国人企業家の説得に応じ、当時は江戸と呼ばれていた東京と横浜との間を運行する鉄道建設を了承した。しかし、その後一年と経たないうちに、反幕勢力が倒幕に成功する。新政府の指導者たちは、外国人による鉄道開設を契機に事実上植民地化された中国の轍を踏まぬよう、米国人に対する建設許可を即座に取り消した。

　新政府の指導者たちは、自らの手で鉄道を敷設することを望んだ。米国人企業家と同様、まずは東京-横浜間の路線開設に着手した。横浜からは大阪そして神戸まで、およそ400マイル（約640キロメートル）にわたって路線を拡張する計画であった。その路線は長きにわたり日本の商業活動を支える大動脈となり、今日でもなおその機能を保ち続けている。

　鉄道業には多額の資金が必要であったが、新政府指導者たちにはまさにその資金が欠けていた。それゆえ、外国勢力の脅威には目をつぶり、英国に資金を頼った。資金繰りの過程は、決して円滑なものではなかった。当初、政府は、ある英国人を通じて100万ポンドを12％の利子で借りることで同意していた。しかし、彼らは英国人の資金計画を嫌って方針を変更し、違約金を支払った後、代わりに英国オリエンタル・バンクから9％の利子で資金を借り入れた。

　鉄道業には技術も必要となるが、これを欠く政府は再び英国を頼った。政府は、1876年までに94人の英国人技術者を雇用し、1887年までに97台中95台の機関車を英国企業から購入した（島 1950: 68, 71）。

　1870年、鉄道建設が着工された。その後2年のうちに、東京から横浜に至る18マイル（約29キロメートル）の路線が完成した。さらに2年のうちに大阪から神戸までの路線が完成し、東京-横浜間の路線は年間160万人の旅客を輸送する

---

[2]　鉄道省編『国有十年』(1920: 2-3)、鉄道省編『日本鉄道史』(1921: I: 92)、原田（1984: 1章）、川上（1967: I: 1章）、中西（1963 I-1章）、和久田（1981: 1章）参照。

第9章　鉄道をめぐる政治

表9.1. 路線延長

年	新規路線（マイル）		総延長（マイル）	
	国有	私有	国有	私有
1872	18.00	0.00	18.00	0.00
1873	0.00	0.00	18.00	0.00
1874	20.27	0.00	38.27	0.00
1875	0.00	0.00	38.27	0.00
1876	26.64	0.00	65.11	0.00
1877	0.00	0.00	65.11	0.00
1878	0.00	0.00	65.11	0.00
1879	8.11	0.00	73.22	0.00
1880	25.03	0.00	98.25	0.00
1881	24.01	0.00	122.26	0.00
1882	48.40	0.00	170.66	0.00
1883	10.68	63.00	181.54	63.00
1884	0.00	17.63	181.54	80.63
1885	42.11	53.73	223.65	134.56
1886	41.02	31.21	264.67	165.77
1887	35.56	127.27	300.43	293.24
1888	205.18	113.14	505.61	406.38
1889	105.30*	179.27	550.49	585.65
1890	0.00	262.60	550.49	848.45
1891	0.00	316.77	550.49	1165.42
1892	0.00	154.66	550.49	1320.28
1893	7.00	60.55	557.49	1381.03
1894	23.20	156.32	580.69	1537.35
1895	12.40*	159.66	593.22	1697.21
1896	38.40	176.48*	631.62	1875.29
1897	30.03	439.09	661.65	2287.05
1898	106.49*	364.22*	768.37	2652.13
1899	73.40*	153.70*	832.72	2806.00
1900	117.16*	100.18*	949.69	2905.16
1901	109.59	62.43*	1059.48	2966.48
1902	164.35*	43.37*	1226.56	3010.60
1903	118.14	138.51*	1344.70	3150.57
1904	116.52*	82.17*	1461.38	3232.08
1905	70.30*	19.56*	1531.58	3251.23
1906	16.73*	8.48	3116.22+	1691.57+

注：*利用中止となった路線が含まれており、その合計は総延長と一致しない。+私有路線延長と国有路線延長の逆転は、私有路線のうち国有化されたものについて、1906年に移管が行われたことを反映している。国有化は全私有路線を対象にしたものではない。
出典：逓信省鉄道局編『鉄道局年報　一九〇六年版』(1908: 35-36)。

ようになった。1882年までには170マイル（約272キロメートル）の線路が完成し、1889年には東京から大阪までの全線が開通した（表9.1）。

2.2. 私有鉄道

政府は、議会政治初期の1890年代になり、ようやく本格的な私有鉄道の奨励に乗り出した。寡頭指導者たちも鉄道を利己的な目的のために利用したが、その度合いは政党政治家には敵わなかった。つまり、選挙に基づく政治に対して利益誘導の論理を持ち込んだのは、他ならぬ鉄道業だったのである。どの産業部門と比べても、鉄道ほどこの目的に適しているものはなかったといえよう。政治家であるか、寡頭指導者であるかを問わず、日本政府の指導者が鉄道敷設促進を決定する際には、投資家に好条件の「免許」を与えた。寡頭指導者は、公家や旧上級武士など、自分たちの属する集団に最初の鉄道免許を与えた。自己資産と自ら創立に関与した銀行（第十五銀行）からの資金とからなる2,000万円を資金源として日本鉄道会社を発起した。

日本鉄道会社に出資していた投資家は、大阪までの路線に続いて重要路線となることが確実視されていた、東京から北海道へ向かう東北地方の路線免許を取得した。その路線をめぐる許可に加え、彼らは、さらに他の2種類の便宜を政府から与えられた。まず政府は、路線開設に必要となる土地を投資家のために取得することを確約した。既存の官有地を投資家に無償で払下げ、私有地であれば収用権を行使してこれを買上げ転売するとした。つぎに政府は、投資家に年間収益の保証を行った。鉄道が開通するまでの期間、投資額に対して8％の収益を確保することを確約し、鉄道開設後も10年から15年の間、路線の未開通区域について8％の収益を確保すると約束したのであった[3]。

1883年、日本鉄道会社は、第一区間の線路敷設作業を終え（表9.1参照）、1891年には東京から青森までの全線の開通を完了した[4]。日本鉄道は、好況期には多額の収益をあげ、不況期には政府の補助金を獲得したのである。他の投資家もすぐにこのゲームの論理を理解し、自ら鉄道免許を取得しようとロビー活動を開始した。1890年代の初めには、約50のグループが鉄道事業免許の申請をしており、政府はこのうちの15の免許を付与した。免許を手にしたそれらの

---

[3] 鉄道省編『日本鉄道史』（1921: I-403, 695, 698-699）。
[4] 鉄道省編『国有十年』（1920: 3）、鉄道省編『日本鉄道史』（1921: I-695, 699）参照。

民間企業は、その後急速な成長を遂げた。1882年から1892年までに、国有鉄道は、171マイル（約274キロメートル）から550マイル（約880キロメートル）に線路を延ばしたが、民間企業は、ゼロから1,320マイル（約2,112キロメートル）にまで線路を延ばしている。また、1902年には、国有鉄道が所有する線路区画は1,227マイル（約1,963キロメートル）であったが、一方の民間企業は3,011マイル（約4,818キロメートル）を所有していた（表9.1）。

日本鉄道会社以外では、以下の民間企業三社に対して、特に重要な路線の免許が与えられた。まず、山陽鉄道は、神戸から本州の南西端に至る路線を開設した。第二に、九州地方における各主要幹線の免許を取得した九州鉄道は、大規模な炭坑へのアクセスを手にした。そして第三に、北海道炭坑鉄道は、道内の主要路線の免許を取得した。これにより、九州鉄道同様、北海道炭坑鉄道もまた重要な鉱物の運搬路を管理下においた。これらの三社いずれに対しても、政府は補助金の支払いを確約した。政府は、北海道炭坑鉄道に対して5％の収益を保証し、九州鉄道と山陽鉄道に対しては、線路1マイルあたり2,000円の収益を保証した[5]。

こうした補助金を確約した政府は、多額の支出負担を負うことになった。1893年から1905年まで、収益保証のため政府は、903万4,094円を日本鉄道に支払い、138万4,411円を北海道炭坑鉄道に支払った。政府はまた、山陽鉄道と九州鉄道に対して、それぞれ48万8,877円と54万6,567円の完工報酬を支払った。加えて政府は、やや小規模の北海道鉄道に対して110万9,827円の補助金を支給した。これらの補助金は、三社にとって極めて重要なものとなった。日本、北海道炭坑、北海道鉄道にとっては、補助金がそれぞれの払込資本金の18.8、17.5、12.9％に相当したのである[6]。

このような一連の民間企業の発展は、鉄道官僚による抵抗を乗り越えて展開したものである。20年以上もの間、井上勝の個人的統率下にあった鉄道局は、一貫して国による鉄道業の発展を唱えており（井上 1906）、私有鉄道の育成に反対するとともに、操業中の民間企業の国有化をも主張していた。しかし、少なくとも1906年までは、鉄道局の主張が現実のものとなることはなかった。鉄

---

5 鉄道省編『国有十年』（1920: 3-4）、鉄道省編『日本鉄道史』（1921: I-839, 865, 890-891）、和久田（1981: 25）を参照。
6 鉄道省編（1920: 3-4）、中西（1963: I: 51）。数字は、1904年時点での払込資本を表す。

2. 明治期の鉄道

道官僚が免許の申請に応じないのであれば、投資家は単に寡頭指導者や政治家に事態の改善を働きかければよかったからである。

たとえば、1886年に数名の投資家が、神戸-姫路間の路線免許を申請した際、井上勝は、神戸-下関間の路線（神戸-姫路線はこの一部にあたる）が主要幹線であることから、これらの申請に否定的な立場をとった。井上は、民間企業に利用客の多い路線の免許を与え、国がその支線のみを管理することが経済合理性に反し、基幹路線を細分化して管理すれば輸送上の非効率につながると主張したのである。すると投資家は、井上の後者の反論に応えるべく、下関までの全路線を事業対象とした申請を行った後、伊藤博文首相と井上馨外相に働きかけて免許を取得してしまう。このようにして彼らは、山陽線の開設を実現した（川上 1967: I-72）。

2.3. 国有化

1890年に帝国議会が開設されると、翌年、政府は、全鉄道を国有化するための法案を提出した。しかし、鉄道官僚には、法案を提出するだけの力はあったとしても、それを議会で通すだけの政治的権限はなく、法案は流れた。1892年の同様の法案も通らなかった。1890年代の終盤に至り、議会は再び鉄道国有化の審議を行った。しかしながら、最終的に国有化法案が成立するのは1906年まで待たなければならなかった[7]。当初提案された通り、同法案によって17の鉄道企業が国有化されることになっていた。その後、西園寺政友会内閣はその数を32社にまで引き上げたが、貴族院はこれを再び17社に削減して、法案を可決した（表9.2）[8]。17社は、操業中の民間企業総数の45%に相当し、全私有路線の87%を所有していたことになる（表9.1、表9.2）。

結局のところ、政治家がこの法案を通過させることができたのは、各路線に十分な買収価格を提示したため、鉄道企業の多くが法案の成立に難色を示さなかったからである。つまり、この法律の下で政府は、年間収益の20倍相当額を企業に支払うことになっていたのである。より具体的にいえば、政府は、1902年後半期から1905年前半期までの年間会計収益の平均値を計算し、その額の20倍を支払ったのである[9]。それは、表向きは道理にかなった価格であった。当

---

[7] 「鉄道国有法」法律第17号、1906年3月30日。
[8] 原田（1984: 48-51）、鉄道省編『国有十年』（1920: 5-10）、和久田（1981: 38-49）を参照。

表9.2. 国有化路線(1906年)

路線	取得日	総延長(マイル)	買取価格(円)
房総鉄道	9/7	39.32	2,156,998
阪鶴	8/7	70.11	8,175,719
北海道	7/7	158.77	11,452,097
北海道炭坑	10/6	207.51	30,997,088
北越	8/7	85.65	7,776,887
岩越	11/6	49.36	2,521,498
関西	10/7	280.72	36,129,873
甲武	10/6	27.65	14,599,547
京都	8/7	22.16	3,341,040
九州	7/7	446.02	118,856,448
七尾	9/7	34.27	1,491,355
日本	11/6	860.35	142,551,944
西成	12/6	4.44	2,663,609
参宮	10/7	26.10	5,728,901
山陽	12/6	414.51	81,983,994
総武	9/7	73.16	12,871,155
徳島	9/7	21.39	1,341,431
計		2,823.09	484,639,584

出典：鉄道省編『国有十年　本邦鉄道国有後の施設並成績』(1920: 14)、逓信省鉄道局編『鉄道局年報　一九〇六年版』(1908: 14-15)。

　時、国有化の対象となっていなかった鉄道企業株式の現在価格は、年間会計収益の約18倍で取引されていた（表9.3）[10]。

　実際には、政府は、これよりも遥かに高額の支払いをする。つまり、実際の政府支払は、法律の皮相的な解釈が示唆する通りにはならなかったのである。一般的に鉄道企業の株式は、会計収益の18倍で取引されており、政府はこれを

9　新規に路線を開設した企業に関しては、(a)買取日における総建設費に、(b)益金の平均割合を乗じた額の20倍を買取価格とする算定方法が取られた。ここでいう益金の平均割合とは、(1)(1902年後半期から1905年前半期の）毎営業年度における企業収益の合計を(2)同期間における建設費合計で除したものの2倍とされた。「鉄道国有法」第5条第1および2項。代金は利子5％の国債によって支払うこともできた。1906年、日本銀行による国債担保貸付歩合は6.57％、全国銀行の6ヶ月定期預金は5％であった。日本統計協会編（1988: III-160）参照。

10　本書では、国有化の対象となった企業の株価比較は行っていない。企業株価には、国有化の可能性が織り込まれていたと考えられるためである。国有化の対象となった企業は、（当然ではあるが）サンプルとして鉄道業の中からランダムに選び出されたものとはいえず、本文の比較は一つの目安としての意味しかない点に留意されたい。

2. 明治期の鉄道

同収益の20倍で買い入れることになっていた。しかし、実際のところ政府は、これを50倍の価格で購入したのである（表9.3、表9.4）。確かに投資家は鉄道業を手放したが、かなりの高額を引き替えに手に入れた。そして、まさにこの理

表9.3. 非国有化路線の市場価格と収益との比率

路線	市場価格(円)	収益(円)	市場価格/収益
博多湾鉄道	1,162,000	61,999	18.7
川越	384,000	34,739	11.1
成田	1,084,945	146,494	7.4
東武	1,932,910	109,790	17.6
上野	226,800	6,635	34.2
平均			17.8

注：「収益」とは、1906年における利子および特別経費差引後の営業利潤（収支）を示す。「市場価格」とは、同年における株式発行残高に平均株価を乗じたものを示す。
出典：鉄道省編『国有十年　本邦鉄道国有後の施設並成績』（1920: 14）、逓信省鉄道局編『鉄道局年報　一九〇六年版』（1908: 258-259）、および株式取引所編『東京株式所五〇年史』（1928）に所収のデータに基づき算出。

表9.4. 国有化路線に買取価格と収益の比率

路線	買取価格(円)	収益(円)	買取価格/収益
房総鉄道	2,156,998	24,776	87.1
阪鶴	8,175,719	197,747	41.3
北海道	11,452,097	(82,669)	N.A.
北海道炭坑	30,997,088	376,992	82.2
北越	7,776,887	199,757	38.9
岩越	2,521,498	53,758	46.9
関西	36,129,873	1,629,459	22.2
甲武	14,599,547	110,174	132.5
京都	3,341,040	106,114	31.5
九州	118,856,448	5,224,002	22.8
七尾	1,491,355	31,949	46.7
日本	142,551,944	6,553,097	21.8
西成	2,663,609	44,281	60.2
参宮	5,728,901	253,521	22.6
山陽	81,983,994	1,961,422	41.8
総武	12,871,155	526,105	24.5
徳島	1,341,431	19,149	70.1
平均			49.6

注：「収益」とは、1906年における利子および特別経費差引後の営業利潤を示す。
出典：鉄道省編『国有十年　本邦鉄道国有後の施設並成績』（1920: 14）、および逓信省鉄道局編『鉄道局年報　一九〇六年版』（1908: 258-259）に所収のデータに基づき算出。

由から、ほとんどの企業がさしたる難色を示さなかったのである。

　もっとも、ありとあらゆる投資家が、鉄道国有化政策に歓喜していたわけではなかった。国有化政策が実施されるにつれ、三井財閥が三菱財閥に対して戦略的に勝利したことがわかってきた。当時、三菱財閥は国有化に抵抗しており、議員を買収してまで法案阻止を画策したが（原田 1984）、そのような行動には明白な理由があった。つまり、文面上は中立的な国有化法案が、三菱に不利益をもたらすものであったからである。三菱財閥は、日本、関西、九州、参宮そして山陽鉄道にグループ最大規模の投資を行っており（表9.5）[11]。表9.4が示すように、これらの5つの路線は収益の26.2倍で売買されている。しかし、その一方で、関連する他の11路線の買収価格はその倍以上の、収益の60.2倍となっていた。

　だとしても、三菱が法案に激しく抵抗した理由は依然として不可解である。収益の26倍という価格は、確かに60倍には届かないものの、仮に株価が収益の20倍で取り引きされていたとすれば、売却価格としては高値といえる[12]。にも

表9.5．三菱保有の主要鉄道株

企業	Mb s/h 順位	Mb s/h %	他の s/h 順位	他の s/h %
筑豊鉄道	1	59.5	2	4.5
関西	1	9.0	2	3.8
九州	1	24.5	2	13.8
日本	?	2.0	1	14.1
参宮	6	2.6	1	6.3
山陽	1	13.7	2	2.8

注：「Mb s/h 順位」とは、各企業における三菱グループと他の株主との相対的地位を表し、1は、三菱グループが筆頭株主であることを示す。「Mb s/h ％」は、三菱グループが保有する各企業の株式の割合を示す。「他のs/h 順位」は、三菱グループ以外の筆頭株主の地位を表す。三菱グループが筆頭である場合、ここにあげた「他の株主」は常に第2位の地位を有する。「他のs/h ％」とは、三菱グループ以外の筆頭株主が保有する各企業の株式を割合を示す。数字は、日本鉄道に関しては1891年、他の企業に関しては1895年のものを用いた。なお、1897年、九州鉄道は筑豊鉄道を買収している。
出典：中西健一『日本私有鉄道史研究』（1963：第一部，65-68）、東京株式取引所編『東京株式取引所五〇年史』（1928）、S・J・Ericson, "Railroads in Crisis: The Financing and Management of Japanese Railway Companies During the Panic of 1890," in W・D・Wray (1989: 121-182, 136).

---

[11] 無論、三井財閥は、たとえば、関西鉄道を支援するといった形で、鉄道業の発展にあたり一時期指導的な役割を演じていた（鉄道省編『日本鉄道史』1921：I-116-117）。さらに三井は、山陽、九州両鉄道ともある程度の提携関係を有していた。しかし三井は、世紀の変わり目までに、鉄道業からの撤退を開始しており、関西鉄道でさえも三菱との連携を強めていた。

3. 運賃補助

かかわらず、三菱は執拗に抵抗した。もちろん、このことだけを見ても証明することはできないが、三菱グループ保有株の価値は政府の法定買取価格を上回っていたのかもしれない。また、最終的に法案が成立すると、加藤高明は直ちに閣僚を辞任した。加藤は、三菱一族と姻戚関係にあったことから国有化に反対したものの、法案を阻止できなかった責任を取り辞職したのである（川上 1968: I-95）。

実際のところ、国有化法案は、20世紀の初頭を通じて財閥企業が駆使した戦術のうち、初期の一例を体現していた。その戦術とは、利己的な利益のために政治家を操るということである。当時、三井は政友会と、そして三菱は政友会の政敵とのつながりを強化していた。1906年、政友会が内閣を握っている状況下では、三菱財閥にはほとんど出番はなかったのである[13]。

3. 運賃補助

ここで、明治の日本に関する通説がいうように、政府は効率的な経済成長の実現のために特定の政策を選択したと仮定してみよう。政府が経済効率性の観点から鉄道業に関与したのであれば、鉄道輸送に対して補助を与えていたはずである。つまり仮説としては、政府が鉄道に投資したのは、鉄道輸送が正の外部効果をもたらすためであったと考えることができる。鉄道業に出資した投資家は、鉄道がもたらす利益を完全に内部化できず、民間企業が推進する鉄道業が社会的最適水準を下回る規模になることは、いわば必然の帰結である（定義上、最適水準の投資が実現するのは、外部効果が生じない場合のみである）。とすれば、さらなる鉄道利用を喚起するために、政府は民間企業家が採算割れと思うような運賃で鉄道業を立ち上げ、これを運営していかなければならない。当然ながら、政府による効率的介入説が正しいのであれば、鉄道運行に対する政府補助はもとより必須の措置となっていたはずである。

しかし、19世紀末の日本政府がその種の政策を講じたことはない。それどころか、政府は通常の場合、（線路1キロメートルあたりで）私鉄よりも高い運賃を

---

[12] この他に何倍の価格がつく可能性があったのかを、国有化以前の株価を基準にして判断することはできない。国有化への期待自体、株価に影響を与えたであろうからである。

[13] これとは異なる事実関係を示唆するものについては、坂野（1983）を参照（そこでは、当時の政友会には、ほとんど権力がなかったとされている）。

第9章　鉄道をめぐる政治

表9.6.　鉄道の運行状況と運賃

	平均運賃		平均乗車距離		乗車率	
	国有	私有	国有	私有	国有	私有
A. 国有化前						
1890	6.94	6.59	40.7	25.8	517	89
1892	6.93	6.84	37.4	29.3	543	215
1894	6.51	6.34	43.6	31.5	714	276
1896	6.94	7.10	37.9	23.5	863	338
1898	7.10	7.74	34.4	22.8	973	361
1900	9.07	8.42	36.1	23.4	881	409
1902	9.77	9.31	37.1	23.5	740	379
1904	8.96	8.33	46.2	28.6	689	414
B. 国有化後						
1910	8.6	12.9	35.3	11.9	624	374
1912	8.6	9.9	36.3	11.6	695	293
1914	8.6	8.6	35.1	11.3	637	230
1916	8.3	11.0	34.7	11.3	726	225
1918	9.9	13.1	36.7	11.0	1081	307
1920	13.4	18.0	33.2	10.6	1293	384
1922	12.7	18.6	30.6	9.8	1393	393
1924	12.2	17.7	28.4	9.5	1497	429
1926	11.9	17.8	26.1	8.8	1501	442
1928	11.5	17.5	25.5	8.1	1576	501
1930	11.2	16.4	24.1	8.5	1364	516

注:「平均運賃」とは、乗客1人が1キロメートルの乗車に要した平均費用であり、単位は1/1,000円とする。「平均乗車距離」とは、総乗車距離を全乗客数で除した値であり、単位はキロメートルとする。「乗車率」(trafficdensity) とは、1,000キロメートルあたりの総乗客数を総延長（キロメートル）で除した値である。
出典：鉄道省編『鉄道統計資料　一九三二年版』(1932) 第1巻および第2巻巻末の付録に所収のデータから算出。

国有鉄道の運賃として設定していたのである（表9.6 A）。政府が経営していた路線が民間企業にとってコスト的に見合わないものであれば、政府が高い運賃を設定していたとしても、そのことだけで補助金仮説が否定されることにはならない。しかし、19世紀末の政府は、利潤の上がらない路線を経営していたわけではないのである。むしろ政府所有の鉄道は、民間企業よりも大量の貨物を取り扱い、より遠方へと旅客を輸送していた。にもかかわらず政府は、より高い運賃を設定していたのである。

　こうした状況は、1910年から1920年代になってようやく変化する。国有鉄道の運賃が私有鉄道の運賃を下回るようになったのである（表9.6 B）。この現象は、われわれが他の章で提示している仮説（第4章および第10章を参照）と整合的

である。つまり、政府によって参政権が拡大され、民衆によって選ばれた政治家へと政治権力が移譲するにつれ、政治家は自らの選挙民を利するために政府機構を操作しようとしたのである[14]。この仮説が正しいとすると、運賃の変化は、主に選挙をめぐる政治家の思惑を反映していたことを示唆することなる。運賃の変化が鉄道の波及効果を勘案したものであったなら、政府は事業開設当初から民間企業よりも安い運賃を設定していたはずだからである。実際には、選挙に責任を負わない寡頭指導者から、民衆に選挙された政治家へと権力が推移した後、政府ははじめて運賃を下げたのである[15]。

4. 政府調達

財閥企業が私的な利益のために政府を操作したのであれば、その矛先は鉄道の調達政策にもおよんだはずである。調達パターンにはその兆候を示唆するものがある。しかし、1889年、寡頭指導者たちは法律により競争入札制度を導入した[16]。このため、財閥企業が調達制度を操作していたとの明白な証拠は見つかりにくい[17]。

財閥企業は、機関車購入をめぐり横やりを入れようとしていた可能性がある。決定的とはいえないが、つぎの二つの証拠を見てみよう。第一に、憲政会は三菱造船に便宜を図っていた。正確な数字を入手することはできないものの、政府は1920年代を通して、川崎重工、日本車輛、汽車製造および日立製作所の4社から、機関車エンジンの大多数を購入していた（沢井 1992）。こうした購入パターンがあったにもかかわらず、憲政会内閣の時代には、相当数の機関車購

---

14 表9.6は、民衆によって選挙された政治家が、運賃を補助していたことを証明するものではない。なぜならば、国有化後、平均乗車距離および乗車率における、国有私有鉄道間の格差は拡大したからである。このような状況下では、たとえ利潤最大化を目指す民間企業が国有路線を経営していたとしても、他の民間企業より低い価格帯で運賃設定を行ったであろう。
15 このことは、他国にみられる規制研究の知見とも一致する。そこでは、政府アクターは、選挙戦における当選最大化のために、彼らが供給する財やサービスの価格を低く設定するとされる。
16 「会計法」法律第4号、1889年2月。
17 たとえ財閥がその他の件に関して操作を加えていたとしても、政府は彼らからレールを購入することはなかった。政府は、レールのほとんどすべてを官営の製鉄所（八幡製鉄）から購入していた。民間企業には、政府を相手に線路の売却を試みるといったことさえなかったようだ（日本国有鉄道編 1971: 637）。

入契約が三菱造船との間で交わされている。三菱造船には鉄道業の経験がほとんどなかったが、長期にわたる憲政会とのつながりを有していた[18]。

第二に、憲政会は汽車製造に対しても便宜を図っていたようである。当時、標準的な機関車製造業者4社のうち3社までが主要政党と手を結んでいた。合資会社川崎総本店の傘下にあったことから、川崎重工は政友会を支持していた。日本車輌と汽車製造も政友会を支持していた。1930年までに、日本車輌の7.4％、汽車製造の24.3％の株式を取得した大倉財閥が、政友会との結びつきを深めていたからである[19]。日立だけが、政治的支援を得るための投資を行わなかったようである。したがって、憲政会の指導者たちにしてみれば、どのみち政友会と通じるこれら3社のうち、どの企業が政府との契約を勝ち取るのかに無関心でいられたかもしれない。

しかし実際には、憲政会の指導者たちはこの点に強い関心を有していた。それは三菱財閥が、汽車製造の株式の11.0％を所有していたからである。このため、他のあらゆる条件が等しければ、憲政会の指導者は、大倉財閥を通じた政友会とのつながりを考慮したとしても、汽車製造が政府と契約を結ぶことを望んだはずである。企業収益の面では、こうした政治的結びつきが多少映し出されている。まず、川崎重工と日立のデータは参考にならない。なぜならば、両社は主に機関車とは異なる製品、つまり、川崎重工は船舶、日立は電気機器をそれぞれ製造していたからである。他方、日本車輌と汽車製造は、いずれも鉄道関連設備の製造に特化しており、これら2社の収益は政府調達をめぐる契約動向を反映している。予想された通り、汽車製造は憲政会内閣の下で潤っている。憲政会が政権に就いた1924年半ばの時点で、日本車輌は汽車製造よりもかなり多くの収益をあげていた。しかし、政友会が再び内閣を制する1927年半ばまでには、両社の収益はほぼ同額で並ぶまでになっている[20]。

---

18 三菱の生産と販売については、川上（1967: I-144）、三菱神戸造船所編（1981: 434-436）、三菱社史刊行会編（1982: xxxv-64-65, 176-177, 309-310）参照。政府の機関車購入の総計については、鉄道省編『鉄道省年報』（各年版）を参照。

19 第4章を参照。株式所有のパターンは、当該企業の半期会計報告に記載の株主リストに基づくものである。

20 1924年から1927年にかけて、政府による蒸気機関車購入は14.3％増加した。日本国有鉄道編（1971: 633）。企業収益は、各企業の半期会計報告に基づいて算出した。収益は償却以前のものを用いている。また、ここでは、憲政会が政権を失ったのは1927年であるが、1927-1928年というように2年間の数字を用いていることに留意されたい。これは、契約が頑丈な耐久消費財に関するもので↗

5. 大正・昭和の鉄道

企業収益（単位：100万円）	1924-1925年	1927-1928年
日本車輛	2.82	2.52
汽車製造	1.70	2.53

5. 大正・昭和の鉄道

5.1. 国有鉄道

　政治は、1906年に国有化の仕組みを決定づけただけでなく、その後1930年代に至るまで、鉄道業のあり方を規定し続けた。20世紀初頭の数十年間、政治の指導者たちは、自らの支持者に利益を与え、敵対する者を罰するために鉄道業に容赦なく介入したのである。

　政友会の指導者たちにしてみれば、支持者に対して利益を提供することは、後の田中角栄が興じたのと同様、地方の奥深くまで鉄道を敷くというある種のゲームにのめり込むことと同義であった。一方、憲政会の指導者たちにとって、支持者への利益供与とは、利用客の多い都市部の路線を修繕することを意味していた。表9.7には、こうした好対照の背景をなす論理が反映されている。当時、政友会は農村の選挙民にその支持を依存する傾向があったのに対して、憲政会は都市部の選挙民に依存する傾向があった（表が示すように、この区別は絶対的なものではなかったが）[21]。このような選挙の論理が作用したことにより、1930年代までの鉄道政策は、農村における路線新設と都市における路線修繕との間を揺れ動くことになる。

　政友会と憲政会との間の政策の対比は、鉄道建設とその修繕支出にもっとも顕著に表れている。政府が鉄道「建設」に費やした費用は、主に農村地域の新設路線に向けられ、「修繕」のための費用は、利用者の多い都市地域のサービスを向上させるために用いられた（伊藤 1987: 180, 192）。

　原は首相として、地方での鉄道建設を推進するという政友会の方針を果敢に

　あり、製品の完成までには何ヶ月もの時間を必要としたであろうという点を考慮したからである。つまり、多くの場合、1927年初頭の受注は翌年の収益となって企業会計に表れたと考えられる。

21　表9.7から得られる理解は、より正確にはつぎのように言い換えることができる。両党とも農村の選挙民から強い支持を得ていたが、政友会は憲政会よりも農村票に対する依存度が高く、憲政会は政友会よりも都市部における支持獲得に成功していた。

表9.7. 都市および地方における政党支持（括弧内は％）

	都市			地方		
選挙	政友会	憲政会	総計(票)	政友会	憲政会	総計(票)
1915	7,315 (7.5)	33,382 (34.3)	97,245	439,619 (33.6)	489,846 (37.4)	1,308,592
1917	12,265 (14.8)	26,749 (32.3)	82,914	492,455 (40.6)	442,494 (36.5)	1,210,788
1920	59,248 (30.8)	56,409 (29.3)	192,529	1,412,570 (58.2)	663,207 (27.3)	2,427,548
1924	24,236 (10.0)	85,098 (35.2)	242,022	635,830 (23.5)	787,435 (29.1)	2,709,168
1928	184,987 (21.9)	423,482 (50.0)	846,222	4,059,397 (45.0)	3,832,528 (42.5)	9,019,973
1930	189,848 (20.5)	500,995 (54.1)	926,838	3,754,645 (39.4)	4,968,119 (52.2)	9,520,357

注：「憲政会」には、そのすべての分派（主として、民政党）が含まれる。1924年の選挙まで、「都市」には、東京、京都、大阪、神奈川、兵庫、愛知、福岡の区および市が含まれる。なお、1928年と30年の選挙では選挙区の改編が行われており、郡選挙区と合併した市は、東京と大阪の区および横浜、神戸、名古屋の各市を除き、ここには含まない。
出典：伊藤之雄『大正デモクラシーと政党政治』(1987: 208) に所収のデータに基づき算出。

後押しした。原は自らの支持者に報いるために、鉄道予算の劇的な増加と194の新路線の提案とを行った[22]。1919年の原の計画は、その後何年にもわたり政友会の基本計画であり続けた。1920年から1921年の間、政府は、1919年に原が計画していたのと同規模の支出を鉄道建設に充てている。1922年、政友会は内閣のコントロールを失い、非政党政治家に内閣を明け渡した。その時の内閣でさえ、原の計画にしたがい続けた（表9.8 C列）。

1924年に、憲政会の指導者が政権に就くと事態は変化を遂げる。憲政会指導者は、原の計画を破棄し、翌年には、原が当初意図した規模の70％のみを建設費として支出した。1927年には、支出は66％に減額された。しかし、同年、憲政会が内閣の座を政友会に明け渡すと建設費は再び上昇しはじめ、1929年には、原が10年前に計画した規模のほぼ2倍の額の政府支出が行われた（表9.8 D列）。

---

[22] 原とその前任者らの鉄道建設計画は、鉄道省編『鉄道建設』（各年版）を参照。原の戦略を詳細に論じるものとして、Najita (1967: 69-79) 参照。

5. 大正・昭和の鉄道

表9.8. 鉄道関連費

	A 建設	B 修繕	C A/B	D A/(1919年計画)	E 新設線路(キロメートル)
1920	59,027	108,167	54.6	100.0	308.1
1921	58,297	124,831	46.7	144.6	388.3
1922	68,044	138,513	49.1	144.6	434.5
1923	64,496	121,013	53.3	125.8	519.0
1924	57,291	132,641	43.2	99.6	334.0
1925	44,772	145,409	29.8	71.5	409.9
1926	47,950	153,274	30.8	71.1	262.8
1927	49,217	156,245	31.5	66.5	244.8
1928	51,824	139,635	37.1	86.0	300.8
1929	68,907	125,199	55.0	186.9	449.3

注：AおよびB列の単位は1,000円とする。
出典：鉄道に関連する支出は、鉄道省編『鉄道統計資料(一)』(1933: 付録, 20) による。1919年の予算計画に関しては、「鉄道建設及び改良費予算年度割表」鉄道省編『鉄道会議議事速記録』(1919) に所収のデータによる。

　同様に、建設費と修繕費の比率を比較してみよう（表9.8 C列）。政友会時代の初期、両者の比率は約0.5前後であり、これに続く非政党内閣の下でもこの比率は維持された。しかし、1924年の憲政会内閣は、建設費を減額する反面、修繕費を増額した。1925年にも同様の増額修正が行われ、建設費の修繕費に対する比率は0.3以下にまで低下した。しかし、1927年4月に政権に就いた政友会の指導者は、この流れを転換する。彼らは建設費の増加を図り、ひいては修繕費を削減した。1929年、彼らは、建設費の修繕費に対する比率を再び0.5以上にまで押し上げた。

　最後に、新設線路の距離を見てみよう（表9.8 E列）。原率いる政友会内閣およびその後の非政党内閣の下、政府は、線路の新設距離を年間308キロメートルから同519キロメートルにまで延長した。憲政会時代の政府は、その距離を年間245キロメートルに削減した。しかし、政友会主導政権では、新設距離は再び押し上げられ、1929年には年間449キロメートルの線路が敷設された。

5.2. 私有鉄道

　政友会と憲政会の指導者は、私有鉄道についても同種の争いを演じていた。政友会は地方に向かう支線を補助しようと奮闘し、憲政会はそのような動きに反発した。このような両者の争いは、極めて重要な意味を有していた。という

のは、1930年までに、鉄道業の主要部分が再び私有鉄道によって占められていたからである。当時、政府所有の線路が延長1万4,487キロメートルであったのに対し、民間408社が運営する鉄道および路面電車の路線延長は9,725キロメートルに達していた[23]。また、政府所有の鉄道が年間8億2,400万人の旅客を運んだのに対し、民間企業は同12億5,200万人の旅客を扱っていた[24]。

　また、私有鉄道には多額の補助金が支払われていた。1911年の軽便鉄道補助法の下では、企業収益が固定投資の5％に満たない場合、その差額分が政府の補助として企業に支払われた[25]。そして、1921年の同法改正により、政府補助の基準値は固定資本の7％にまで引き上げられた[26]。必然的にこのような政府の関与は、民間企業に対して、投資規模に見合った市場収益が見込めない区間にまで路線を敷こうとするインセンティブを与えることになった。

　政友会指導者は農村区域の支持者のために、このような私有鉄道向け補助金を巧みに操作した。指摘するまでもなく、大都市の中心部で通勤列車を経営していた大企業が、民間部門の旅客の大多数を輸送した[27]。たとえば、1924年には、12の大企業が全旅客の72％を扱っていた。しかし、これらの都市系大企業に対して補助金はほとんど交付されなかった。大企業は収益率が高く、補助金の受給資格を満たさなかったからである。たとえば、最大規模の9つの企業が建設費の12.5％にあたる収益をあげていた時、最小規模の33社の収益は同6.2％であった。しかも、小規模企業のうち数社が、地方鉱山の運営を目的とする収益性の高い貨物路線を経営していたことを加味すれば、小規模企業の大多数は3から4％の収益に甘んじていた、ということになる[28]。

---

[23] 東京市政調査会編（1932: 11, 16）。これらのうち、262社の「地方鉄道」企業が7,018キロメートルの路線を運営し、148社の「軌道」企業が2,707キロメートルを運営していた。

[24] 東京市政調査会編（1932: 11）。1920年、国有鉄道は、1万913キロメートルの路線を運営し、4億600万人の旅客を運んでいた。民間276社の鉄道および軌道企業は、5,278キロメートルの路線を運営し、13億8,700万人の旅客を運んでいた。中西（1963: II-195-196）。

[25] 補助金の支給は当初は5年間に限定されていた。「軽便鉄道補助法」法律第17号、1911年3月21日。法律第53号、1919年4月9日により地方鉄道補助法と改称。

[26] 補助金の支給は10年間の限定とされた。しかし政府は、最大で5％相当分の補助金を支給した。これは、いまや私有鉄道は、補助対象となる残り2％の収益を自ら捻出することが期待されたからである。地方鉄道補助法の改正は、法律第14号、1921年3月29日。

[27] 国有鉄道は、相対的に貨物運送に依存する度合いが大きく（1930年、旅客収入が2,200万円、貨物収入が1億8,200万円）、私有鉄道は、相対的に旅客運送に依存する度合いが大きかった（旅客収入が5,900万円、貨物収入が2,000万円）。東京市政調査会編（1932: 11）。

5. 大正・昭和の鉄道

　結果的に民間企業への政府補助は、主に農村地区の路線開設を促進することになった。都市部では多額の収益をあげていた鉄道企業が、利益低下を招きかねないあらゆる新規参入を阻止し得るほど高度に組織化されていた。一方、地方では多くの企業が採算割れの状態にあった。にもかかわらず、鉄道で地域が潤うために、地方の人々は鉄道免許の新規取得を支持したのである。実際のところは、新しい鉄道免許により開業する路線は採算割れがほとんどで、採算割れ路線が政府から金を集め、地方に住む人々はそのような金の恩恵に浴したに過ぎない。このように政府は、鉄道免許の交付を通じて、事実上、都市納税者から地方在住者へと富を移転することができたのである。

　表9.9は、このような政治のダイナミクスを示すものである。そこでは、二大政党間の政権交代に合わせるかのように、政策が変化していることを見て取れる。当初の政友会支配の下、政府は免許の交付に寛大であり、申請を却下す

表9.9. 私有鉄道に対する免許

	免許			免許	
	交付	路線(キロメートル)	無効	路線(キロメートル)	総補助額(円)
1920	39	785	4	86	620,514
1921	34	594	5	60	914,066
1922	73	1,350	7	106	1,564,427
1923	52	955	9	112	2,218,875
1924	43	598	31	731	2,988,770
1925	32	421	18	260	4,152,609
1926	64	933	21	230	4,962,883
1927	106	1,683	20	322	5,295,405
1928	57	830	15	166	6,298,172
1929	34	776	32	340	6,968,545
1930	7	22	42	695	7,499,934

注：ここには、地方鉄道が含まれるが、軌道は除外した。
出典：東京市政調査会編『本邦地方鉄道事業に関する調査』(1932)、鉄道省編『鉄道統計資料(一)』(1933)。

---

[28] 中西 (1963: II-200-205)。たとえば、1928年から1930年にかけて、東京で地下鉄を経営する東京地下鉄では、年間営業費用の平均は年間収入の31.2%であり、東京で通勤路線を経営する東武鉄道では、同58.9%、大阪で通勤路線を経営する阪神鉄道は、同57.3%であった。これとは対照的に、沖縄県の路線では、年間営業費用の平均は年間収入の85.7%、宮崎県の路線では、収入の94.7%であった。東京市政調査会編 (1932: 150-156)。

ることはほとんどなかった。事実、政府は、1922年には73の免許を交付したのに対し、申請却下は7件しかない。その後、憲政会が内閣を制すると免許の審査基準は厳しくなり（日本国有鉄道 1971: x-156）、1925年の新規免許数は32にまで減っている。1927年の政友会支配の下では、内閣は再び方針を転換し、新規免許数は104にまで増加した。そして、1929年にまたもや民政党（かつての憲政会）が内閣を制すると、その数は34になり、翌年には7にまで減少した。これと平行して、民政党内閣の下では、申請が無効とされた件数が42に増加している。

政友会指導者が民間企業に免許を与えたのは、なにも自らの選挙区に鉄道を通すためだけではない。彼らは、費用がかさむ選挙戦に欠かせない賄賂を得るためにも、鉄道免許の手続を利用したのである。1929年、民政党指導者はこの点に対しても攻撃を加えた。この年民政党が政権に就くや否や、政友会出身の前鉄道大臣を起訴したのである。この前大臣は、就任中に免許を交付した民間の鉄道開発業社から、不明瞭な支払い受けたようである。こうして彼は法を犯し、裁判所は滞りなく有罪の判決を下した。終審の大審院は、2年間の懲役と19万2,220円の罰金を科している[29]。

6. 結論

以上は、卑劣な人間たちの物語ではない。当時の裏社会を描いた物語でさえない。そうではなく、ありふれた物語なのである。予算措置と選挙結果によって語り継がれるその物語は、ごく日常的な政治的罪悪に溢れた、賄賂と利益誘導を表現しているに過ぎないのである。

しかしながら、その物語が持つ日常性こそが鍵である。というのも、日々たまる埃こそがその物語そのものなのである。長期的には、政府の鉄道政策は効率的な経済成長の促進に寄与したといえるのかもしれないし、そうでないかもしれない。それは、われわれの知るところではない。概して日本を研究する歴史家や経済学者には、フォーゲルが見せた洞察力が欠けており、鉄道の代替手段としての船舶、トラックおよびバスの機能が等閑視されてきたからである。

---

[29] 大島（1952）、「小川鉄道大臣判決」『法律新聞』第4045号、3面（1936年9月19日判決特報）を参照。

6. 結論

しかし、短期的には、権力の座にある政治家の当落には鉄道が影響したということができる。そして、この短期的視点の延長線上に政府の行動を捉えることにより、その政策を説明できる。

効率的な経済成長を促したのか否かにかかわらず、日本の鉄道政策は利益誘導と密接な関連を有していた。かつて、クレルヴォーの聖ベルナルド（St. Bernard of Clairvaux）が、「あなたを愛するものはあなたの犬をも愛する（"Qui me amat, amat et canem meum."）」といったのと同様に、鉄道と利益誘導は分かち難い関係にあった。では、国有化政策はどうであろうか。国有化は広範な国家目標に奉仕するものであったかもしれないし、そうでなかったかもしれない。しかし、いずれにせよ、国有化により膨大な富が内閣のパトロンへと移転した。この点は、調達政策にも同様の効果があったといえよう。そして、農村と都市、どちらの鉄道サービスを改善するのかを判断しなければならない内閣にとって、唯一重要な決定要因は選挙にあった。つまり、内閣は、農村と都市のどちらの選挙民に自らの政治基盤をどの程度依存していたのかということである。つまるところ、日本の鉄道政策は、その大部分が政治的戦略によって規定されていたのである。

第10章　綿業をめぐる政治

1.　はじめに

　その建物は、海から何百マイルも離れたケニア砂漠の真ん中に位置する。ケニアの小さな前哨基地に相応しく、質素なセメント煉瓦造りである。建物の中には、歪んだビリヤード台が置かれている。建物の外にはプールがあって、何十年もの間たまり続けた砂以外には何も入っていない。ケニアの他の前哨基地と変わったところはほとんどない。ただ、その銘板に、「ワジール王立ヨットクラブ」とあることを除けば。
　おそらくはエドワード皇太子（後のエドワード8世）のせいなのであろう。この建物はかつてはイギリス軍の前哨基地であり、王位の問題で不満を持っていた皇太子は、かつてここを訪れることを約束していた。王室が皇太子の王位への熱意を見直すと、皇太子は熟慮の末この訪問旅行を中止した。だが、兵士達は、このつれない扱いを忘れなかったし、エドワードへのささやかな復讐の機会をも逃がさなかった。殿下の訪問が実現されないのなら、せめて予定していた滞在先を「王立ヨットクラブ」と名づけていただけないものか、兵士達はそのように望んだのである。王室は困惑したが、結局その望みを受け入れざるを得なかった。
　王が与える恩寵は、高くつく場合も、そうでない場合もある。大衆の富が、少数の恵まれた者に再分配される様子について、第8章では、戦前の日本政府が、小銀行と一般預金者の資金を大銀行に移転した過程を考察し、第9章では、同じように国庫資金がそのパトロンの所有する鉄道に移転される過程を考察したが、当時の日本の政府も、こうした気前のよい恩寵に対して、ときに高い代価を課したのである。

1. はじめに

　しかし、戦前の日本政府が与えた恩恵の中には、ワジール王立ヨットクラブのようなものもある。つまり、大したものは与えず、費用もほとんどかからないものである。少なくとも一見した限りでは、日本の綿産業の規制は、これに当てはまる。寡頭指導者は綿産業にほとんど干渉しなかったが、政党政治家は、そうした干渉しないという政策をよく思っていなかった。1930年代初頭までには、紡績業と織布業の両部門とも、政府が強制したカルテルにしたがって操業するようになった。にもかかわらず、どちらの部門の企業も、独占レントを得ていなかったのである。1925年に政府は、織布業のカルテル化を支援したが、この産業には独立した企業が5万社以上あった。その結果、公的な制裁の有無にかかわらず、企業はカルテルを通じて価格を上げることができなかった。1931年に政府は、紡績業のカルテル化を支援したが、少なくとも織布業に比べると競争に参加する企業の数は少なかった。それでも紡績業者は設備投資総額を制限しなかったし、その結果生産量を制限することもなかった。彼らは独占レントを得ることができなかった。そればかりか、政府は女子夜業の禁止を導入し、労働コストの上昇を許してしまったのである。

　結果として、戦前の綿産業は三つの主要な問題を提起している。第一に、関係企業が独占レントを得る機会がなかった状況で、政治家が織布業の組織化を行ったのはなぜか。それは単なる王立ヨットクラブのようなものだったのか、それともそれ以上の何かを成し遂げていたのであろうか。第二に、価格を固定しやすいはずの紡績業が、1931年までカルテル形成の指示を待っていたのはなぜか。またそれ以後も生産制限を行わなかったのはなぜか。紡績業者は、カルテルを王立ヨットクラブだと見なしていたのであろうか。第三に、紡績業者が、政府が女子夜業の禁止によって労働コストが上昇することを許したのはなぜか。禁止措置によって利益を得た者がいるとすれば、それは誰か。

　いずれにせよ、企業は政府の規制を単なる王立ヨットクラブのようなものとは考えていなかった。企業の考えを知るための鍵は、選挙戦の制度的構造にある。本章はその選挙の論理を概観する。まず最初に、日本の綿産業を紹介する（第2節）。第3節では、織布業で政府が形成させたカルテルを取り上げ、第4節では、紡績業におけるカルテルを論じ、第5節では、夜業禁止を考察する。

第10章　綿業をめぐる政治

2.　産業[1]

2.1.　草創期

　18世紀半ば、日本の農民は4,900万ポンドの綿花を栽培し、1887年までにこの数字は6,700万ポンドに増加した。しかしそれが上限で、数字はそれ以上に伸びることはなかった。綿花生産において日本は比較優位を持たず、1887年までには日本の紡績業者は既に1,000万ポンド以上を輸入していた。その10年後には、綿花を栽培していた農家のほとんどすべてが、他の作物に作付けを転換していた[2]。

　日本の農民は原綿の生産をめぐる競争に敗れたが、日本の産業家はすぐに紡績によって糸を生産し、それを布に織って売ることを学んだ。企業家は、19世紀になると近代的な紡績機の輸入を始めた。それまではイギリスの繊維産業が紡績業を支配していたのである。1920年代までに事態は変わった。日本企業はイギリスの技術を習得した。日本企業はイギリスの競争相手よりも多くの原綿を消費するようになり、より多くの綿糸を生産するようになった。これらの企業は国内で莫大な利益を得た。1930年までに繊維産業（綿以外のものも含む）は、日本の工業生産全体の4分の1以上を生産し（表10.1）、工場労働者の40％以上を雇用していた[3]。

　アメリカでは日本政府の指導力が高く評価されているが、日本企業は自力で綿織物の技術を習得したのである。政府指導者が綿産業を奨励しなかったわけではない。しかし政府のやり方はうまいものとはいえなかった。1867年、ある地方政府の指導者（薩摩藩主）がイギリスから蒸気式紡績機械を輸入して、最初の近代的な紡績工場を設立した。1878年、内務省はさらに2台を輸入し、翌年また10台を輸入した。これらの工場は一つも成功しなかった。せいぜい企業家達に失敗の見本を示したに過ぎない。結局うまくいった紡績工場は、私企業が自分で立ち上げたところだったのである[4]。

1　この導入部は、主に Ramseyer（1993）によった。
2　阿部（1990: 170）、関（1954: 13, 164, 436）。
3　武藤（1927: 5）（1927年における綿消費）、関（1954: 60）（1935年における紡糸生産）、同上：435（1934年から1936年の全製造業労働者の42.5％が繊維産業に属していた）を参照。

2. 産業

表10.1. 工業生産高(1934-1936年価格　単位1,000円)

	綿織物	綿紡績	総繊維	総工業
1886	N.A.	N.A.	163,733	1,038,022
1888	N.A.	N.A.	225,027	1,184,377
1890	N.A.	N.A.	300,419	1,329,326
1892	N.A.	N.A.	402,335	1,529,484
1894	N.A.	60,375	468,878	1,734,633
1896	N.A.	85,674	539,823	1,896,616
1898	3,598	133,724	569,962	2,103,720
1900	4,839	138,518	508,749	2,100,985
1902	9,722	173,354	515,433	2,093,414
1904	11,430	155,754	469,038	2,094,648
1906	17,045	211,866	611,852	2,446,967
1908	18,483	200,737	642,078	2,624,880
1910	28,597	256,718	804,394	2,959,515
1912	43,187	313,794	942,136	3,357,739
1914	58,200	388,988	986,438	3,543,959
1916	71,214	451,958	1,324,487	4,714,574
1918	85,724	433,827	1,505,510	5,854,107
1920	100,583	440,165	1,498,966	5,688,986
1922	111,174	539,082	1,849,897	6,411,538
1924	133,139	523,847	1,907,455	6,661,359
1926	169,182	678,412	2,343,639	7,776,840
1928	190,320	618,972	2,588,210	8,491,713
1930	186,032	616,854	2,601,077	9,261,342
1932	204,641	687,641	3,317,806	10,154,418
1934	245,499	858,922	4,239,744	13,155,213
1936	246,584	904,439	4,455,271	16,036,095

注：綿織物のデータは、綿紡績企業における織布工程のみを含む。N.A. は、データが存在しないことを表す。
出典：藤野正三郎＝藤野志朗＝小野旭『長期経済統計　繊維工業』(1979: 244 245)、篠原三代平『長期経済統計　鉱工業』(1972: 140-145)。

2.2. 規模の経済

綿産業は、いくつかの部門に明確に分かれている。中でも重要なのは、紡績と織布である。前者を支配していたのは一貫して大企業であった。後者は、19世紀末には小さな企業によって占められていたが、時代を経るにつれてその地位を失っていった。1梱の綿糸を生産する費用を考えると、紡錘が5,000本未

4　阿部 (1990: 165)、橋本 (1935: 12-17)、Saxonhouse (1974: 151-152)、関 (1954: 23-27)。

第10章　綿業をめぐる政治

表10.2.　綿紡績業における規模の経済

A. 比較生産費用

一工場当たり紡錘	原料費	賃金(労働)	厚生施設(労働)	操業費用	総計
5,000	21.77	104.14	16.92	22.37	165.20
10,000	21.77	73.59	11.95	19.34	126.65
20,000	21.77	57.66	9.35	18.84	107.64
30,000	21.77	51.53	8.37	18.33	100.00
40,000	21.77	49.25	8.00	18.09	97.11
50,000	21.77	47.97	7.79	17.93	95.46
60,000	21.77	47.14	7.66	17.83	94.40

B. 工場規模

紡錘数	工場数	割合	総紡錘数	割合
-10,000	10	12.5	51,268	0.4
10,000-49,999	25	31.3	614,820	5.0
50,000-99,999	14	17.5	932,828	7.5
100,000-299,999	20	25.0	3,040,996	24.6
300,000-499,999	3	3.7	1,050,604	8.5
500,000-	8	10.0	6,668,248	54.0

注：Aでは、原綿価格を一定とし、紡錘数30,000の工場で、20番手の綿糸を生産するケースを基準に費用を指標化した。紡錘数30,000の工場の総費用を100とする。Bでは、工場規模は1937年のものである。
出典：関桂三『日本綿業論』(1954: 204, 473)。

満の工場は6万本以上の紡錘を有する工場よりも75%高い費用がかかる（表10.2A）。1929年から34年までの紡績企業の利益に関する最近の推計では、最大規模の企業の年平均収益率が、11.51%、3.83%、8.12%、9.12%、9.96%であったのに対し、最小規模の企業では、3.23%、-5.86%、4.06%、5.95%、7.99%であった[5]。規模の経済がこのようにはっきりしている中で、戦前のほとんどの時期を通じて、100に満たない数の企業が綿糸を紡いでいた。これら企業の中でも最大規模の企業がほとんどの綿糸を生産していた。上位10%の企業が半数以上の生産高を占めていたのである（表10.2B）。

小企業が競争で成功を収めていたのは、織布部門であった。ここでも最大規模の企業が生産のほとんどを占めており、大企業支配は時とともに増大していった（表10.3）。それでもほとんどの織布企業は小規模であった。大方の企業が小規模で、その業績も不安定であったため、織布企業の総数について信頼でき

5　大山（1935: 167-173）。より正確には、紡績企業の総払込金および総資産に対する収益である。

2. 産業

表10.3. 綿織物工場の規模

	織機数10以下		織機数10-49		織機数50以上	
	工場数	織機数	工場数	織機数	工場数	織機数
1923	112,453	151,834	4,506	95,039	1,020	158,825
1924	102,137	139,127	4,091	88,570	1,015	159,695
1925	91,789	123,063	4,149	87,449	948	154,847
1926	71,140	105,063	4,051	89,969	1,057	170,938
1927	70,304	99,661	4,189	91,577	1,042	177,834
1928	68,121	99,708	4,055	88,077	1,039	182,162
1929	69,821	88,847	3,859	86,346	1,054	187,626
1930	61,628	79,090	3,814	82,282	1,049	187,531
1931	62,553	79,296	3,788	80,753	1,033	181,558
1932	56,884	72,276	3,710	80,731	1,089	199,290
1933	48,648	62,574	3,835	85,052	1,159	215,240
1934	45,897	59,644	4,024	83,361	1,218	233,699
1935	43,164	58,274	3,969	86,893	1,256	240,813
1936	41,623	54,979	4,003	87,844	1,289	250,118

注：表は、綿織物会社を3つのグループに分けている。織機数10未満、織機数10-49、織機数50以上である。第1列は工場数、第2列はそれら工場で使用される織機の数を示す。
出典：商工大臣官房調査課編『商工省統計表』(各年版)。

る統計はほとんどない。

　例として、地域別同業者団体に加盟していた綿織物会社だけを取り上げよう。1930年代初頭で、その数は8,300であった(磯部 1936: 431-438)。また工場規模では、同時期に5人以上を雇用していた綿紡績工場は440であり、それに対して雇用者数5人以下の工場は5,000近くであった。この比較も誤解を招きやすいが、ほとんどの織物工場は同業者組合に参加しておらず、ほとんどの工場では5人もの労働者を雇ってはいなかったのである。事実、1930年代初頭における綿織物工場は約5万であった。こうした「工場」のほとんどは、ただ一つの部屋に織機が一つあるだけのものであった。織布をしようとする家族は、織機を一つ買うか賃借して、地域の卸業者のために織っている同業者団体のメンバーにその織物を売る(あるいは委託販売で収入を得る)のである。総合すると、この時期、紡績業は約17万人、織布業は約23万人を雇用していた[6]。

---

[6] 商工大臣官房統計課編 (1938: 2, 5)、通商産業大臣官房調査統計局編 (1961: 30, 40)。

3. 織布カルテル

3.1. カルテルの形成

織布業者は極めて数が多かったため、業界が自然にカルテルを組織するようなことはなかったが、政府は1925年にカルテル化を支援することにした。この年、政府は織布業のカルテル法を成立させた。この法律は「重要輸出品工業組合法」[7]と呼ばれ、商工大臣により「重要輸出品ノ製造ニ関スル工業者」(第1条)と指定された企業に同業者団体を組織させるものであった。

一度指定を受けると、企業は「其ノ工業ノ改良発達」に必要ないかなる制限も採用することができた。たとえば販売量の調整、生産削減、価格固定(第1条、第3条)といった合意を行うことができたのである。独占禁止法はなかったから、企業は自らそうすることができた。1925年のこの法律によって、企業は、同業者団体の規律にしたがうことを拒否する非加入業者に対して制裁を科すよう、政府に訴えることができるようになったのである[8]。

綿織物産業は、この法律に基づき最初に指定を受けた業種の一つであった[9]。業界の反応は素早かった。4ヶ月のうちに、同業者団体の結成が始まった(磯部 1936: 431-432)。組織化は地方単位で行われ、それぞれの団体は全国的な連合体の傘下に置かれた。

織布業界は、あらゆる種類の連合や組合を組織した。日本綿布工業組合には、広い範囲にまたがる57の組合が加入していた。日本タオル工業組合に加入したのは僅か8組合であった。1930年代半ばまでに、関連産業の53,000社が37の連合と600の組合に組織された。綿織物産業では、8,300を越える会員企業を擁する7つの工業組合連合と110の工業組合が結成された[10]。

---

[7] 法律第28号、1925年3月28日。この法律は1931年法律第62号により改正され、名称も「産業組合法」(第1条)に変わった。

[8] 法律第8条。加入企業に対する政府の制裁措置が、1933年になってはじめて取られたことは興味深い。1933年法律第20号を参照。この団体への加入は任意であったことに注意せよ。前掲法第24条。法律の条文による限り、少なくとも非加入企業は(1933年までは)カルテルに加入することで制裁措置を免れることができるようになっていた。

[9] 「綿糸製品に関する指示」商工省告示、1925年8月28日、第6号。

[10] 磯部 (1936: 431-448)、工業組合中央会編 (1936: 13)、財政経済時報社編 (1936: 14-16)。二重計

3. 織布カルテル

3.2. カネと選挙

① 価格固定策としての法律

　重要輸出品工業組合法は価格固定法のように見えるかもしれないが、織布業にとってはそのような性格を持たなかった。1935年当時、綿産業組合の中で、明らかに価格を固定しようと試みたのは1組合だけであった[11]。理由は、政府の制裁の有無にかかわらず、価格固定がうまく行く見込みがなかったからである。もっとも基本的なことに、綿織物企業の数が膨大（5万以上）で、形態も多様で地理的にも分散し、産業への参入が容易という条件が揃っていた。組合メンバーにはカルテル破りを行う動機があまりにも大きかったのである。G・ヘイ＝D・ケリー（Hay and Kelly 1974）によるアメリカの価格固定策に関する研究では、平均的なカルテルの規模は7.25社だといわれている[12]。5万社を擁する日本の綿織物産業は、まるで別種の生き物であった。

② 法律と票割り

　こうした織布カルテルは、独占価格スキームというよりは、選挙制度の論理に基づいて成立していた。鉄道業と同様、寡頭指導者は繊維産業の規制にそれほど熱心ではなかった。だが政党政治家は異常なほどに熱意を燃やしていた。政党政治家が認可した「カルテル」は、実はカルテルでは全くなく、明らかに政治家が複数人区で票を分割することに役立つように計画されたものであった。第4章で述べたように、1920年代後半には、議会を掌握しようとする政党は、同一選挙区で複数の候補者を擁立し、支持者集団を分割しなければならなかった。そのため政党は、高度に組織化された産業に近づく必要があった。そうした産業の同業者団体を通じて、特定の候補者に支持者を割り当てることが（あ

算が行われている可能性がある。データからは、企業がいくつの組合に参加しているのか不明だからである。

11　磯部（1936: 634）による。対照的に工業組合中央会編（1936: 43）のリストには41の価格固定協定があげられているが、詳細に関する記載はない。磯部の議論から推測されるのは、これらが地方の労働市場での賃金協定だったのではないかということである。磯部によれば、生産削減に協調することを試みた組合があったとのことであるが、これはもちろん価格固定協定と同じ効果を持つことになる。磯部（1936: 634, 653-972）。伝統的には、綿織業は独占価格の設定に成功したといわれてきた。商工省臨時産業合理局編（1931）を参照。

12　もちろん価格固定が合法である場合（たとえば、戦前期日本）よりもそれが違法である場合（たとえば、今日のアメリカ）の方がカルテルの規模は小さくなると考えられる。

第10章　綿業をめぐる政治

るいは少なくとも、支持者に候補者への関心を向けさせることが) 可能になった。特定の織布組合が特定の候補者のパトロンになることで、組合に属する企業にその政治家への投票を促すことができた。こうすることで、さもなければ生じていたであろう票のばらつきを縮小することができたのである。

　比較第一党の座にあった憲政会の政治家が、1920年代半ばに直面していた問題を考えよう。複数人区単記非移譲式投票制で普通選挙権が導入された状況にあって、憲政会は政権の座を目指していた (第4章)。憲政会が与党の立場を利用し、候補者ごとの支持団体を通じて利益誘導を行うことが可能であったなら、選挙目的で政府を私物化できたことになる。そうすることで、支持者を惹きつけ、候補者ごとに支持者集団を割当て、結果として議会の支配を強化できたであろう。しかし個人後援会は安く済むものではなかった。その育成には金がかかり、政党はおいそれとそれだけの資金を賄うわけにはいかなかった。

　仮に憲政会の政治家が同業者団体を利用できたとすれば、より低費用で支持者に利益誘導を行うことが可能であった。この目的のために、綿織物産業は理想的であった。この産業は大量の労働者を雇用しており、1925年以後これら労働者は投票権を有する世帯に属することになっていた。都合の悪いことに、1925年の時点では彼らは未だに組織されていなかった。憲政会の政治家は、産業を同業者組合に組織さえすれば、選挙目的に使える集団を抱えることができたのである。

　この文脈で、工業組合法が1925年に成立したというタイミングを思い出してもらいたい。1919年以前にも票割りは重要だったとはいえ、有権者数は少なく、しかも裕福であった。綿織物産業の労働者は投票権を持たない世帯の出身であった。1919年の法律は有権者の範囲を僅かに拡大したが、同時に複数人区制を廃止した。票割りはもはや重要ではなくなった。1925年の法律は二つの結果をもたらした。投票権を全世帯に拡大し、複数人区制を復活させたのである。この新しい環境で、政治家は貧しい人々を惹きつけ、彼らの票を分割する必要があったのである。この状況で、憲政会の政治家には織布業組合は理想的なものであった。

③ 補助金

　憲政会の政治家が、綿織物産業を同業者組合に仕立てようとしても、単にそうして欲しいと頼むだけでは各企業を動かすことはできなかった。今日と同様に当時も、大半の企業は政治的慈善活動を行うことで存立しているのではな

3. 織布カルテル

った。また、憲政会の政治家は、生産削減と価格固定をエサに産業を組織化することもできなかった。織布業者は、5万社の企業を抱える産業で価格固定がうまく行く見込みはなく、仮にそうしようと努力したとしても、そのための手段はあらかた既に合法化されていることを知っていた。織布業者に組織化を納得させるために、政治家はあからさまに政府の資金を用立てたのであった。

政治家は、新たな同業者組合のために二つのやり方で補助金を使った。第一に、直接補助金で現金をつぎ込んだ。1927年時点で既に15の組合（繊維以外の多様な業種を含む）に対して29万9,500円が支払われていた。1935年までには、125の組合に197万4,145円が支払われた。このうち、綿織物産業には約半分の88万2,100円が支払われていたのである（工業組合中央会編 1936: 21-22, 47-48）。

第二は、組合に対して用意された低利融資である。1928年には、16の組合に対して総額135万6,800円の融資計画が開始された。1934年までに、融資額は550万6,800円となった。この時期、銀行の貸出金利は平均8から10％で、多くの小企業はおそらく金利水準のいかんにかかわらず銀行から融資を受けることができなかったであろう。対照的に、織物業組合に対するこの融資プログラムでは、1932年まで金利は3.9％、その後は4.8％であった[13]。

④ 憲政会の成功

憲政会の政治家の期待通りに、織物業組合は同党にある程度の利益をもたらしたであろう（証拠は示唆的なものにとどまるが）。1925年に憲政会は衆議院で151議席を獲得して第一党となり、首相ポストを握った。政友本党は116議席、政友会は101議席であった。1925年に議会が工業組合法を通過させたとき、織布労働者がもっとも多かったのは大阪府と愛知県であった（商工省 1925: 9）。この二府県では組織化も進んでいた。1935年末には、112の綿織物組合のうち、27が大阪府に、13が愛知県にあった（工 1936: 30）。

憲政会はこれら織布選挙区で、類を見ない大きな成果をあげた。1928年のつぎの総選挙では、同党（民政党と改称）は、217対216で政友会に権力を明け渡した。それでも大阪と愛知の織布選挙区では、民政党が14議席を獲得したのに対して、政友会は5議席であった。さらにこの14議席は、僅か56％の得票率で獲

---

[13] 財政経済時報社編（1936: 18-19）、工業組合中央会編（1936: 22-25）。政府は様々な計画を使って組合に対する追加融資を図り、その総額は969,100円にのぼった。前掲24頁。基本的な利子率については、日本統計協会編（1988: III-160-161）を参照。政友会は1928年に政権をとった後も、企業の庇護を続けたことに注意せよ。

得されたものであった。もし選挙が比例代表制で行われていたならば、民政党は12議席、政友会が6議席、その他の党が3議席となっていたはずである。得票分割ゲームを対立政党よりも巧みに行うことができたために、民政党は14議席、政友会5議席、その他の党が2議席という結果となったのである[14]。

民政党が織布選挙区で成功したのは、伝統的に都市型政党であったからというだけの理由ではない。第9章で示したように、政友会が地方に支持を求めたのに対して、民政党は都市の方を向いていた。しかしこの戦略は常に成功していたのではなかった。1928年には民政党は全国レベルで43%の得票率で46%の議席を得た。しかし大都市中心部では、34%の得票率しか獲得できなかった。民政党はそうした地域で51%の議席を得たが、それは選挙区定数配分と票割りという二つのゲームでの勝利によってやっともたらされたのである[15]。対照的に、織布選挙区では民政党は得票でも議席でも勝利を収めた。得票率は56%、議席率は67%であった（政戦記録史刊行会編 1930: 付録；藤沢 1928: 221）。

4．紡績カルテル

4.1．カルテル

織布業と異なり、綿紡績企業は1882年には既に業界自身で「大日本紡績連合会」（紡連）と称するカルテルを組織していた。このカルテルに関する通説は十分に明快である。紡績企業は当初、労働市場における独占権を得るために紡連を利用したのであった。加盟企業が互いに賃金の釣り上げを図ることがないようにすることで、賃金を切り下げたのである（橋本 1935: 26）。まもなく紡績企業は、生産市場における独占権を得るために紡連を利用した。生産制限を強制することで、利益の引き上げを図ったのである。労働者と消費者は不利益を被ったが、独占禁止法が存在しない状況では、これらはすべて合法であった。

実際には、価格固定戦略として見た場合、カルテルが機能する望みは薄かった。紡績業には、30から70の企業があり、これは織布業の5万に比べれば少な

---

[14] 選挙データは、政戦記録史刊行会編（1930: 付録）より。「織布選挙区」は、阿部の指摘にしたがう（阿部 1990: 190）。

[15] 東京、大阪、京都、名古屋、神戸、横浜の大都市部で、民政党は2,207,713票のうち757,990票を獲得し、これで定数76議席中39議席を確保することができた。政戦記録史刊行会編（1930: 付録）。

4. 紡績カルテル

かったが、価格固定の共謀に最適な数としては多過ぎた。紡連は、望めばそうすることもできたはずだが、あからさまな価格固定を行うことはなかった。紡連には、紡績業の全企業が参加していたわけではなかったのである（ましてや、すべての潜在的参入企業が参加していたわけではない）。

基本的に、紡連は生産数量の削減を行っていない。操業時間や操業日数、紡錘稼働率などの削減を定期的に指示することは行われたが（Ramseyer 1993）、紡錘総数の制限には一度も手がつけられなかったのである。紡連の加盟企業が独占レントを得るためには、生産量を削減する必要があった。生産量削減のためには、単に操業時間を削減したり、現存する機械を休止させたりするだけでは十分ではなかった。企業が新規設備を導入することを阻止する必要があったのである。そうした措置は全く行われなかった。新規設備の導入は認めて、その利用を制約しただけであった。それでは加盟企業が非効率な投資を行うように仕向けたということに他ならなかった。

表10.4. 紡績カルテルにおけるカルテル破り

	A. 決められた削減率	B. 紡績工場数	C. 紡錘数（単位1,000)
1920	31.5%	(40)	355
1921	47.0	89	299
1922	0	(159)	394
1923	0	(1)	284
1924	0	20	(91)
1925	0	(8)	451
1926	0	37	293
1927	28.9	(22)	263
1928	47.2	6	531
1929	23.6	38	233
1930	21.8	18	595
1931	25.3	15	221
生産制限が行われている期間の平均新紡錘数			328,000
生産制限のない期間の平均新紡錘数			266,000
生産制限が行われている期間の平均新設紡績工場数			14.8
生産制限のない期間の平均新設紡績工場数			−22.2

注：A. 紡連におけるカルテル指令による削減。B. 5人以上の従業員を持つ紡績工場の純増加（減少）数。C. 稼働中の紡錘の純増加（減少）数。
出典：Ramseyer, "Credibly Committing to Efficiency Wages: Cotton Spinning Cartels in Imperial Japan" (1993: 153)、商工大臣官房統計課編『工場統計表』（各年版）、通商産業大臣官房調査統計局編『工業統計五十年史』(1961)、関桂三『日本綿業論』(1954: 446) に掲載のデータより算出。

第10章　綿業をめぐる政治

紡連が、操業時間や紡錘稼働率の削減を指令した時ですら、加盟企業は新規の設備投資を続けていた（表10.4）[16]。紡連の規制にもかかわらず、加盟企業は積極的に新工場を建設し、新しい紡錘を導入した。事実、各社は規制がなかったときよりも、規制があったときに多くの工場を建設し、より多くの紡錘を導入していたのである。これが生産抑制カルテルであったなら、結果は失敗である。日本の紡績業に詳しいアメリカ学界の権威によれば、紡連加盟企業は労働市場で独占レントを得ていなかったばかりか、「周期的にですら、生産を抑制することができなかった」のである[17]。

4.2. 紡績企業と政治的黙従

紡連加盟企業は、より多くのことを成し得たかもしれない。同業者団体を組織し、紡錘の休止を調整することで、何らかの独占利益を得られる手だてもあったであろう。少なくとも、各社が購入する紡績機の数を制限することぐらいはできたかもしれない。そうした制限を強制するため、政府の力を借りることもできただろう。適切な立法によって、紡連非加盟の企業にそうした制限を押しつけることも可能であったであろう。

しかし、紡績企業はそうはしなかった。その理由はおそらく三井財閥の政治力にある[18]。ここで取り上げるほとんどの期間において、主要財閥は選挙で選ばれる政治家に対して絶大な力を有していた。財閥は主要政党に莫大な献金を行い、その代わりに自らの望む法案を要求した。こうした試みはしばしば成功を収めた。

三井財閥の経済的選好は、一貫して紡連のそれと対立していた。三井は、紡績業にほとんど投資していなかった（表10.5）。三井は紡績企業7社の株を保有し、その投資は全体として紡績業の3.25％を占めていた。その他の三大財閥は、紡績業の1％以下を所有していただけであった。そのため、三井も他の財閥も、

---

[16] 閉鎖された工場があったからといって、稼働中の紡錘総数が減少したというわけではない。閉鎖に追い込まれた工場は、紡錘を競争相手に売却し、規模を拡大しようとする工場は他の工場が閉鎖に追い込まれるような状況でもなお、新たな紡錘を買い入れ続けていたからである。
[17] Saxonhouse（1976: 122; 1991）。こうした紡績カルテルの実際の目的についての議論は、Ramseyer（1993）を参照。
[18] 額からいったら小規模だったであろうが、三菱財閥もまた損失を被っていたであろう。三菱はまた紡績機の販売や、NYKを通じた原綿売買にも関わっていた。

4. 紡績カルテル

表10.5. 綿紡績産業における財閥投資

A. 紡績企業における財閥持分

三井財閥

紡績企業	三井の持株	紡錘数	三井の紡錘持分
鐘紡	6.71%	615,192	41,279
金華紡績	41.36	144,624	59,816
豊田紡織	5.97	79,824	4,765
天満紡織	48.58	65,792	31,962
内海紡織	48.97	72,500	35,503
東京モスリン	48.52	79,128	38,393
菊井紡織	1.43	62,428	768

三菱財閥

紡績企業	三菱の持株	紡錘数	三菱の紡錘持分
長崎紡織	2.79	98,656	2,753
富士瓦斯紡績	1.43	502,104	7,180

住友財閥

紡績企業	住友の持株	紡錘数	住友の紡錘持分
大阪合同紡績	0.67	427,524	2,864

安田財閥

紡績企業	安田の持分	紡錘数	安田の紡錘持分
大阪合同紡績	0.86	427,524	3,677

B. 業界総紡錘数における財閥シェア(6,529,394)

	紡錘数	業界シェア
三井	212,486	3.25
三菱	9,933	0.15
住友	2,864	0.04
安田	3,677	0.06
総計	228,960	3.50

注:数字は、入手可能なものは高橋(1930)から、それ以外は各社の期末報告書における株主リストからのもの。三井の金華、東京モスリンにおける所有権は、高橋の推定である。株の等級は対等(1株対1株)である。数字は1928年のもの。
出典:高橋亀吉『日本財閥の解剖』(1930)、菊井紡績、天満紡織、大阪合同の期末報告書。

第10章　綿業をめぐる政治

紡績業における価格固定カルテルを成功させても、最小限の利益しか期待できない状態であった。

同時に、三井には、紡績カルテルが成功を収めた場合、その利益を直接脅かすことになる産業部門が二つあった。第一は、綿貿易である。三井物産は、海外に広範なネットワークを有し、綿糸や綿布の販売代理店（その地位はしばしば独占的なものとなっていた）であったばかりか、原綿の買い付け代理店（ここでもその地位は独占的だった）としても活動していた[19]。

第二に、三井は紡績機を販売していた。何十年もの間、三井はイギリスのプラット・ブラザーズ社の独占販売代理店となっていた。紡績機の供給元は他にもあったが、1909年で日本国内の紡錘の87％は、三井が輸入したプラットの紡錘であった（Saxonhouse 1991）。豊田佐吉は、その一族が後にトヨタ自動車を設立することで知られているが、三井は豊田の創業した織機会社に投資していた。豊田が紡績機を開発すると、三井はその製品も販売したのである[20]。

（配当金や企業の内部データには明らかに問題があるものの）三井の記録を見れば、三井財閥が綿貿易に大きく依存していたことが分かる[21]。三井の持株会社（三井合名として知られる）は、三井物産（三井財閥の貿易商社）の株式の100％を所有していた。1928年前半期に三井物産は898万円の利益を上げ、597万円の配当を出した。持株会社から見ると、この配当は三井合名の配当収入の44.9％、総収入の37.0％を占めていた。三井物産が織機販売から得ていた収入は、利益の中では相対的に小さかったが（14万7,000円、1.64％）、原綿と綿製品を扱うことで得られる収入は、それよりもはるかに大きかった。綿貿易から得ていた収入の正確な額ははっきりしないが、少なくともこの数年前について、その扱い高に関するつぎのような数字がある[22]。

19　加藤（1967: 94, 96-97）、田付（1994）、杉山（1994）。
20　和田（1937: 257-258）。同社は目覚ましい業績をあげた。紡績機売り上げは1931年の100万円から、1937年には3,880万円に増加した。通商産業省編（1960: 274-275）を参照。
21　三井の数字は、三井物産編（1928）に引用されている会社の未公刊のメモ、および松本（1979: 表, 56-59, 82-86）で公表されている数字によった。戦前日本の大企業は一般に利益の60から70％を配当に当てていたことに留意せよ（岡崎 1991: 371）。
22　数字は1910年のもの。（研究者にとっては）不幸なことに、1928年に綿貿易は三井物産から分離された会社（東洋綿花として知られる）に移された。後の数字が示唆するところでは、1928年前半期の東洋綿花の取扱高は、原綿8,360万円、綿糸1,830万円、綿織物1,510万円（三井物産編 1928）で

4. 紡績カルテル

原綿
4,300万円：三井物産の売り上げの15.36%、原綿輸入総額の24%
綿糸
2,300万円：三井物産の売り上げの8.18%、綿糸輸出総額の32%
綿織物
1,600万円：三井物産の売り上げの5.62%、綿織物輸出総額の51%

これらすべてが三井財閥にもたらしていた利益は、紡績業者の利益と直接衝突するものであった。三井は物産に依存していた。物産にとって、原綿の売り上げは会計上最大の品目であり、綿産業は物産の全事業の4分の1以上を占めていた。紡連が原綿輸入を削減すれば、三井は輸入手数料を失う。紡連が綿糸や綿織物の輸出を削減すれば、三井は輸出手数料を失う。そして紡連が紡績機の買い付けを減らせば、三井は機械の販売手数料を失う。紡連が価格を引き上げれば、紡績業の独占レントを獲得することができる。だが、その額は先のレントのわずか3.25%にしかならなかったのである[23]。

4.3. 統制法の制定：1931年

1931年、議会はついに紡連のカルテル法案を通過させた。「重要産業統制法」と呼ばれるこの法律によって、指定産業カルテルは政府を通じて条件を強制することを可能にした[24]。より具体的には、カルテル内の3分の2の企業がその産業を監督する大臣に請願した場合、大臣は企業がカルテルのメンバーであるか否かにかかわらず、カルテルにしたがうことを強制し得たのである[25]。そのためには大臣はまず「統制組合」の意見を聞くこととして規定されていた。この年の終わり、政府は統制組合（内閣によって指名される18人以下の委員からなる）の細目を決め[26]、綿紡績産業をこの法律の対象に指定した[27]。

あった。1928年前半期には、三井は鐘紡から僅か28万円の配当金しか受け取っていない（表10.5を参照）。

23 選挙に出る政治家は、織布企業に比べて紡績企業の組織化にあまり関心を持っていなかったことに注意。政治家が織布企業を組織化したのは、この業界が企業乱立状態にあったためである。織布業界は乱立状態であったため、彼らはレントを得ることも得票を分割することもできなかった。対照的に、紡績業者は既に紡連に組織されていたのである。

24 「重要産業の統制に関する法律」法律第40号、1931年3月31日。

25 同法第2条。カルテルには少なくとも業界の半数以上の企業が参加していなければならなかった。同法第1条。

第10章　綿業をめぐる政治

　この法律が成立し、紡績業がその対象に指定されたことは、本章の主旨に関わる二つの問題を提起する。第一には、これが1931年に起こったことを説明するような、明確な制度的または経済的な変化は何一つ生じていないということである。もし紡績業者が1931年に、カルテルを強制するために政府の支援を必要としていたのであれば、それは何十年も前に既に必要となっていたはずである。その時点で三井財閥が生産量に実質的な制限を課すことに反対していたのであれば、1931年にもそうしていたはずである。

　第二には、紡績企業がこの法律を利用したようには見受けられないということである。法律の成立により紡績企業は政府に訴える権利を得たが、この権利が行使された形跡はない。紡績企業は一方で紡錘利用率の削減指示を続け、他方で新規の設備投資を続けていた。1932年から1934年の間、稼働中の紡錘は16.3％増加し、1934年から1936年ではさらに20.8％増加した（関 1954: 446）。紡錘の稼働率削減が指示されていたにもかかわらず、新規投資は生産を増大させた。1932から1934年で生産は24.9％増加し、1934から1936年ではさらに5.3％増加した（表10.1）。

　この二つの謎は、おそらく相互に関連しており、その答えは両方とも、1931年にではなく1932年にあるのであろう。この年、日本の軍部は、民主政治を実質的に終わらせた（第4章を参照）。来るべき反乱の兆候は何年も前から明確に現れていた。海外では、1928年に陸軍将校が中国北部の軍閥指導者が乗った列車を爆破した。陸軍は、それによって満州侵攻の口実となる反乱を引き起こそうとしたのである。在京の政治家にこれが伝えられたのは、時間が経ってからである。国内では、過激な傾向を強めた将校とこれに同調する右翼がクーデターを計画し、財界や政界の指導者を暗殺した。

　1930年には浜口雄幸首相が狙撃され、1931年にはクーデター未遂が起こり、さらにこの年満州侵攻が開始され、そして1932年には三井の経営責任者団琢磨と犬養毅首相が暗殺された。この時点で民主政治は終焉を迎えていた。

　統制法の背後にいた官僚は、合理的な代理人として、将来を見越して忠誠の対象を移したように思われる。基本的に、1931年に官僚が起草した法案は軍部が望んだものであった。この法案が紡績業に利益を与えたのは、単なる偶然に

26　勅令第209号、1931年8月8日。
27　商工省告示第64号、1931年12月5日。

4. 紡績カルテル

過ぎなかったのである[28]。官僚は名目上は依然として政治家のコントロールの下に置かれていたが、1931年には官僚にも、自分たちがまもなく軍部の指導部に対して責任を負うようになるだろうことが分かっていた。官僚はこの変化を予見し、新しい本人が計画中心経済を運営するだろうという計算に立って、新しい本人が求めるだろうと彼らが予想したもの準備したのである。官僚はそれ以来、通産省を通じて戦後日本の経済成長に貢献してきたと主張するに至るが、彼ら官僚自身にそのような意図があったわけではないと長らく申し立ててきた（Johnson 1982: 109）。しかし、彼らの反論は行き過ぎである。

統制法そのものの結末が、その軍国主義的起源を物語っている。企業自身が生産能力を制限するために法律を利用することは一度もなかったが、軍部は以後15年間、法律を統制経済の基盤として利用した。条文によれば、この法律は5年間の時限立法となっていた（付則）。だが1936年に、軍部の指導者たちは、ほとんど内容に変更を加えることなく法律の期限を延長した[29]。まもなく軍部は、生産数量および価格に関する精巧な統制の仕組みを官僚に作らせ、経済全体の組織化を進めさせた（岡崎 1987）。その際、1931年の統制組合の理念が維持され、31年の法律を根拠に業界に対して提出を義務づけた莫大なデータが活用された[30]。

こうした展開は、紡績企業に利益をもたらすものではなかった。それどころか1930年代後半には、政府は綿糸販売業者を、高過ぎる価格を理由に訴追するようになっていたのである[31]。1941年には、紡績機は鋳潰されてしまった。1943年には政府は紡績企業に航空機の生産を命じた（日清 1969: 542-562）。ある紡績企業の幹部はこう回想している。「統制、統制で、手カセ、足カセをはめられて、毎日出る官の通達で昨日やった取引が今日は違反とされ、経済警察にかかる等、権力だけを持って一国の産業政策について見識もなければ知識経験も持たぬ官僚にいじめ抜かれたことだ。」（日清 1969: 481）

---

28 これとは逆の議論、すなわち「財閥は『統制』『産業秩序』からもっとも多くの利益を得た」、「1931年の法律は、競争の緩和と紡績業における利潤増大に貢献した」との主張については、Johnson（1982: 110）を参照。
29 法律第25号、1936年5月27日。
30 商工省、農林省、通信省合同省令第1号、1931年8月10日。
31 たとえば、（当事者名不詳）大審院第4494号、『法律新聞』1939年11月17日、「国対中村」大審院第4547号、『法律新聞』1940年3月19日。

第10章　綿業をめぐる政治

5. 工場法

5.1. 女子夜業の禁止

　潜在的には紡績カルテルと関連し、同じような問題をはらんでいたのが、1929年の女子夜業の禁止であった。この禁止措置は、1911年の「工場法」に端を発した[32]。それは、15人以上の労働者を雇用する工場に適用され（第1条）、同時期における西欧諸国の「労働者保護」立法に極めて近い内容を持っていた。その法律の規定によれば、児童労働（12歳以下の者の労働。第2条）、12時間以上の青少年（15歳以下の者）および女子労働（第3条）、青少年および女子の夜業（午後10時から午前4時までの作業）が違法とされた。この禁止に対して業界が抵抗したため、紡績業を含む二交代制の工場における夜業禁止は法律の施行から15年後に発効するものとされた（第4条、第6条）。天皇の側近たちが法を施行する勅令を1916年まで出さなかったため[33]、夜業禁止は1931年まで発効しないことになっていた。

　1923年、議会は工場法を改正した[34]。この改正で、法の適用対象が10人以上の労働者を雇用するすべての工場に拡大され、児童労働の禁止規定は廃止、青少年の長時間交代労働への制限が、16歳以下の者について11時間に変更され、夜業の範囲も午後10時から午前5時までとなった。二交代制を採用する工場については、夜業禁止規定は法律の施行後3年で発効することになった。勅令による法の施行は1926年であり[35]、夜業禁止は1929年に発効した。

　紡績企業は、夜業禁止に対して三つの対策を取ることができたはずである。すなわち、労働者をすべて男子に切り替える、女子労働者による昼間労働と男子労働者の夜間労働の8時間二交代制を導入する、女子労働者の昼間労働による短時間二交代制を取り夜間は操業しない、というものである。実際に採用されたのは最後のやり方であった。男子労働者を全面的または部分的にでも利用する方策があったにもかかわらず、企業はそうしなかった（藤野ほか 1979: 255）。

32　「工場法」法律第46号、1911年3月28日。
33　勅令第8号、1916年1月21日。勅令の憲法上の要件については第2章を参照。
34　法律第33号、1923年3月29日。
35　勅令第152号、1926年6月5日。

5. 工場法

　紡績企業にとって、女子は男子より賃金が安く済んだ。日本企業は、操作が簡単な「リング精紡機」を導入していた。アメリカ・ニューイングランドの紡績企業と同様、しっかり管理された寮に住まわせた若年女子に、この機械を操作させていた。企業はグループ・リーダーとして、若干の熟練労働者（一般には女子）を確保していたが、基本的に企業が求めていたのは、力量も経験も不足で、市場性のある技能を持たず、それを身につけることにもほとんど関心のない労働者であった。この条件に合致した農家の娘達が雇われていたのである。彼女らは、工場の経験がほとんどまたは全くなく、初等教育だけを受けてやって来て、二、三年後には辞めて結婚のために実家に帰って行った（Saxonhouse and Wright 1984a: 4-6; 1984b: 274）。

　それでも企業は、男子夜業を追加すると考えられたはずである。結局のところ、企業の設備投資は回収が不可能な埋没費用である。したがって、企業が男子に対して女子の40％増しの賃金を払ってでも（進藤 1958: 358）、男子を雇い夜間操業を追加した方が費用対効果が高いと考えたはずである。

　にもかかわらず、企業は男子を雇用することはなかった。その理由は明らかではない。男女混合の紡績工場を操業するには、かなりの追加費用がかかったのかもしれない。たとえば男女共に機械を扱わせようとすれば、機械を改修する必要が生じたのかもしれない。温室育ちの年少者のいる職場には、高い監視費用がかかったのかもしれない。あるいは、男子に対する市場賃金は紡績企業にとって法外なものであったのかもしれない。投資が埋没費用となっていても、単に企業には現行の賃金でさえ支払う余裕がなかったのかもしれない[36]。

5.2. カルテルとしての法律

　結局、最大の問題は、夜業を禁止したことで利益を得た者がいたとすれば、それは誰だったのかということである[37]。紡績カルテルについて既に行った議論を基に、他のやり方では失敗していたであろう紡連価格固定カルテルが、この法律によって実効力を持ち得たという可能性を検討しよう。つまり、紡績企業は自ら価格を上げることができず、労働時間を削減して生産高を抑制するた

---

[36]　Lewchuck（1993）をも参照（フォード社における男性限定雇用が、団結心を高めて労働者の疎外感を低減した事例）。

[37]　主として性役割に関わる禁止政策についての議論は、Hunter（1989）を参照。

めに、政府の権力を頼った（あるいは買収した）のではないか、という可能性である[38]。

しかし、この説明は既に論じたように辻褄が合わない。紡連のやり方には、価格固定カルテルとしては基本的な問題があった。生産削減が行われていたとしても、企業は自由に生産能力を拡大でき、そのため生産量も自由に増大できた。工場法は、このジレンマの解決に全く役立たなかった。それどころか工場法は、企業が既に導入した設備を効率的に使用することを阻害しただけであった。企業が望みさえすれば、機械数を倍増して増産することもでき、しかも法律はそれを禁じていなかった。法律の実際の効果は、企業が既に導入した機械の数に関係なく、機械を操作する女子労働者を一日に17時間以上作業させないということだけであった。

5.3. 産業内戦略としての法律

1833年にイギリス工場法が立法化されたことを論ずる際に、H・マーベル (Marvel 1977) は、より複雑かつ戦略的な説明を行っている[39]。1833年のイギリス工場法は、労働時間を制限し、様々な「保護」条件を強制しているが、これは後の日本の法律に非常によく似ている。マーベルによれば、これらの規定はイギリスの織布業内の様々な企業に異なる影響を与えた。特に、大規模蒸気力紡績企業に比べ、小規模水力紡績企業の費用を相対的に上昇させることになった。こうすることで、法律は大規模蒸気力紡績企業の利益を上昇させたのである。

マーベルの論理はイギリスには当てはまるが、日本には適用できない。表10.6は、企業規模別に、操業時間と女子労働者への依存度を示したものであるが[40]、それによれば二つの点が指摘できる。第一に、小企業は大企業ほど夜業

---

[38] この点を指摘している歴史家もいる。西川 (1987: 178) を参照。
[39] Nardinelli (1930) によれば、イギリス工場法はほとんど効果を上げなかったが、それは技術的な理由で既に児童労働からのシフトが起こっていたからである。Anderson and Tollison (1984) は、成年男子労働者が、その競争相手となる労働者、すなわち女性と児童の使用を制限することに関心があったため、イギリス労働法の施行が促進されたと主張している。日本の工場では、工場法の成立以前も以後も、若年女子労働者が操業に当たったから、この議論は日本には当てはまらない。
[40] 1905年には49の紡連加盟企業のうち、水力のみを利用していたのは僅かに3社であった。この企業はすべて、規模が最小20%の範囲に入る。他に2社が部分的に水力を利用していたが、1社は最小20%に入り、もう1社も最小40%に入る零細企業であった。1925年には水力紡績機を有していた

5. 工場法

表10.6. 企業規模別労働時間および労働者の性別

企業規模	平均労働時間				女子労働者数/男子労働者数				女子労働者数/稼働紡錘数			
	1905	1915	1925	1930	1905	1915	1925	1930	1905	1915	1925	1930
(五分位数)												
上位20%	22.7	22.3	19.7	不明	4.46	4.18	3.52	3.51	3.87	3.74	3.05	1.83
20-40%	21.7	21.9	21.1	不明	4.14	4.22	3.77	3.89	4.14	3.50	3.20	1.83
40-60%	23.3	23.0	19.6	不明	4.58	4.99	3.28	3.71	4.33	3.46	2.38	1.54
60-80%	22.8	23.1	19.9	不明	4.43	4.58	3.34	3.59	4.28	3.29	2.60	1.97
80-100%	22.4	22.8	20.2	不明	3.86	4.34	2.67	3.46	4.89	4.79	2.99	2.58

注：企業は、それぞれにおける紡錘数に応じて五分位に分けている。中央の4列は、紡績企業における男子労働者に対する女子労働者の比率を表している。右側4列は、紡績企業における、稼働紡錘数×100に対する女子労働者の比率である。データは各年7月のもの。1930年については、データ入手上の理由から、1935年のもので代用している。1930年の企業レベルでの工場労働時間のデータは入手できなかった。
出典：大日本紡績連合会編『大日本紡績連合会月報』（隔月版）に掲載のデータより算出。

に依存していない。規模の大小にかかわらず、1905年の企業の操業時間は一日に22.6時間であり、これは1925年には20.1時間になった。収入がこの20年に上昇するにつれ、労働者は労働時間短縮を交渉したが、この交渉は大企業でも小企業でも同じように行われたのである。

第二に、小企業が大企業に比べて一貫して労働集約的というわけではなかった。もっとも規模の小さい企業では、概して紡錘あたりの労働者数が他の企業より多い。だが、この点が企業規模が下位20％の企業以外にも当てはまるかどうか、明らかではない。1925年には、このカテゴリーについてですら同じことはいえないのである。

小企業が大企業より労働集約的であったとしても、日本における工業法の持つ意味は不明確である。基本的にこの法律によって、機械を一日17時間以上操業できなくなった。また、この法律は、資本収益を減少させ、結果的に新規設備投資へのインセンティブも減少させた。だが後に説明するように、それは同時に労働コストの上昇も引き起こし、生産自動化へのインセンティブを高めた。差し引きの効果は、はっきりしないままなのである[41]。

のは1社のみ（ただし日本第二の規模の会社）であった。大日本紡績連合会編（各年）を参照。
[41] この法律を、大企業が番手の高い（より細い）綿糸の生産に移行していたことで説明しようとする論者もいる（岡崎 1987）。証拠は曖昧である。1925年半ばに規模が最大20％の範囲に入る企業は

5.4. 憎悪としての法律

　E・M・ランデス（Landes 1980）の示唆によれば、アメリカにおける同種の「保護的」法律は、反移民主義に影響されていたとし、アメリカの保護主義的法律が主に移民女子の就業機会を減少させたと論じる。しかし、日本でこの種の影響を見いだすことは困難だろう。日本の雇用者は、1911年にも、1923年にも、多くの移民を雇用していたわけではない。また法律の影響を大きく受ける産業は、少数民族を多数雇用していたわけではない。織布労働者は貧しい家庭の出身ではあったが、民族集団でいえば富裕層と同じ集団に属していた。さらに、女子労働者は一般に貯蓄の大部分を家族に仕送りしており（Ramseyer 1993）、いかなる形でも女性嫌悪のバイアスをこの法律に見いだすことは困難である。結局議員たちは、若年女子の仕事を減少させることで、自分の選挙民が依存する収入を潜在的に削減していたのである。

5.5. 選挙戦略としての法律

① 仮説

　近代政治理論に反するように思われるかもしれないが、極めて率直にいえば、日本の工場法から利益を受けたのは、当時この法律の受益者だと考えられていたまさにその同じ人々だといって差し支えないようである。すなわち法律の受益者は、織布工場で現実に働いていた女工であった。多くの社会と同様、日本の労働者も余暇と収入の最大化を図ると仮定しよう。労働者が、労働時間をより短くすることを望んでいたのであれば、労働時間短縮を要求して交渉できたはずである。アメリカの労働者は、19世紀後半から20世紀前半にかけて同じことをした（Atack and Bateman 1992; Whaples 1990）。日本の労働者も交渉によって、1925年までに、1915年の労働時間に対して14％の労働時間短縮を達成していた（藤野ほか 1979: 27）。

　しかし労働者にとっては残念なことに、競争的労働市場において時間短縮を

平均25.4番手の綿糸を生産していた。以下規模が小さくなる順に、22.8番手、27.4番手、20.8番手、19.7番手と続く。さらに企業ごとの操業時間と生産する綿糸の番手の間にはほとんど違いがない。平均30番手以上の綿糸を生産する企業の平均操業時間は一日20.7時間（7社）、20番手から30番手までの綿糸で一日20.7時間（22社）、20番手以下の綿糸で20.1時間（17社）である。大日本紡績連合会編（1925）を参照（交代制を取っていない2社を除く）。

5. 工場法

勝ち取ったならば、その時間分のコストを払わなければならない。他の条件が等しいとして、労働時間が10時間から8時間に削減されれば、それだけ生産性が低下し、結果として賃金は20％低下することになる。時間短縮に伴い作業効率が低下するならば、犠牲になる賃金はさらに増える。

労働者はそれを避けるために、政治市場を操作することで、追加的余暇時間の価格を引き下げようとしたのであろう。1日あたり労働時間を10時間から8時間に減少させる法律の経済効果を考えてみよう[42]。もっとも基本的なことに、この法律は潜在的に工場の生産高を20％削減する。これは雇用者に労働者の余暇を14時間から16時間に増大させる提案を行わせるということである。したがって、これは日給の均衡点を引き下げることになる。

だが現実に考えられる状況では、労働者は法律がもたらすはずの賃金削減の一部分を負担するに過ぎなかったのかもしれない。一日の労働時間が最大8時間なら、日給の均衡点は、総合報酬パッケージ（賃金と余暇を合わせたもの）の価値が、限界的な労働者が職を得られるようになるところまで低下するはずである[43]。全労働者が同じ賃金体系で働いていたとしても、全労働者が評価する余暇時間の価値が同じということはない。それでも企業は一般に、(1)限界労働者を惹きつけるに十分な、賃金-余暇パッケージを提供すること、(2)すべての労働者に同額の賃金を支払うこと、を共に必要とする。その結果、限界労働者に比べて余暇をより高く評価する労働者は、思わぬ儲けを手にすることになる。すなわち彼らは、以前よりも高い価値を持つ総合報酬パッケージを手にすることになるからである（以前の市場均衡点での総合報酬パッケージは、一日10時間労働に基づく）。企業は余暇を高く評価しない労働者をも惹きつけなければならないから、賃金をまるまる20％削減してしまうことはできない。賃金20％削減ができないのであれば、企業は、(1)雇用する労働時間量を削減する、(2)時間あたり賃金を上げる、の両方のやり方を取るだろう。

---

[42] Saxonhouse（1997: 297）は、8時間交代制への移行は、従業員の士気と集中力を向上させるから、労働者にも雇用者にも利益をもたらすという議論を紹介している。もしそれが事実であれば、なぜ誰かが労働時間短縮を法制化しなければならなかったのかという問題がはっきりしなくなってしまう。

[43] ここには、多くの労働者が、ある期間、自宅を離れるか婚期を遅らせるかのいずれかを望むのは、当該期間中にそれに見合うだけの十分な収入が得られる場合のみであった、という前提が置かれている。もし法律の作用により、それだけの収入を得ることが妨げられたならば、労働者は実家（または、両親の仕事場）にとどまるか、結婚することを選択したであろう。

第10章　綿業をめぐる政治

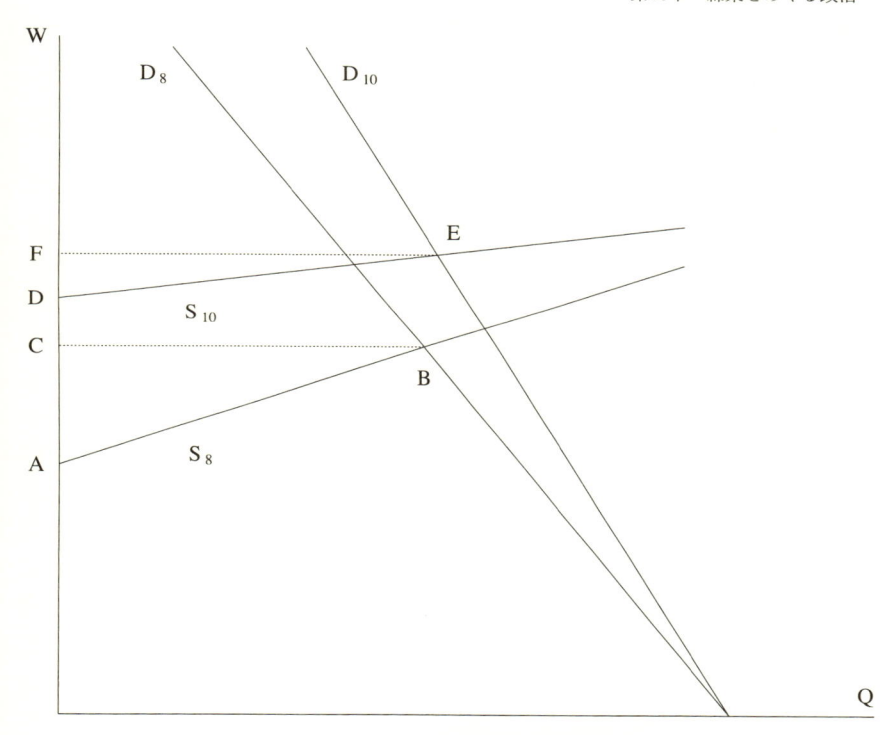

図10.1. 一日10時間および8時間労働の下での需要と供給

　図10.1は、この論理を図示したものである。横軸には産業内労働者数 Q を、縦軸には日給 W を取る。D_{10} は一日10時間労働での、産業の労働需要曲線を示し、D_8 は一日8時間労働での、同曲線を示す。単純化のため、一日10時間労働は効率性を増加させないものとする。したがって、どの Q に対しても、D_8 は D_{10} の、8／10の W を提供する。S_{10} は、一日10時間労働での労働供給曲線を、S_8 は一日8時間労働での同曲線を示す。

　S_8 の上昇勾配が S_{10} のそれよりも高いことに注意しよう。これは、二つの仮定から導かれる。第一に（自明のことだが）、2時間の余分の余暇時間を他の労働者より高く評価する労働者が存在すると仮定する。そのような評価を下す労働者は、1日8時間労働での職を以前よりも低い賃金率でも受け入れるだろう。第二に（こちらの方は、必ずしも自明とはいえないが）、余暇価値の評価を最低

5. 工場法

水準に置く労働者は、条件が悪化すれば仕事を辞めてしまう可能性が極めて高い（留保賃金がもっとも高い労働者）とする[44]。逆にいえば、余暇の価値に最高の評価を与えている労働者は、新たな一日8時間労働制にもっとも満足しているのであり、辞めてしまう可能性がもっとも低い。図では、S_8 と S_{10} の差は、それぞれの労働者が追加の2時間の余暇から得る効用の価値を表している。

労働者が夜業禁止から得る潜在的な利益は、図10.1においては、労働者生産者余剰として表される。一日10時間労働の下では、労働者は範囲 DEF に等しい生産者余剰を得る。一日8時間労働の下では、労働者が得る生産者余剰は、範囲 ABC である。図10.1の背景にある仮定に基づくならば、ABC は DEF よりも大きい。すなわち、その法律は労働者の厚生水準を高める。重要なのは、夜業禁止の法律が労働者の厚生を必ず上昇させるというところにあるわけではない。ABC と DEF の相対的な大きさが、産業における需要弾力性および S_8 と S_{10} の相対的な勾配に依存しているのは極めて明白である[45]。ポイントは単純であって、比較的現実にありそうな仮定の下では、夜業禁止は労働者の厚生を高めるであろうということである。

② 仮説を支持する根拠

日本の綿紡績産業のデータは、この議論に合致している。夜業禁止が施行されたのは、1929年である。1928年には、紡績業の平均操業時間は、一日19.31時間であり、被用者の平均労働時間は一日9.66時間であった。1930年には、この数字はそれぞれ、15.90時間と7.95時間に低下している。また1930年から37年の期間、被用者の平均労働時間は8.2時間を超えなかった。事実上、この法律の導入によって、労働時間を18％低下させたのである。

日給もまた低下したが、18％まるまる下がったわけではなかった。表10.7によれば、1934年から1936年を基準とする女子綿紡績労働者の日給は、1928年から1930年にかけて2％下落し、1.13円から1.11円になった。1928年に比べて18％低下したのは、ようやく1932年になってからである。時間あたり賃金で見ると、1928年から1930年に、紡績業の賃金は19％上昇した。それが1928年水準に

---

[44] これは S_{10} が極めて弾力的だということから導かれる。供給曲線がこのように弾力的であるならば、労働者間の違いをもたらすものは余暇への選好だけである。

[45] 時間外労働についてはつぎのように考えられる。8時間交代制の職場にいる、余暇に極めて強い選好を持つ労働者は、そうした収益機会を利用しないであろうし、余暇にそれほど強い選好を持たない労働者は、規制外の10時間労働の職場に移ることになるだろう。

第10章 綿業をめぐる政治

表10.7. 工場法下での平均労働時間、賃金（1934-1936価格）、労働日数

	綿紡績業				
	労働時間	日給(円)	時給(円)	労働日数	農業日給(円)
1926	9.68	1.04	.107	320	.43
1927	9.63	1.08	.112	315	.45
1928	9.66	1.13	.117	312	.39
1929	8.90	1.11	.125	326	.45
1930	7.95	1.11	.140	314	.42
1931	7.99	1.07	.134	312	.34
1932	8.15	.91	.112	308	.34
1933	8.20	.82	.100	314	.34
1934	8.20	.79	.096	319	.32
1935	8.19	.74	.090	314	.31

出典：藤野正三郎＝藤野志朗＝小野旭『長期経済統計　繊維工業』(1979: 27, 273-277)、大川一司＝野田孜＝高松信清＝山田三郎＝熊崎実＝塩野谷祐一＝南亮進『長期経済統計　物価』(1967: 134-136)、進藤竹次郎『日本綿業労働論　参考統計表』(1958: 356-359)、梅村又次＝山田三郎＝速水佑次郎＝高松信清＝熊崎実『長期経済統計　農林業』(1966: 221) のデータに基づき算出。

戻るのは、1932年になってからである。他の職場と比べて繊維産業は労働者には極めて魅力的であった。表の最後の列は、年期契約での女子農業労働者の平均賃金を示すが、世界不況の影響を強烈に受けていることが分かる。繊維労働者のほとんどは、農村出身であった。1,926円には、平均的な女子紡績労働者は、農業労働に比べて2.41倍の年収を得ていた。1932年には、この数字は農業労働の2.67倍にもなった。

さらに二つの可能性について検討しておこう。第一に、紡績企業は労働時間の低下と同じ割合で日給を切り下げ、労働日数を増やすことで対応したと考える立場がある（生 1930 14; Pearse 1929: 14）。もちろん、この戦略が有効なのは、労働者が週末の自由時間と夜の自由時間との間に何ら違いを見いださない場合だけである。実際は、一般的にそのようなことはなく、長期的に日本企業がこうした戦略を採用したことはなかった（表10.7）。

第二に、企業は夜業禁止に対して、女子労働者の時間あたりの期待労働量を増大させることで対応したと考える立場もある（北岡 1929: 344-345; 社会局労働部編 1931: 16; Takamura 1989）。時間あたりの生産性は確かに上昇した。しかし、これは、紡績技術が着実に進歩したことで、長期的に生産性が上昇したことにその原因がある。単位労働時間あたりの生産性は、1922年から1924年に36％、1924から1926年に2％、1926から1928年に22％、1928から1930年に32％、1930

5. 工場法

から1932年に28％上昇した（進藤 1958: 356-359）。

③ 政治

　夜業を禁止することによって、繊維企業からその時の繊維労働者への富の再分配が起こったことが明らかであれば、選挙をめぐる政治が関係していると考えるべきだろう。1923年の時点で、政治家は、(1)普通選挙権がまもなく法制化されること、(2)潜在的な繊維労働者は、これまでのどの政治体制においても一貫した政治勢力になっていなかったこと、(3)普通選挙権の下では、当時の繊維労働者（その収入は、少なくとも選挙権を持つ者が一人はいるはずの家計に納められた）の富の増大は、彼らにとって都合のよい政策であること、を知っていた[46]。普通選挙制度で再分配政策がもたらす選挙でのメリットを考えれば、かつて夜業禁止に反対した政治家も、その立場を再検討すべき状況に置かれたのである。

　だが、明治憲法下の法律は、その施行のための勅令の発布を待って、初めて効力を持つことになっていた。1923年工場法の場合、夜業禁止は法律の施行後3年を経て発効することになっていた。その結果、議会で敗れた織布企業は、天皇へのアクセスをコントロールしていた（政党政治家でない）人々にロビー活動を行ったのである。

　禁止に頑強に抵抗する紡績企業はまさにこれを行った（Hunter 1989）。法律は1923年に成立していたが、施行勅令は1926年まで出されなかった。その時点では既に無産階級の家庭も選挙権を得ていたのである。議員は、もはや貧困層に直接責任を負うようになっていた。議員以外の公職者も、政策遂行に当たって議員と取り引きしなければならないということになると、紡績企業の請願に答えることを躊躇するようになった。結果として、政治指導者は、貧困層の要求に多様な、しかし完全に予測可能なやり方で対応することを示した。直接選挙される指導者は、選挙によらない指導者よりも対応が早い。だが、時間が経つにつれて、両者とも次第に対応の程度を高めていったのである。

---

[46] 選挙権を持っていたのは25歳以上の男子だけである。この点を明らかにするため、世帯主である男性は自分の子どもに対しては利他的態度を取り、子どもの効用を増やそうとするものと仮定する。すると女子労働者の効用が増加すれば、世帯主の効用も同様に増加する。この点は合理的選択理論が伝統的に当然視していたところである。Becker（1991: chap. 8）を参照。ほとんどの女子紡績労働者は会社の寮に住んでいたから、労働時間短縮は家庭で過ごす時間の増加にはつながらなかったであろう。

6. 結論

　20世紀最初の20年ほどの間、綿産業は奇妙な規制戦略に耐えてきた。第一に、5万社の綿織物企業が存在していたにもかかわらず、政府は同産業に法定カルテルを組織する権利を与えた。第二に紡績企業は、産業内では生産能力の制限を全く維持できなかったのに、政府はこれら企業にもカルテル法を与えた。第三に、紡績企業は設備を常時稼働させることを望んでおり、女子貧困層の一部も夜業で収入を得ることを望んでいたにもかかわらず、政府は女子が自発的に夜業につくことを企業に対して禁じたのである。

　これらの奇妙な事柄の理由は、産業技術やカルテルの経済性にあるのではない。むしろその理由は、政治過程の構造にあった。すなわち、寡頭指導者が19世紀後半に定着させた、体制転換のダイナミックスである。第一に、政権を担当していた憲政会は同一選挙区に複数の候補者を立て、そのために支持者層を分割する上で有利になるように、織布部門を組織化した。憲政会が議会を支配できるのは、ほとんどの選挙区に複数の候補者を擁立する場合に限られていたからである。そのため憲政会は選挙区内で支持者を分割する必要があった。同業者団体は、この目的に適うものであった。

　結果として、確かに憲政会は織布企業による同業者団体の形成を促進したが、それは独占収益をあげさせるためではなかった（5万社の企業がいるような産業では、政府の支援の有無に関わりなく、独占収益を得ることはできない）。憲政会は、むしろ利益誘導（補助金と融資）を行うために組合を利用したのであり、そうすることで自党の個人候補者ごとに支持者集団を形成し、この集団を操作して得票を分割し、選挙における勝利の可能性を増大させたのである。

　第二に、1931年に政府は紡績企業にカルテル法を与えたが、これはまもなく国を動かすことになる軍部の指導者を喜ばせるためだった。戦前期を通じて、三井財閥と三菱財閥は、二大政党のいずれかと密接なつながりを持ってきた。紡績業が生産を削減し、独占収益を獲得するような事態になっていたら、三井は大損失を被っていたであろう。おそらく三井の持つ政治力のために、1920年代の紡績業は独占レントを獲得しようと試みることすらできなかったのである。

　1931年には、軍部がまもなく政府の主導権を掌握するだろうという見方が大勢となっていた。1931年に官僚が紡績業のカルテル法案を作成した際、官僚は

6. 結論

この法案を業界からの要求に応じて作成したのではなかったのである。官僚が作成した法案は、軍部が望んだものであった。1930年代には、軍部は次第に経済への統制を強め、1931年のカルテル法は、軍事化の基盤の一部をなしたのである。

1929年の夜業禁止は、1925年の選挙権拡大を反映したものである。日本の禁止立法は大企業から小企業に富を移転するようなことはなかった点で、1833年のイギリス工場法とは異なっていた。また新規移民から富を奪うような効果もなかったという点で、世紀の変わり目に成立したアメリカの保護立法とも異なっていた。それが当時の繊維労働者の厚生を引き上げたことは、明白である。

夜業禁止によって、法律は雇用者に対して約20％の労働時間の削減を強制した。これを通じて、法律によって労働者は一日2時間の追加の余暇時間を得た。だが企業の側は、余暇が確保されたことに特別の価値を見い出さない労働者を引きつけるため、賃金を20％まるまる切り下げるわけにはいかなかった。企業がそのような賃下げを行わなかったことにより、労働者は、以前と同等レベルの日給を維持しつつ、追加的な2時間の余暇時間を得ることができた。これにより労働者は、時給あたりで高い実質賃金を得ることになったが、このことを通じて政党は、新たに選挙権を獲得した家庭の厚生を引き上げたのである。

＃第11章　結論：制度と政治的コントロール

1. はじめに

　権力を追求する政治的企業家は、徳川体制を打倒し、地位を獲得するまではお互いに協力した。しかし、新政府で有利な地位を得ようと画策しているうちに、結局のところその権力を政党政治家に奪われてしまうことになった。その後程なくして、寡頭支配体制が経験したのと同様、生まれて間もない日本の民主政治体制も辛酸をなめることとなった。軍部が権力を奪取したわけだが、これは政治家が間抜けだったからでも、日本の民衆が民主制を受け入れるに未熟だったからでもない。責任は（たとえば軍部の独立性などの）制度構造を作り上げた寡頭指導者にある。この制度は、特定の寡頭指導者の自己保身のために作られたものであった。制度は確かにその目的のためには役立った。しかし結局は、それが日本における政党政治の最初の実験を潰すことになったのである。

　本書においてわれわれは、二つの主張を展開している。第一は、戦前日本における諸制度は、もともと軍部を守ることを目的としたものではなかったにもかかわらず、軍部以外に対して機能不全を起こしてしまったという点である。寡頭指導者は、自らの目的を実現するための道具として制度を構築した。しかしいったん確立した制度は、寡頭指導者自身の行動を制約することになったし、その後を継いだ政党政治家の選択についても同様であった。制度を変更することには費用がかかり、戦前日本でもそうであった。日本の場合、明治憲法とこれに付随した意思決定過程が、日本の民衆にとってまさに破滅的な事態をもたらす一連の出来事への扉を開いたのであった。

　制度の機能不全という第一の命題は、日本史の教科書に欠落しているが、それは歴史家がこれに異論を唱えていたからではなく、歴史家が当たり前のこと

1. はじめに

と見なしてきた場合がほとんどだったからである。われわれの見解が分かれるのは、(明らかに一部の)社会科学者に対してである。これらの社会科学者たちは、政治市場というものは、選挙の行われない政治体制においてさえも効率的なものと仮定している[1]。この議論を極端に取れば、制度は十分に柔軟で、社会からの需要と制度による供給との間に不均衡が生じれば、政治的企業家はこれにつけ込んで権力を握る者が社会の需要に応えるようになるか、さもなければ挑戦者にその座を明け渡すようになるか、だというのである。これに対してわれわれは、制度は競争を阻害し、政治行動をねじ曲げるものであると考える。制度というものは確かにある種の問題を解決するものではあるが、同時に集合行為問題を生み出すものである。したがって、制度が一般民衆の利益にならないだけでなく、現に権力を握る者やこれから権力を握ろうとする者に対しても不利益をもたらす可能性もあるのである。

われわれの第二の命題は、官僚は通常考えられている程には自律的で影響力を持つ存在ではなかったというものである(ここでわれわれは多少の動揺を覚えつつも、日本研究の聖域に足を踏み入れたことになる)。われわれの見解が正しければ、日本は従来の用語が意味するような「強い国家」ではなかったことになる[2]。したがって、われわれは日本を「後発開発国家」と見る立場を含め、「強い国家」仮説に基づく一連の通説を疑問視する。

この最終章では、これら二つの命題に一層の検討を加えることにより、本書全体を要約する。第2節では、制度の変化に関する様々な理論に注目することを通じて、戦前の日本政治を検証する。寡頭指導者たちは最初の時点でなぜ特定の制度を選択したのか、またその制度はなぜ制度を作り上げた寡頭指導者自身の利益をもないがしろにして存続したのか、という問題を総括する。ともすれば日本の無謀な軍事的冒険は、複雑な要因が絡み合ったものとされるが、結局のところ制度的惰性こそがこれを理解するための手がかりを与えるのである。

第3節では、官僚優越論に対して、プリンシパル=エイジェント理論の文脈

---

[1] ここで(そして一般的に)効率性とはパレート的な意味においてである。あるアクターの選好を改善するためには、別のアクターの選好を犠牲にせざるを得ないような場合、その制度を効率的であると考える。

[2] 多くの政治学文献に出てくる「強い国家」説は、官僚制が孤立しているとはいえないまでも、社会的圧力から隔離されているような政府のことをいう。たとえば、Katzenstein (1978)、Zysman (1983) を参照。

から、官僚が隷従的な立場にあったとの反証命題を検討する。また、官僚の独立性を司法官や軍人の独立性と比較して、その相違を説明する。最後に、官僚が従属していることの含意を、政治と経済発展の関係において考察する。

2. 効率的な制度という神話

　本書のはじめの方の数章では、最終的に明治憲法草案を生み出すことにつながる寡頭指導者の戦略的相互作用を詳述した。この憲法の内容はリベラルとはいえないものであった。選挙による競争を認める反面、参加と政治責任については極めて厳しく制限していたからである。一方、憲法は非寡頭指導者に対して、寡頭指導者が当初考えていた以上の権力を与えた。寡頭指導者間の協力がうまく行かなかったために、そうした結果になってしまったのである。寡頭指導者が極めて異質でお互いに信頼関係を築くことができなかったことを考慮すれば、憲法が作り上げた政府の構造は、彼らが望みうる最善のものであったといえるかもしれない。しかし結局彼らは、権力を集団として独占し続けることは全くできなかったのである。

　寡頭指導者にとって、軍部の独立性を保障することは相互裏切り問題への解決策としては、せいぜい次善の策というところであった。よりカリスマ性を持つ寡頭指導者が大衆に訴えることによって地位を奪おうとする可能性を認識していたため、他の寡頭指導者（特に山県有朋）は軍部が大衆に対して責任を負うことがないように予防線を張った。法律や勅令に秘められた、血生臭い手詰まり状態こそが、結果的に軍部によるクーデターへの道を開くことになったのである。

　寡頭指導者内部の対立については、より好ましい解決策を考えることもできた。たとえば彼らは、集団として軍部を操作することにより、政治支配を行う抑圧的な戦略に合意できたかもしれない。大衆への迎合と抑圧策を計算ずくで組み合わせることで、抑圧を行いながらその費用を押さえるやり方もあったであろう。そうしながらも、自分の地位を維持する上でできるだけ安あがりな方法を見極めるために、アメとムチの使い分けを注意深く見極めることもできたであろう。しかし、これまで指摘してきたように、一部の寡頭指導者は軍に対して、より大きな影響力を持っていた。これらの寡頭指導者は、彼らがその影響力を濫用しないことを他の寡頭指導者に信じさせることができなかった。そ

2. 効率的な制度という神話

こで、彼らは寡頭指導者相互で協力する選択肢を放棄して、軍部と大衆の双方に対して、寡頭指導者全体として望ましいレベルに比べ、より大きな譲歩を行わざるを得なかったのである。

実際、寡頭指導者は、明治憲法において寡頭指導者同士の対立を制度化していた。彼らは枢密院、貴族院、衆議院、軍部など複数の集団に対して権限を与え、それ以外の集団の意思決定への参加を阻害した。その後の政治的混乱と寡頭指導者間の対立から判断すると、こうした意思決定中枢の多元性は、寡頭指導者にとって効率的な解決策とはいえないものであった。結果的に軍部によるクーデターが勃発したことから考えると、こうした解決策は日本の民衆全体の利益に対しては、さらに多くの悪影響をおよぼしたといえる。

2.1. 制度はどこからきたか

制度がなぜ発生し、どのように進化するかを説明する一つの考え方は、ある種の調整問題や集合行為問題を解決するために、社会が制度を必要としているというものである。その中でもっとも楽観的な見方は、制度は全体として社会の選好を鏡のように映し出すというものである。たとえば社会学者のA・スティンチコムは、つぎのように述べている。「[たとえば]小さな子どもの、ないしは科学的創造性による長期的利益を最大化する微妙で合理的なやり方が勝ち残るであろう。その理由は、長期的には理性に基づく原理が制度化されるからである。また人間は、その架空の子どもの合理性や、科学の発展による架空の効用関数を発達させるように、その合理的能力を使い続けるからである[3]」。

第二の議論は、経済学に由来するが、制度を社会的選好の反映と見なす考え方の一つで、同様に楽観的なものである。こうした考え方はおそらくR・コース（Coase 1937, 1960）に始まったものであり、組織の枠組みが、（主として企業内、企業間における）契約の交渉と実施の費用にどのような影響を与えるかについての研究は、経済学の重要な立場のひとつとなってきた。市場における不確実性と機会主義を考慮すると、垂直統合のような所有形態は、取引の全参加者により大きな報酬をもたらす可能性がある。もっとも効率的な形で企業組織が発生

---

[3] Stinchcombe (1990: 307) は社会学者の中では例外的に「理性 (rational faculties)」の役割を強調しているものの、その議論の骨子は、社会学において長年にわたって育まれてきた制度観に基づいている。たとえば、Polanyi (1947) は、大戦後の福祉国家の勃興は、「束縛なき資本主義の猛威」から自らを守ろうとする社会の要求に応じたものであると論じた。

第11章 結論:制度と政治的コントロール

し、存続する傾向にあるのは、それが市場競争に生き残る確率がもっとも高いからである。

近年、こうした取引費用経済学の成果により、これに匹敵する政治制度の経済学が生み出されてきた。この分野のある研究者は、政治市場が効率的な政治制度の形成を促進する、すなわち制度は全員の状態を改善するという議論をしている。確かに競争的な選挙制度は、政治的企業家に対してこうした政治制度を採用させる強いインセンティブを与える。しかし、Y・バーゼルは、政治家がほとんど競争にさらされずとも効率的な政治制度ができる場合があると述べている。バーゼルによれば、利己的な独裁者でさえ、実質的な権力を立法府に委ねる動機を持つ。独裁者が投資家に、投資を接収しない保障を信じてもらうには、そうするしかないのである。こうして民間投資家が富をより大きくしようとするインセンティブを高めてやることで、独裁者は歳入の基盤を強化し、自らの取り分を増やすことができるのである[4]。

しかし、思い起こされるべきは、日本の寡頭指導者が純粋な三権分立のシステムを創り出せなかったことである。むしろ明治憲法は、誰が天皇をコントロールするのかという問題を曖昧なままにしたことに見られるように、最高機関の輪郭をぼかしたままにしていたのである。その結果、戦前日本の制度は、在職期間と富を最大化しようとする政治家の視点からも、政治責任と恣意的な資産没収に対する自由を望む民衆の視点からも、効率的なものではなかったのである。

効率性の議論に対する重要な注意点として、政治家が民衆全体に大きな譲歩を行う前に、強制力を使って富と地位の安全を確保する可能性も指摘される[5]。これは特に、政府が潜在的侵略者との生存を賭けた競争に、一定限度の範囲で

---

[4] さらに、Levi (1988)、North (1981, 1988) を参照。North and Weingast (1989) によれば、イギリスが百年戦争でフランスに打ち勝つ上で必要な歳入源を確保できたのは、王が議会に対して正真正銘の拒否権を与えたからだと述べている。

[5] この見方はマルクスと同じくらい歴史があるが、最近の成果としては、たとえば、Bates (1981, 1988)、Roemer (1986)、Levi (1990)、Knight (1992)、Calvert (1992) を参照。これらの論者によれば、政治的企業家は、理由の如何を問わず大衆が直面する集合行為の費用を、常に十分に提供することはできないと主張する。したがって集合行為の費用は、政治的市場における参入障壁として機能するのである。この議論の基底的な前提な前提に注意。すなわち、競争を制限し、代表されざるものを代表しようという衝動を抑圧するルールは、変更が困難なのである。後にこの点についてもう一度触れる。

2. 効率的な制度という神話

さらされている場合、つまりほとんどの時期のほとんどの国に当てはまる。たとえばD・ノース（North 1990: 7）は、利己的な支配者は、非効率な所有権を永続化することもあるし、実際にそうしていると指摘している。

戦前の日本の事例は、制度に対する理解をさらに深めるために役立つ。すなわち特定の状況下では、指導者自身も大衆に対して効果的に団結できない場合がある。われわれはカルテル理論に基づき、明治期の指導者がそれぞれ異なる手腕を持つ（一部は軍部とつながり、一部は大衆に人気があった）者の集団であったために、集団的には不都合を生み出したと結論づけた。彼らはそれぞれ異質な手腕を持っていたがゆえに、自らの地位をどのように確保するかという問題に関して異なる選好を持っていたし、そのためお互いを騙そうとする強い動機を持つことになった。決定的だったのは、彼らはそれぞれ異なる専門的技術を持ち、異なる分野で活動していたので、互いに気づかれずに相手を騙すことが容易なことであった[6]。

日本の大衆にとっては不幸なことに、指導者間の対立は権力の立法府への移譲につながらなかった。指導者は次善の戦略を取るにあたって、軍部を隔離する手段を取り、民衆によるコントロールを排除するようにハードウェアを設計した。1920年代までに、政治の民衆に対する責任がより拡大する方向がはっきりしていたにもかかわらず、軍部は潜在的な力を手放そうとはしなかった。軍が自らの将来に関して拒否権を手にしてからは、軍に特権を放棄させるための手段はもはや反軍クーデターしかなかったであろう。そして軍が内部対立を処理する能力を持っていたことを考えれば、そうした反軍クーデターが成功したためしがなかったのは当然であった。

明治期の寡頭指導者が採用した政治制度は、様々な次善の策の組み合わせと考えれば理解しやすい。これまで述べてきたように、大衆の支持に基盤を置く同僚からの関与を排除するために、寡頭指導者は軍部の独立を確立した。理想をいえば、寡頭指導者も軍部の従属を望んでいたであろう。それができなかっ

---

[6] 不安定なカルテルの第三の特徴、すなわち高い需要は、国家間ないしは異時点間の比較にはあまり有益ではないように思われる。政治的責任に対する人々の願望が国ごとに違わなければならない根拠や、その程度についてわれわれはよく理解できないでいる。S・ローマン（Lohmann 1994）がいうように、大衆暴動がひとたび発生した場合に、政府側が武力を行使して抑圧してくる確率に関する情報は国によって大きく異なるであろう。もしそうであるなら、大衆暴動において危害を受ける確率を割り引いて考える人々は、政治的変化をより強く要求することになると考えられる。

第11章 結論：制度と政治的コントロール

たということは、彼らの対立がいかに強かったかを示すものといえよう。

　寡頭指導者は、彼ら自身とその直属の子分を制度的に監視するために、枢密院を設置した。しかし寡頭指導者の考え方が一致しなかったことの帰結として、枢密院の権限に関する規定は曖昧であった。振り返ってみれば、枢密顧問官が効果的に力を発揮し得たのは、天皇に一致した助言を提供できる程度に、彼らが団結できた場合に限られていたといえよう。

　大衆による選挙で選ばれる衆議院は、政府を管理しようとする寡頭指導者の意図にもっとも反した制度であった。問題を煽り立てるような大衆を自らの上に頂くことを望む寡頭政治体制など存在しなかったはずである。しかし、寡頭指導者の一部は既に政党を組織しており、カリスマ性において劣る寡頭指導者の一部は、手にしていた権力を維持するために譲歩を余儀なくされた。こうした寡頭指導者たちは、権力を奪おうとする者が完全に彼らのいうことを聞かなくなってしまうよりは、問題児を制度的に制約しておく方がまだましだと考えたのである。

　現状打破の傾向を持つ衆議院とのバランスを取るために、寡頭指導者は貴族院を保守化しようとした。寡頭指導者は、その貴族院の議員選出に際して、寡頭指導者ごとに派閥を系列化して、互いに対抗させ、貴族院そのものの力をもうまく削いだのである。

　明治期のすべての制度の中でも、選挙制度は寡頭指導者の意図がもっとも巧みに実現したもののひとつであろう。寡頭指導者は、団結して行動することはできなかったが、少なくとも反対派を分裂させようとし、どうにか成功した。寡頭指導者は、1900年選挙法において、複数人区単記非移譲式投票制度を採用し、これを通じて政党政治家が同じ政党の候補者と争わざるを得ないようにした。その結果、戦前のほとんど（全部ではないが）の期間、政党の執行部は党の規律を維持することが非常に難しくなった。また他党と明確に識別できるような選挙綱領を定めることは、より一層困難な仕事になったのである。

　この代わりに政党は、第4章で述べたように、組織された有権者に私的財を提供するという手段を使わざるを得なくなった。政党による地元への利益誘導が必然化されたために、結局有権者は選挙というサーカスに失望することになった。寡頭指導者が国内政治から権力を目指す者を排除しようとすれば、これ以上の方法は簡単には見つからなかったであろう。

2. 効率的な制度という神話

2.2. 制度はいつ問題になるのか

これまでの議論では制度的惰性が存在することを仮定してきた。しかし制度が維持されるために必要な条件とは何かが、より興味深い問題だと考える者もいるであろう。これまでの議論とは逆に、特定の個人や集団がどのような場合に制度を変えようとするのかという問題を考えてみよう[7]。

戦前日本の制度に関するこれまでの分析で明らかになったことは、制度はそれを作り出した諸勢力にとって有益かどうかという次元を超えて生き延びるということである。さらにいえば、それが誰であろうと、特定の勢力にとって有益であるかどうかとは関係なく、制度は生き延びるのである。明治憲法の改正に必要な手続き上のハードルは極めて高く、1945年以前にはどの集団も単独では憲法改正を行う力を持っていなかった。日本の民衆は憲法改正によって利益を得たであろうが、彼らも憲法を変える力を持たなかったのである。

寡頭指導者がデザインした制度機構において、最終的に最強の地位を獲得したのは軍部であった。明治憲法によって運命づけられたゲームのルールは、どのような資源が重要であるかを決定づけた。軍はもっとも重要な資産を有していた。すなわち、天皇に対する二重のアクセスである。カリスマ性は二次的な重要性しか持たず、憲法によって、カリスマ性の意味は議会の権力と同様に限定されたものになっていたのである。

一般に憲法改正が困難な作業であることは誰もが知っている。典型的な憲法修正手続きは、明治憲法でもそうだったが、特別多数決と様々な他の手段によるチェックの組み合わせである。しかしこれまで見てきたように、戦前の政党にとっては、単なる成文法であった選挙法の改正さえも困難なことであった。おそらく寡頭指導者は選挙結果を正確に予測できなかったために、選挙ルールの選択を事後的に変更できるようにしておこうと望んだであろう。にもかかわらず、いったん政党が立法過程をコントロールするようになってからは、政党

---

[7] 政治的均衡（関係するアクターが現状を支持している状態）と構造派生均衡（既存の制度がアクターの利害とは無関係に作用し、時には食い違いを見せる状態）とを区別せずに「経路依存」を引き合いに出す論者もいる。政治的均衡状態を「経路依存性」と見なすべきではない。なぜならば、基底的な利害が変化したときに「経路」がどのように変化するのか、その均衡状態を見るだけでは何らの手がかりをも得られないからである。よって、われわれの関心はもっぱら構造派生均衡の概念にのみ向けられているのである。たとえば、Shepsle and Weingast (1981) を参照。

第11章　結論：制度と政治的コントロール

はなぜ政党内部の団結と政策志向を強化するシステムを作り出すように選挙ルールを改正しなかったのであろうか。

　寡頭指導者にとってお互いに協力することが困難であったのと同じように、政党も、いったん寡頭指導者の選んだルールにしたがって組織されてしまった後は、もはや協力することが困難になってしまったのである。各党の議員は単記非移譲式投票制度でその地位を手にした。そうなるとこれ以外の選挙制度で彼らが再選するために必要な資質を備えているという保障はなかった。現行制度が政党運動全体にとって不幸な結果をもたらすものであったとしても、選挙の仕組みというものは、すべて現行制度に対する強固な支持を生み出すのである。第4章で描いたように、山県が死去した数年後の1925年には、政党自身が複数人区での単記非移譲式投票制度を選択したのである。これは構造派生均衡 (structure-induced equilibrium) の典型例である。現行のルールは、議員が新たなルールを選択する際の選好関数を形作るのである。

2.3. どの制度が、いつ存在したのか

　政治史の展開を考える場合、仮説的には複数の制度的均衡が実現する可能性がある。第一に、政治的企業家が社会全体の利益を忠実に反映するような制度を創り出す場合が考えられる。しかし、このためには、最初の時点で制度が競争を保障しているか、制度を変えることができない場合には、少なくともそれが競争を阻害してはならないという条件が付く。残念ながら、戦前日本はそうした条件に恵まれていなかった。

　第二に、制度が社会に対しては非効率的に作用するが、特定の小集団が権力を保持する上で役立つ場合が考えられる。小集団のメンバーが似通った政治的特性を持っていた場合、彼らは権力を維持するために似通った計画を立てることにつながりやすい。さらに彼らの利害や活動は共通してくるため、お互いを監視することも比較的容易になってくる。このシナリオは、いったん自ら権力の座にのし上がった軍部主導政権を含め、ある種の一般的な軍事政権の特徴をよく捉えているが、明治期の寡頭指導者に当てはまるものではない。

　戦前期の日本の状況は、第三のシナリオになる。すなわち制度的均衡はあらゆる勢力にとって非効率的なものとなったが、既に述べたように軍部はその例外であった。寡頭指導者は、内部の対立を解決できなかったため、議会にも軍部にも譲歩せざるを得なかった。軍部に対する寡頭指導者の譲歩はより大なも

のとなったが、それは山県が、大隈や板垣よりも、交渉において強い立場に立っていたからである。このことがその後の半世紀にわたって、日本史の基本路線を定めることになったのである。

3． 官僚の自律性という神話

　本書でもっとも論議を呼びそうな主張は経験的なもので、それは戦前期の官僚が自律的であったことなどなかったという主張である。実際のところ官僚には複数の監督者がおり、その監督者同士を対立させることで利益を得ることもできなかった。従来の常識は、政治家が官僚の地位を奪うことは困難であり、その官僚が法律の大部分を起草していたからこそ、重要な政策決定を行っていたのは官僚であったとするものであった。われわれはこの常識が、誤った証拠に基づくものであると考える。

3.1. 官僚の従属性

　ここでは、プリンシパル＝エイジェント理論に基づいて、官僚の影響力を測るための正しい証拠と誤った証拠を区別する。この議論を見れば、本人が代理人の行為を誘導する際に用いるインセンティブの仕組みと監視手段に注意しなければならないことが分かる。多くの場合、忠実な官僚の行為は見かけ上、怠業に等しく見えるかもしれない。この両者の違いを識別できてはじめて、委任（代理人が本人の利益に忠実に奉仕している場合）と代理人の怠慢（代理人が忠実に奉仕していない場合）を峻別することができるのである。

　官僚が寡頭指導者の意思を拒否できたとか、拒否しようとしたといった主張をしている者はいない。明治憲法制定以前には、寡頭指導者は軍部や初期の司法システムはもちろん、公的サービス全般に対して、完全な専制的権力を手中にしていた。むしろ官僚の手先だといわれてきたのは、政党政治家だった。政党政治家はその絶頂期であった1920年代においてすら、官僚の手先だとされてきたのである。

　確かに寡頭指導者は、政治家が恣意的に官僚の地位を奪うことができないような勅令（文官任用令）を制定した。この勅令は、強力な動機づけ手段ではあったが、内閣が選択的に官僚を昇進させる権限を排除したものではなかった。第5章で論じたように、政党政治家にはそれが可能だったし、実際にそうした。

第11章　結論：制度と政治的コントロール

多くの野心ある官僚はこのことを認識していたから、もっとも強大な権力を持つ政党に協力した。そうしなければ、官僚は高い地位に昇進する可能性を失うことになったのである。

　政策決定の状況から、官僚が実際に政治家の意向に沿った政策を実施していた根拠を、事例研究の各章で示した。もちろん証拠の評価にあたっては、官僚が政治家の意思とは関係なく、そうした政策を実施しようとした可能性を考慮しなければならない。しかし多数党が交代し、内閣を構成する政党の顔ぶれが代わった際に政策が劇的に変化したという事実に照らして考えれば、こうした可能性は極めて低いといえよう。

① 金融の政治

　大蔵省の官僚はその考え方を頻繁に変えたか、でなければ政権党の交代に応じてその利益となるように政策を変化させたか、という二つの可能性がある。もし前者が正しければ、内閣の交代と官僚の政策変更が密接に対応していたことは、実に奇妙なことだといわざるを得ない。第6章で述べたように、本人（政党）が代理人（官僚）に自党の政策を実施させることができたと考えるのがより簡潔な見方である。

　寡頭指導者の支配下では、大蔵省は金融市場の確立を推進することができなかった。1927年に大蔵官僚が起草した法案を通過させたのは憲政会内閣と憲政会が支配する議会であった。この法案は政友会を支持していた数百におよぶ弱小銀行を淘汰した。その後政友会は、鈴木商店、台湾銀行、そして憲政会という三者間のもたれ合いの構図を暴露した。しかし、それは全国規模の金融恐慌の引き金になる危険性を冒したものであった。

　一部の研究者は、為替政策は政党政治の対象となるにはあまりにも難解過ぎると主張しているが、実際には政党にとっては為替政策も駆け引きの道具となっていた。各党を支持するそれぞれの財界勢力の利益を反映して、政友会は金本位制を離脱し、憲政会は金本位制に復帰し、さらに政友会は再度金本位制から離脱したのである。財界勢力の利益の違いは政策の違いに反映し、政界におけるそれぞれのパトロンはそうした政策を積極的に実施し、またそれが可能な立場にあったのである。

　第4章で論じたように、この時期の選挙システムにおいては、議会で多数派を目指す政党は、得票を自党の複数の候補者の間でうまく分割しなければならない。そのため選挙運動は金のかかるものとなり、各党は政治資金の獲得に対

3. 官僚の自律性という神話

して極めて貪欲だったようである。政党は政策における利益供与と引き替えに、組織された集団から資金を調達した。金融規制はその単なる一例に過ぎない。

② 綿業の政治

第10章で見たように、繊維産業規制においても基本的な構造は同じである。憲政会は1920年代に政府補助金の受け皿となるよう、織布業界の組織化を推進した。憲政会主導の政府がこの組織を作り出したことの見返りとして、憲政会の政治家は選挙運動への資金援助と多くの選挙区において整然と票割りを行うための仕組みを獲得することになった。これらの選挙区における憲政会の選挙結果から判断すると、この計画はうまく機能していたといえよう。

織布業界の組織化が政治的な動機に裏づけられていたのとは異なり、紡績業界においては憲政会、政友会ともにカルテルを形成しようとしなかった。両党とも財閥企業と密接な関係を築いていたが、財閥は原料となる綿花や紡糸を取引していたため、紡績業界が高水準の生産を続けることを望んでいたのである。そのため紡績業界は、政党が政策形成に対する影響力を失う1931年まで競争的であった。その際、既に支配力を拡大しつつあった軍部は、企業を保護することよりも、軍事目的のために企業を合理化することに強い関心を持っていた。

綿業規制の第三の例として、憲政会内閣が1929年に実施した深夜労働の禁止をあげることができる。1925年の普通選挙法によって、政党は労働者の票を争うようになっていた。主に都市部に基盤を持っていた憲政会は、どちらかといえば労働寄りの規制を大量に実施した。「全家庭の福祉」という官僚的なレトリックに飾られてはいるが、憲政会の選挙志向の動機づけは極めて明確である。

③ 鉄道の政治

戦前における政策決定の党派性がもっともはっきりしているのが、鉄道政策である。通常、憲政会は予算を老朽化した路線の修復に割り当てていた。憲政会の強力な支持基盤である都市部に既存路線が集中する傾向にあったことに照らせば、驚くにはあたらない。逆に政友会内閣は、一貫して予算を新線建設に当て続けた。ここでも、政友会は当然予想される政策を採用した。そうすることで、自党の支持者が圧倒的に分布している農村部の選挙区の利益に奉仕しようとしたのである。その後の内閣の鉄道政策も、両党と三井、三菱との関係を反映していた。政友会は、鉄道建設を市場価格よりかなり高い金額で三井に請け負わせ、三菱には僅かな額しか支払わなかった。一方憲政会は、鉄道建設の請負業者を変えられるようになると、政友会支持者の犠牲の下に自党支持の業

第11章　結論：制度と政治的コントロール

者を優遇した。民営鉄道への免許付与に際しても、政党は自党の支持者に有利になる路線を経営する企業を優先した。

　これら三つの産業分野、銀行、繊維、鉄道のいずれにおいても、政策の変更が党派と密接に結びついていたという事実は明らかに無視できないものである。これら三つの事例は、行政部門に政治的が介入していたという、第5章での論拠をさらに裏づけるものである。もし政治家が官僚の行為に影響を与える手段を持たなければ、経済政策はどの時期にも一貫した内容になっていたはずである。また、同様にどの政党が権力を握っていようと、支持者に対する政策が歪められる程度は少なかったはずである。

3.2. 司法部の従属

　第6章で述べたように、判事は官僚のような形で政党支持にかかわることはなかった。寡頭指導者たちは明らかに判事をコントロールしており、犬養内閣が自党の指名した判事で裁判所を固めたのは数十年の後である。それまでの間は官僚の場合のような、政党内閣による判事人事のコントロールはなかったようである。

　この謎に関して考えられる説明を検討した結果出てきた結論は、この時期には政党が互いに判事人事に干渉しないという暗黙の取引を行っていたというものである。おそらく政友会がこの取引を破棄したのは、ゲームの終端にいることを認識した時であった。だがまだ疑問が残る。司法府に対する介入が、官僚に対する介入よりも後に行われたのはなぜであろうか。

　政治家は、官僚の場合に比べて、司法府の場合にはその独立性を尊重するという誓約を破るような強いインセンティブを持たなかったということである。政治家は思慮深く費用便益的な論理にしたがって行動していたと考えられる。第一に、人事のコントロールによる潜在的便益の問題がある。第5章で示した集計データで明らかなように、政治家がもっとも関心を持っていたのは、選挙と深く関係する官僚の人事をコントロールすることであった。内閣が交代するとほとんどの場合、たとえば知事、検事、警察官などを交代させた。その理由はおそらく、選挙違反を監視し、検挙する役割がそれぞれの役職に与えられていたからであろう。また政治家は、支持者を優遇する政策を監督する、予算関係および規制に携わる部署に、自党系列の官僚を配置した。しかし、治安や保健などに携わる官僚などは、大体において政治家の干渉を免れていた。

3. 官僚の自律性という神話

　判事にも同じことが起こったのではないだろうか。政治家は法を操作することによって法廷へのアクセスを制御し、政治的に微妙な問題のほとんどを法廷に持ち込ませないようにすることができた。判事は行政問題については官僚の立場を尊重したが、それゆえに、官僚を押さえることの方がより重要であった。それ以外の、政治家の関与が薄い問題については、判事の判断をコントロールする必要性はそれほど強くなかったのである。

　司法部をコントロールすることで得られる利益が少ないことに加えて、政治家は介入の費用も考えなければならなかった。寡頭指導者の作り上げた制度では、官僚人事に比べて、判事の人事に干渉することは若干ながら困難になっていた。そこで政治家は利得を最大化するため、判事の選任と監視に必要な資源を別のことに向けたのである。

3.3. 軍部の独立性

　第7章で見たように、軍部は、判事の場合に見られた若干の人事干渉さえも回避していた。寡頭指導者は軍部に対して、官僚にも司法部にも与えなかった三つの権力を与えていた。すなわち、天皇の名において軍の内規を定める権限、軍事戦略に関して内閣に責任を負わないこと、そして軍部大臣が武官でなければならないことである。これらの力によって、軍の統帥部は官僚にも判事にも望むべくもなかった方法で、内閣の監視からの独立を確保したのである。

　山県が軍部に多くの権限を与えた理由を理解することは困難ではない。彼は非藩閥の寡頭指導者に対して、議会制度において譲歩せざるを得なかった。そこで山県は、自分が最大の個人的な影響力を持っていた制度機構を、民衆によるコントロールから切り離しておこうとしたのである。明治期の制度におけるこの二つの特徴、すなわち選挙される衆議院と軍部の独立は、寡頭指導者間の協力が崩壊した結果、生み出されたものである。1922年に山県が死去すると、軍部は名目上の司令官である天皇以外の誰に対しても、本質的に責任を負わなくなった。

　政治家が文民統制を確立しようとしなかったわけではない。1913年に山本権兵衛は現役武官が条件である軍部大臣の資格を予備役に拡大した。だが陸海軍の統帥部は、戦略上の決定への責任を大臣から切り離して保持していた。人事面でのこの挑戦に対する陸海軍の反応は、単に軍内部において大臣人事への参謀総長、軍令部総長の同意を要求したというものであった（井上 1975: 95）。

第11章 結論：制度と政治的コントロール

内閣には、この要求を拒否するような自由はなかった。陸軍でも海軍でも、大臣を辞任させ、後任の大臣を送ることを拒否すれば、いつでも内閣を倒すことができた。山県の死後、軍部はこの権限を使って内閣を意のままに操ることができたのである。

軍部の独立の潜在的な弱点は、軍内部の対立であった。これに対して、軍部は統帥部の人事権を強化して、政治家が分割支配戦略を用いて陸海軍をコントロールすることを阻止した[8]。同様に陸海軍は友好的でない文官に対抗するため、戦略的な取引を行った。陸軍は中国に、海軍は東南アジアに進出したのである。寡頭指導者や政治家ができなかったやり方で内部対立を抑制することによって、軍部はその支配権を確立したのであった。

3.4. 後発近代化理論に対する疑問

戦前期の日本が「強い国家」であったという議論に対して疑義を差し挟んだのと同様、ここではそうした議論から導かれ、通説となっているその他の主張をも問題として取り上げよう。戦前期の日本において、海外市場での競争力強化のために、戦略産業の育成と確立を図ったのは国益志向の官僚だったとする説は誤っているように思われる。実際には、官僚主導などでは全くなかったのである。

A・ガーシェンクロン（Gerschenkron 1962: 354）が、「後発近代化国家」においては中央集権的で能動的な政府が生まれやすいとの説を初めて発表してから既に数十年になる。彼は、「ある国が後発であればあるほど、それだけ特殊な制度的要素の果たす役割が増大する。この制度は、揺籃期の産業に対する資本供給を拡大し、さらにそうした産業にあまり分権的でなく、かつ細部にわたる経営上の指導を行う。国が後進的であれば、こうした制度的要素の強制力と包括性は、より明確になる」と述べている。

日本に関連する研究を行う者は、今でもガーシェンクロンの説に依拠している[9]。1989年の時点ですら、ビーズリー（Beasley 1989: 620）は、『ケンブリッジ・ヒストリー』において、つぎのように主張する。「ドイツ同様、『後発近代

---

[8] 財部海相がロンドン海軍軍縮条約の問題について軍令部の立場を拒否したことで、早期にその職を退く結果に陥ったことを想起せよ。
[9] 顕著な例外として、Rosovsky（1961: 55-104）、Smith（1988: 42-46）を参照。

3. 官僚の自律性という神話

化国家』である日本はキャッチアップ期において、近代化を達成するために民主制よりも効率的な制度である権威主義的な政府を持つことになった」。

　ガーシェンクロンの名誉のために付け加えるなら、1962年の段階でこの議論はドイツやソ連など顕著な事例のいくつかに適合するように思われたのであった。しかし残念ながら、日本は全くこれに当てはまっていない。政府の政策は、ガーシェンクロンの予測通り、経済活動の集中を促進したかもしれない。しかし、後発近代化モデルとは逆に、こうした経済活動の集中が生み出されたのは、戦略的青写真があったからではなく、むしろ国内政治の結果だったのである。第一に、後発近代化理論は、実際の時期的な経過に全く当てはまっていない。ガーシェンクロン的な立場からすれば、寡頭指導者は国家建設と国際競争力の強化のために重要産業を大規模な形で育成するはずであった。実際には、寡頭指導者はそうした政策を全く取っていない。重要産業の育成は1920年代の政党内閣下における、企業合併とカルテル形成の促進を待たねばならなかったのである。

　第二に、政党内閣は日本経済全体にとって有益かどうかという基準ではなく、政党の資金源になるかどうかという観点から、産業を育成するか、放置するかを決めたのである。憲政会は巨大な都市銀行を育成した。政友会は、小規模な地方銀行を優遇した。憲政会は織布産業を育成し、政友会はそうしなかった。憲政会は都市部の鉄道路線の発展に力を注ぎ、政友会は地方の選挙区に新線を建設することに奔走した。憲政会は三菱を、政友会は三井をそれぞれ大事にした。つまり両党とも規制の論理は同じものであった。得票や献金と引き換えに、政府の資源を自党支持の企業に流したのである。両党の産業整理統合策には、この目的でなされたものもあったのである。

　1930年代から本格的にカルテル形成と産業整理を行ったのは軍部であった。しかし軍部がカルテルを形成したのは、一般的な経済発展のためでも、民間企業の利益のためでもなく、純粋に軍事的な目的のためであった。軍部は他部門を犠牲にして軍需生産に資源を振り向け、その結果、戦争終結時には日本経済は壊滅状態に陥っていた。いうまでもなく、これは研究者が一般に後発発展戦略であると考えているものとは異なる。

4. 結論

　本書の目的は、ともすれば不可思議な戦前期の日本歴史の流れを解明することであった。なぜ寡頭指導者は代議制の確立と同時に、軍部を文民統制から切り離したのか。なぜ戦前の政党はかくも腐敗していたのか。日本における民主主義の実験は、なぜかくも短命に終わったのか。なぜ軍部は無敵の権力を手にできたのか。われわれが合理的選択理論の立場を借りて明らかにしようとしたのは、このような疑問である。

　本書では、自己保存的行動に関する単純な仮定と、制度がいかに行動を制約するかに関する単純な理論に基づき、1868年から1932年までの数世代にわたる政治指導者によってなされた選択の数々を考察した。寡頭指導者は、集合的に代議制を容認したり、軍部の独立を認めたわけではなかった。内部対立によって、それ以外の選択肢は残されていなかったのである。しかし彼らは、同一選挙区で同一政党の政治家が争うような選挙制度を採用して政治家を分裂させ、ひいては政党を腐敗させることには成功した。醜聞まみれだったかどうかはともかく、日本の民主政治は思いのほか生き延びることになった。軍部の独立性を考慮に入れれば、クーデターは時間の問題であり、単に運が悪かったのではなかった。

　最後に、われわれは理論的研究を省察するために日本の歴史を素材として用いた。制度というものは、その枠組みを作った人々が世を去った後も長きにわたって存続し続けることがある。さらに制度の創設者は、自分たちの集団の利益を最大化する形で制度の具体像を選択するとは限らない。自分に有利な形でゲームのルールを設定できるような、十分な資源を持つ政治指導者であっても、実際にそのようにできるとは限らない。すなわち、政治指導者が内部で共謀することができない場合である。日本のいわゆる「合意形成文化」の重要性にもかかわらず、寡頭指導者はただ単に互いにうまくやって行く方法を見い出すことができなかったのかもしれない。そして、これまで述べてきたように、これがもたらした結果は決して小さくはなかったのである。

参考文献

邦語文献

青木得三『若槻礼次郎・浜口雄幸』時事通信社，1958年．
赤松良子編『日本婦人問題資料集成』ドメス出版，1977年．
朝日新聞社編『朝日年鑑』朝日新聞社，1926年．
朝日新聞政治経済部編『枢密院問題』朝日新聞社，1930年．
阿部武司「綿工業」阿部武司・西川俊作編『産業化の時代 上』岩波書店，1990年，163-212頁．
阿部武司・西川俊作編『産業化の時代 上』岩波書店，1990年．
安藤良雄「成金景気 既成財閥か，成金財閥か──大いなる失敗者鈴木商店」『エコノミスト』1月23日号，1968年，84-89頁．
生 Y.T.「本邦紡績最近十年史」『大日本紡績連合会月報』第454号，1930年，7-16頁．
家永三郎『司法権独立の歴史的考察』日本評論新社，1962年．
池田順「政党内閣下の二つの地方財政改革と官僚」日本現代史研究会編『1920年代の日本の政治』大月書房，1984年．
伊豆公夫・松下芳男『日本軍事発達史』三笠書房，1938年．
磯部喜一『工業組合論』甲文堂，1936年．
一木喜徳郎『日本法令予算論』哲学書院，1892年．
市村光恵『帝国憲法論』有斐閣，1927年．
伊藤隆編『大正初期山県有朋談話筆記』山川出版社，1981年．
伊藤痴遊『隠れたる事実 明治裏面史』成光館出版部，1924年．
伊藤博文『帝国憲法義解』(1935年編) 国家学会，1889年．
　　───　英語版：Miyoji Ito, "Commentaries on the Constitution of the Empire of Japan"（英国法律学校）
伊藤正徳『大海軍を想う』文芸春秋新社，1956年．
伊藤昌哉『日本の政治』中央公論社，1984年．
伊藤之雄『大正デモクラシーと政党政治』山川出版社，1987年．
井上清『日本の軍国主義』東京大学出版会，1953年．
　　───　「自由民権運動をめぐる歴史的評価について」『思想』第379号，1956年，47-63頁．
　　───　『宇垣一成』朝日新聞社，1975年．
井上勝『日本帝国鉄道創業談』(復刻版) 井上毅銅像建設同志会，1906年．
岩井忠熊「軍事警察機構の確立」『岩波講座 日本歴史』(第十五巻) 岩波書店，1976年．
上杉慎吉『帝国憲法綱領』有斐閣書房，1912年．

参考文献

─── 『帝国憲法逐条講義』日本評論社，1935年.
内田健三・金原左門・古屋哲夫編『日本議会史録』（第1-3巻）第一法規出版，1991年.
梅溪昇『日本近代化の諸相』思文閣出版，1984年.
梅村又次・山田三郎・速水佑次郎・高松信清・熊崎実『長期経済統計 農林業』東洋経済新報社，1966年.
遠藤湘吉・加藤俊彦・高橋誠『日本大蔵大臣』日本評論社，1964年.
大石嘉一郎『自由民権と大隈，松方財政』東京大学出版会，1989年.
大石嘉一郎編『戦艦期日本の対外経済関係』日本経済評論社，1992年.
大石眞『議員法制定史の研究』成文堂，1990年.
大江志乃夫「金融恐慌 救済か，整理か──確立した金融資本の支配」『エコノミスト』7月16日号，1968年，86-91頁.
大江卓「政界回顧談」『太陽』第13巻3号，1907年，173-177頁.
大川一司・野田孜・高松信清・山田三郎・熊崎実・塩野谷祐一・南亮進『長期経済統計 物価』東洋経済新報社，1967年.
大久保家蔵番編『大久保利通文書』日本史蹟協会，1928年.
大久保利謙『幕末，維新の洋学』吉川弘文館，1986年.
大蔵省編『大蔵省第四十六回年報』高島印刷所，1921年.
─── 『大蔵省第五十三回年報』東亜印刷株式会社，1928年.
─── 『大蔵省第六十一回年報』内閣印刷局，1936年.
─── 『大蔵大臣回帰録』大蔵財務協会，1977年.
大蔵省昭和財政史編集室編『昭和財政史』第10・13巻，東洋経済新報社，1963年.
大島清『日本恐慌史論（上）』東京大学出版会，1952年.
大谷美隆『大日本憲法論』巌松堂書店，1939年.
大山壽「本邦紡績業ニ關スル調査」東京大学経済学部図書館・請求記号12：482.
岡崎哲二「戦時計画経済と価格統制」『近代日本研究』第9号，1987年，175頁.
─── 「戦時計画経済と企業」『現代日本社会』第4号，1991年，363頁.
岡野文之助「銀行法案を評す」『銀行論叢』第8巻5号，1927年，90-102頁.
小川郷太郎『新銀行法理由』日本評論社，1930年.
尾佐竹猛『日本憲政史』日本評論社，1930年.
─── 「軍人政治に干渉すべからず」『法律時報』1937年9月号，3-4頁.
─── 「憲法政治の一過程」『国家学会雑誌』第58号，1938年，1-39頁.
小田中聡樹「尾去沢銅山事件」我妻栄編『日本政治裁判史録』第一法規出版，1968年，313-337頁.
小寺鉄之助『西南の役薩軍口供書』吉川弘文館，1967年.
外務省編『外務省の百年』原書房，1969年.
梶康郎『帝国憲法要綱』帝国講学会，1926年.
加藤幸三郎「紡績業の発展 企業合同か，競争か──輸出産業への歩み」『エコノミスト』10月3日号，1967年，92-97頁.
金原左門『大正デモクラシーの社会的規制』青木書店，1967年.

参考文献

金森徳次郎『帝国憲法要綱』(第四版) 有斐閣, 1927年.
金子堅太郎「内閣制度創始同時の追懐」『中央公論』第51巻, 1937年2月号, 115-122頁.
上條末夫「小選挙区採用をめぐる諸問題」中村勝範編『近代日本政治の諸相 時代による展開と考察』慶應通信, 1988年.
川上幸義『新日本鉄道史』鉄道図書刊行会, 1967-68年.
川人貞史『日本の政党政治』東京大学出版会, 1992年.
岸本弘一『議会は生きている』時事通信社, 1990年.
北岡寿逸「紡績業の深夜業禁止と操短問題」『社会政策時報』第114号, 1929年.
木村毅『西園寺公望』時事通信社, 1985年.
旧参謀本部編『維新, 西南戦争』徳間書店, 1966年.
京都市教育部社会課編『京都市に於ける庶民金融に関する調査』京都市教育部社会課, 1932年.
京都大学文学部編『日本近代史辞典』東洋経済新報社, 1958年.
銀行研究社編『休業銀行の法律問題』文雅堂, 1932年.
銀行問題研究会「金融恐慌に対する批判」『銀行論叢』第9巻2号, 1927年, 113-124頁.
金融研究会編『中小農商工業者に対する金利に就て』金融研究会, 1932年.
楠精一郎『明治立憲制と司法官』慶應通信, 1989年.
工業組合中央会編『工業組合概況』商工省工務局, 1936年.
後藤新一『本邦銀行合同史』金融財政事情研究会, 1968年.
羽仁五郎「伊藤博文と山県有朋」『中央公論』第71巻1号, 1956年, 311-318頁.
─────『羽仁五郎歴史史論著作集』青木書店, 1967年.
原奎一郎・山本四郎編『原敬をめぐる人びと』NHKブックス, 1981年.
原敬『原敬日記』福村出版, 1965年.
小西四郎『明治百年の歴史』講談社, 1968年.
小早川欣吾『明治法制史論』巌松堂書店, 1944年.
小山弘健『近代日本軍事史概説』伊藤書店, 1944年.
財政経済時報社編『日本繊維工業総覧奥付』財政経済時報社, 1936年.
全国地方銀行協会編『全国地方銀行協会五十年史』全国地方銀行協会, 1988年.
佐藤誠朗「明治十七年五月の自由党名簿について」『歴史学研究』第178号, 1954年, 31-38頁.
佐藤達夫『国家公務員制度』学陽書房, 1975年.
佐藤丑次郎『帝国憲法講義』(第十版) 有斐閣, 1936年.
沢井実「鉄道車両工業と『満州』市場」大石嘉一郎編『戦艦期日本の対外経済関係』日本経済評論社, 1992年.
政戦記録史刊行会編『大日本政戦記録史』政戦記録史刊行会, 1930年.
渋沢青淵記念財団竜門社編『渋沢栄一伝記史料』渋沢青淵記念財団竜門社, 1956年.
司法省編『司法沿革史』法曹会, 1939年.
島恭彦『日本資本主義と国有鉄道』日本評論社, 1950年.
衆議院事務局編『衆議院要覧』衆議院, 1925年.

参考文献

―――『衆議院委員会議録』衆議院，1927年．
衆議院・参議院編『議会制度百年史』大蔵省印刷局，1990年．
副島義一『日本帝国憲法論』敬文堂書店，1926年．
杣正夫『日本選挙制度史』九州大学出版会，1986年．
杉山和雄「産業革命と金融」中川敬一郎・森川英正・由井常彦編『近代日本経済史の基礎知識』［増補版］有斐閣，1994年，75-76頁．
住友銀行編『住友銀行八十年史』株式会社住友銀行，1979年．
田川大吉郎「山県公に対して想うところ」『中央公論』第25巻10号，1910年，64-67頁．
渋谷隆一編『大正昭和日本全国資産家・地主資料集成』柏書房，1985年．
高橋亀吉『日本の金融』東洋経済新報社，1925年．
―――『日本財閥の解剖』中央公論社，1930年．
―――『変革期の財界とその対策』千倉書房，1932年．
―――『財界変動史』（第2巻）東洋経済新報社，1955年．
高橋正則『政党政治の研究』弘文堂，1981年．
高橋雄豺『明治年代の警察部長』良書普及会，1976年．
進藤竹次郎『日本綿業労働論 参考統計表』東京大学出版会，1958年．
新名丈夫『昭和政治秘史』三一書房，1961年．
篠原三代平『長期経済統計 鉱工業』東洋経済新報社，1972年．
商工大臣官房統計課編『工場統計表』東京統計協会，各年版．
―――『商工省統計表』東京統計協会，各年版．
商工省臨時産業合理局編『鉱産量及び綿ちぢみ統制の話』商工省，1931年．
衆議院事務局編『衆議院要覧』衆議院，1925年．
―――『衆議院委員会議録』衆議院，1927年．
関桂三『日本綿業論』東京大学出版会，1954年．
社会局労働部編『深夜業禁止の影響調査』社会局労働部，1931年．
大日本紡績連合会編『大日本紡績連合会月報』大日本紡績連合会，各年版．
大和銀行編『大和銀行四十年史』株式会社大和銀行，1958年．
高村直助『日本紡績業史序説』塙書房，1971年．
玉井清「政友会の寺内内閣に対する牽制と協力」『法学研究』第62巻9号，1989年，56-86頁．
帝国議会編『貴族院議事速記録』帝国議会，1927年．
逓信省鉄道局編『鉄道局年報』逓信省鉄道局，各年版．
寺西重郎『日本の経済発展と金融』岩波書店，1982年．
鉄道省編『国有十年 本邦鉄道国有後の施設並成績』鉄道省，1920年．
―――『日本鉄道史』（第3巻）鉄道省，1921年．
―――「鉄道建設及改良費予算年度割表」『鉄道会議議事速記録』鉄道省，各年版．
―――『鉄道省年報』鉄道省，各年版．
―――『鉄道統計資料』鉄道省，各年版．
徳富猪一郎「伊藤，大隈，山県」『中央公論』第52巻5号，1937年，273-287頁．
東京株式取引所編『東京株式取引所五十年史』東京株式取引所，1928年．

参考文献

東京市政調査会編『本邦地方鉄道事業ニ関スル調査』芳文閣出版，1932年．
富田信男「衆議院議員総選挙の史的分析」『選挙研究』第1号，1986年，65-93頁．
───「衆議院議員総選挙の史的分析 (2)」『選挙研究』第2号，1987年，64-88頁．
寺尾五郎『薩長連合の舞台裏』新人物往来社，1975年．
遠山茂樹校注『天皇と華族』岩波書店，1988年．
遠山茂樹・安達淑子『近代日本政治史必携』岩波書店，1961年．
豊田穣『西園寺公望と明治大帝崩御』講談社，1983年．
辻清明「内閣制度の樹立」『神戸法学雑誌』第58号，1944年，78-126頁．
───『日本官僚制の研究』弘文堂，1952年．
通商産業大臣官房調査統計局編『工業統計五十年史』大蔵省印刷局，1961年．
通商産業省編『日本の機械工業』日本重工業研究会，1960年．
筒井正夫「政党政治確立期における地域支配構造」『彦根論叢』第248号，1988年，53-90頁．
鳥海靖「民力休養か，軍備増強か」『エコノミスト』4月11日号，1967年，86-91頁．
中村勝範編『近代日本政治の諸相 時代による展開と考察』慶應通信，1988年．
中西健一『日本私有鉄道史研究』日本評論社，1963年．
中野登美雄『統帥権の独立』（復刻版）原書房，1973年．
日本銀行『本邦経済統計』日本銀行，1935年．
日本現代史研究会編『1920年代の日本の政治』大月書房，1984年．
日本近代史料研究会編『日本陸海軍の制度，組織，人事』東京大学出版会，1971年．
───『日本近現代史』東洋経済新報社，1978年．
日本国勢調査会編『参議院名鑑』国勢出版室，1978年．
日本国有鉄道編『日本国有鉄道百年史』日本国有鉄道，1971年．
日本紳士録付録『多額納税者名簿』交詢社，1933年．
日本統計協会編『日本長期統計総覧』日本統計協会，1988年．
西川博史『日本帝国主義と綿業』ミネルバ書房，1987年．
日清紡績株式会社編『日清紡績百年史』日清紡績株式会社，1969年．
丹羽邦男『明治維新の土地変革』御茶の水書房，1962年．
信夫清三郎『大正政治史』（第1-4巻）河出書房，1952年．
野村正男『法窓風雲録』朝日新聞社，1966年．
野村信孝『憲法大綱』巌松堂書店，1935年．
橋本寿朗『大恐慌期の日本資本主義』東京大学出版会，1984年．
橋本幸彦『日本綿糸紡績業史年報』文化史年表政策研究会，1935年．
───『戦前期日本官僚制の制度・組織・人事』東京大学出版会，1981年．
羽間乙彦『昭和恐慌の政治経済学 井上準之助を評定する』（第1巻）総合経済研究センター，1981年．
肥田琢司『政党興亡五十年』国会通信社，1955年．
堀江帰一『金融と恐慌』大鐙閣，1927年．
細島喜美『人間山岡万之助伝』講談社，1964年．
馬場恒吾「伊東巳代治論」『中央公論』第45巻，1930年，202-212頁．

参考文献

―――『近衛内閣史論』高山書院，1946年．
原田勝正『鉄道の語る日本の近代』そしえて，1977年．
―――『満鉄』岩波書店，1981年．
―――『日本の国鉄』岩波書店，1984年．
藤村道生『山県有朋』吉川弘文館，1961年．
藤野正三郎・藤野志朗・小野旭『長期経済統計 繊維工業』東洋経済新報社，1979年．
藤沢利喜太郎『総選挙読本』岩波書店，1928年．
深井英五『枢密院重要議事覚書』岩波書店，1953年．
福地重孝「憲政初期の代議士の生活」『日本歴史』第79号，1954年，778-783頁．
福武直『現代日本社会論』（第二版）東京大学出版会，1977年．
古島和雄「隣邦革命を期に――老政治家の回想」『中央公論』第46巻1号，1951年，159-168頁．
穂積八束『憲法提要』有斐閣，1910年．
前田蓮山「憲法の番人伊東巳代治」『中央公論』第49巻4号，1934年，191-201頁．
増田毅「第二次伊藤内閣」『神戸法学雑誌』第4号，1954年，469-502頁．
升味準之輔『日本政党史論』東京大学出版会，1986年．
松元宏『三井財閥の研究』吉川弘文館，1979年．
松尾尊兊『普通選挙制度成立史の研究』岩波書店，1989年．
松下芳男『明治の軍隊』至文堂，1963a 年．
―――『日本軍事史叢書』土屋書店，1963b 年．
―――『近代の戦争』土屋書店，1966a 年．
―――『日本の軍事史実話』土屋書店，1966b 年．
―――『日本軍閥の興亡』（第1-3）人物往来社，1967年．
松崎寿『銀行及び金融市場』文雅堂，1933年．
三谷太一郎『現代日本の司法権と政党』塙書房，1980年．
三菱神戸造船所七十五年史編集委員会編『三菱神戸造船所七十五年史』三菱重工，1981年．
三菱社史刊行会編『三菱社史』東京大学出版会，1982年．
三井物産編『三井物産株式会社昭和三年上半期』東京大学経済学部図書館，資料請求記号13：1336．
三宅雪嶺「大隈伯論」『中央公論』第26巻1号，1911年，122-168頁．
室伏哲郎『実録日本汚職史』筑摩書房，1988年．
室山義正編『近代日本の軍事と財政』東京大学出版会，1984年．
武藤山治「紡績業」『社会経済体系』東京大学経済学部図書館，資料請求記号12：220，1927年．
内藤正中『自由民権運動の研究』青木書店，1968年．
田付茉莉子「三井物産の設立と発展」中川敬一郎・森川英正・由井常彦編『近代日本経営史の基礎知識』［増補版］有斐閣，1994年，36-37頁．
中川敬一郎・森川英正・由井常彦編『近代日本経営史の基礎知識』［増補版］有斐閣，1994年．

百瀬孝『昭和戦前期の日本 制度と実態』吉川弘文館，1990年．
森嘉兵衛『無尽金融史論』法政大学出版局，1982年．
村上一郎『日本軍隊論序説』新人物往来社，1973年．
村瀬信一「国立銀行処分問題と自由党」『日本歴史』第486号，1988年，71-84頁．
蠟山政道「選挙制度の政治的意義を論じて，区制問題の重要性に及ぶ」『法律時報』1930年3月号，1930年，59-63頁．
斎藤秀夫『裁判官論』一粒社，1985年．
―――「最高裁の司法行政のあり方」『ジュリスト』第480号，1971年，66-71頁．
酒井哲哉『大正デモクラシーの崩壊』東京大学出版会，1992年．
坂入長太郎『大正昭和初期財政史』酒井書店，1988年．
佐々弘雄『政治の貧困』千倉書房，1931年．
―――『大衆政治読本』中央公論社，1932年．
佐々木惣一『日本憲法要論』金刺芳流堂，1932年．
我妻栄編『日本政治裁判史録』第一法規出版，1968年．
若槻礼次郎『明治大正昭和政経秘史』講談社，1983年．
和久田康雄『日本の私鉄』岩波書店，1981年．
渡辺幾治郎『大隈重信』時事通信社，1958年．
山本四郎『寺内正毅内閣関係資料』京都女子大学，1985年．
矢野文夫「世が政党時代」『太陽』第13巻3号，1907年，165-170頁．
吉野作造『明治文化全史』（第2巻）日本評論社，1928年．
和久田康雄『日本の私鉄』岩波書店，1981年．
Pearse, Arno S.「日本紡績発展の原因」『大日本紡績連合会月報』第443号，1929年，12-15頁．
「銀行法案の一部修正通る」『東京朝日新聞』1927年3月5日付夕刊，第1面．
「整理合同方法」『東京朝日新聞』1927年2月11日付，第4面．
「銀行の破綻と緊急勅命」『法律新聞』1927年3月3日付，第3面．
「金の解禁が急務」『東京朝日新聞』1928年2月5日付，第4面．

英語文献

Adams, T.F.M., and Iwao Hoshi. 1964. *A Financial History of Modern Japan*. Tokyo: Dai Nippon Press.

Akamatsu, Paul. 1967. *Meiji 1868: Revolution and Counter-Revolution in Japan*. New York: Harper & Row.

Akita, George. 1967. *Foundations of Constitutional Government in Modern Japan: 1868-1900*. Cambridge: Harvard University Press.

Alchian, Armen A. and Harold Demsetz. 1972. "Production, Information Costs, and Economic Organization." *American Economic Review*. 62: 777.

Allen, George C. 1981. *A Short Economic History of Modern Japan (4th Ed.)*. New York: St. Martin's Press.

参考文献

Anderson, Gary M., and Robert D. Tollison. 1984. "A Rent-Seeking Explanation of the British Factory Acts." In Colander (1984; 187-201).
Atack, Jeremy, and Fred Bateman. 1992. "How Long Was the Workday in 1880?" *Journal of Economic History*. 52: 129-160.
Banno, Junji. 1983. "External and Internal Problems After the War." In Wray and Conroy (1983: 163-169).
Barzel, Yoram. 1991. "Property Rights and the Evolution of the State." *Unpublished manuscript*.
―――― 1992. "Confiscation by the Ruler: The Rise and Fall of Jewish Lending in the Middle Ages." *Journal of Law and Economics*. 35: 1-13.
Bates, Robert. 1981. *Markets and States in Tropical Africa: The Political Basis of Agricultural Policies*. Berkeley: University of California Press.
―――― 1989. *Beyond the Miracle of the Market: The Political Economy of Agrarian Development in Kenya*. Cambridege: Cambridge University Press.
Bawn, Kathy 1993. "The Logic of institutional Choice: German Electoral Law as a Social Choice Outcome." *American Journal of Political Science*. 37: 965-989.
Beasley; W.G. 1989. "Meiji Political Institutions." In Jansen, ed. (1989: 618-173).
Becker, Gary S. 1991. *A Treatise on the Family (Enlarged Editon)*. Cambridge: Harvard University Press.
Bender, Jonathan. 1985. *Parallel Systems: Redundancy in Government*. Berkeley: University of California Press.
Berle, Adolf, and Gardiner Means. 1932. *The Modern Corporation and Private Property*. New York: Macmillan.
Cain, Bruce, John Ferejohn, and Morris Fiorina. 1987. *The Personal Vote: Constituency Service and Electoral Independence*. Cambridge: Harvard University Press.
Calvert, Randall L. 1992. "The Rational Choice Theory of Social Institutions: Cooperation, Coordination, and Communication." *Unpublished University of Rochester manuscript*.
Clement, Ernest W., and Etsujiro Uyehara. 1925. "Fifty Sessions of the Japanese Imperial Diet." *The Transactions of the Asiatic Society of Japan. Vol. II.* Tokyo: The Asiatic Society of Japan.
Coase, R.N. 1937. "The Nature of the Firm." *Economica (n.s.)*. 4: 386.
―――― 1960. "The Problem of Social Cost." *Journal of Law and Economics*. 3: 1.
Colander, David C. (ed.). 1984. *Neoclassocal Political Economy: The Analysis of Rent-Seeking and DUP Activities*. Cambridge: Ballinger Publishing Co.
Colegrove, Kenneth. 1928. "The Japanese General Election of 1928." *American Political Science Review*. 22, 2: 401-407.
―――― 1929. "Labor Parties in Japan." *American Political Science Review*. 23: 329-63.
―――― 1931. "The Japanese Privy Council." American Political Science Review. 25:

589-614, 881-905.
— 1933. "Powers and Functions of the Japanese Diet." *American Political Science Review*. 27: 885-898.
— 1934. "Powers and Functions of the Japanese Diet, II." *American Political Science Review*. 28: 23-29.
— 1936. "The Japanese Cabinet." *American Political Science Review*. 30: 903-23.
Coleman, James S. 1990. *Foundations of Social Theory*. Cambridge: Harvard University Press.
Connors, Lesley 1987. *The Einperor-Advisor: Saionji Kinmocbi and Pre-War Japanese Politics*. London: Croom Helm.
Coox, Alvin. 1989. "The Kwantung Army Dimension." In Peter Duns, Ramon Myers, and Mark Peattie (eds.), *The Japanese Informal Empire in China, 189S-1937*. Princeton: Princeton University Press.
Cox, Gary W. 1990. "Centripetal and Centrifugal Incentives in Electoral Systems." *American Journal of Political Science*. 34: 903-935.
— 1991. "SNIrv and d'Hondt are 'Equivalent.'" *Electoral Studies*. 10: 118-132.
Crawcour, E. Sydney 1988. "Industrialization and Technological Change, 1885-1920." In Duus (1988: 385-450).
Crowley; James B. 1966. *Japan's Quest for Autonomy: National Security and Foreign Policy, 1930-1938*. Princeton: Princeton University Press.
De Long, J. Bradford, and Andrei Shleifer. 1992. "Princes and Merchants: European City Growth Before the Industrial Revolution." *NBER Working Paper*, No. 4274.
Dore, Ronald. 1973. *British Factory-Japanese Factory: The Origins of National Diversity in Industrial Relations*. Berkeley: University of California Press.
Duus, Peter. 1968. *Party Rivalry and Political change in Taisho Japan*. Cambridge: Harvard University Press.
— (ed.). 1988. *The Cambridge History of Japan, Volume VI: The Twentieth Century*. Cambridge: Cambridge University Press.
— 1989. "Japan's Informal Empire in Chaina, 1898-1937: An Overview." In Peter Duus, Ramon Myers, and Mark Peattie (eds.), *The Japanese Informal Empire in China. 189S-1937*. Princeton: Princeton University Press.
Duverger, Maurice. 1955. *Political Parties: Their Origin and Activity in the Modern State*. Translated by Barbara and Robert North. London: Methuen.
Ericson, Steven J. 1989a. "Railroads in Crisis: The Financing and Management of Japanese Railway Companies During the Panic of 1890." In Wray (1989: 121).
— 1989b. "Private Railroads in the Meiji Era: Forerunners of Modern Japanese Management?" In Yui and Nakagawa (1989: 51-77).
Fairbank. John K., Edwin O. Reischauer, and Albert M. Craig. 1965. *East Asia: The Modern Transformation*. Cambridge: Harvard University Press.

参考文献

Fogel, Robert William. 1960. *The Union Pacific Railroad: A Case of Premature Enterprise*. Baltimore: Johns Hopkins University Press.
——— 1964. *Railroads and American Economic Growth: Essays in Econometric History*. Baltimore: Johns Hopkins University Press.
——— 1979. "Notes on the Social Saving Controversy!" *Journal of Economic History*. 39: 1-54 (1979).
Friedman, James W. 1986. *Game Theory with Applications to Economics*. New York: Oxford University Press.
Fujii, Shinichi. 1940. *The Essentials of Japanese Constitutional Law*. Tokyo Yuhikaku.
——— 1965. *The Constitution of Japan: A Historical Survey*. Tokyo: Kokushikan University, Hokuseido Press.
Garon, Sheldon. 1987. *The State and Labor in Modern Japan*. Berkeley: University of California Press.
Gerschenkron, Alexander. 1962. *Economic Backwardness in Historical Perspective*. Cambridge: Harvard University Press.
Gluck, Carol. 1985. *Japan's Modern Myths: Ideology in the Late Meiji Period*. Princeton: Princeton University Press.
Green, E., and R. Porter. 1984. "Non-cooperative Collusion Under Imperfect Price Information." *Econometrica*. 52: 87-100.
Hackett, Roger F. 1971. *Yamagata Aritomo in the Rise of Modern Japan, 1838-1922*. Cambridge: Harvard University Press.
Haley, John O. 1991. *Authority without Power: Law and the Japanese Paradox*. New York: Oxford University Press.
Harada, Katsumasa. 1980. "Technological Independence and Progress of Standardization in the Japanese Railways." *Developing Economies*. 18: 313-32.
Hay, George, and Daniel Kelley 1974. "An Empirical Survey of Price Fixing Conspiracies." *Journal of Law and Economics*. 17: 13.
Hunter, Janet. 1989. "Factory Legislation and Employer Resistance: The Abolition of Night Work in the Cotton Spinning Industry," In Yui and Nakagawa (1989: 243-72).
Iriye, Akira. 1989. "Japan's Drive to Great Power Status." In Jansen (1989: 721-82).
Ito, Takatoshi. 1992. *The Japanese Economy*. Cambridge: MIT Press.
Iwasaki, Uichi. 1921. *The Working Forces in Japanese Politics: A Brief Account of Political Conflicts: 1867-1920*. New York: Columbia University Press.
Iwata, Masakazu. 1964. *Okubo Toshimichi: The Bismarck of Japan*. Berkeley: University of California Press.
Jansen, Marius B. 1971. *Sakamoto Ryoma and the Meiji Restoration*. Stanford: Stanford University Press.
——— (ed.). 1989. *The Cambridge History of Japan. Volume 5: The Nineteenth Century*. Cambridge: Cambridge University Press.

Jensen, Michael C., and Willliam H. Meckling. 1976. "Theory of the Firm: Managerial Behavior, Agency Costs, and Ownership Structure." *Journal of Financial Economics*. 3: 305.

Johnson, Chalmers. 1972. *Conspiracy at Matsukawa*. Berkeley: University of California Press.

———— 1982. *MITI and the Japanese Miracle: The Growth of Industrial Policy, 192S-197S*. Stanford: Stanford University Press.

Jones, F.C. 1931. *Extraterritoriality in Japan and the Diplomatic Relations Resulting in its Abolition. 18S3-1899*. New Haven: Yale University Press.

Katzenstein, Peter (ed.). 1978. *Between Power and Plenty: Foreign Economic Policies of Advanced Industrial States*. Madison: University of Wisconsin Press.

Kawabe, Kisaburo. 1924. *The Press and Politics in Japan*. Chicago: University of Chicago Press.

Klein, Benjamin R., and Keith B. Leffler. 1981. "The Role of Market Forces in Assuring Contractual Performance." *Journal of Political Economy*. 89: 615-41.

Knight, Jack. 1992. *Institutions and Social Conflict*. Cambridge: Cambridge University Press.

Krehbiel, Keith. 1992. *Information and Legislative Organization*. Ann Arbor: University of Michigan Press.

Landes, Elisabeth M. 1980. "The Effect of State Maximum-Hours Laws on the Employment of Women in 1920." *Journal of Political Economy*. 88: 476-94.

Landes, William M., and Richard A. Posner. 1975. "The Independent Judiciary in an Interest-Group Perspective." *Journal of Law & Economics*. 18: 875-901.

Levi, Margaret. 1990. *Of Rule and Revenue*. Berkeley: University of California Press.

Lewchuk, Wayne A. 1993. "Men and Monotony: Fraternalism as a Managerial Strategy at the Ford Motor Company." *Journal of Economic History*. 53: 824.

Lewis, Michael. 1990. *Rioters and Citizens: Mass Protest in Imperial Japan*. Berkeley: University of California Press.

Lohmann, Susanne. 1994. "Dynamics o Informational Cascades: The Mondy Demonstrations in Leipzig. East Germany, 1989-91." *World Affairs*. 47: 42-101.

Lowi, Theodore. 1969. *The End of Liberalism*. New York: Norton.

Luney, Percy R., Jr. 1990. "The Judiciary: Its Organization and Status in the Parliamentary System." *Law & Contemporary Problems*. S3: 135-162.

McCubbins, Mathew and Frances Rosenbluth. 1995. "Party Provision for Personal Politics: Dividing the Vote in Japan." In Peter F. Cowhey and Matheu D. McCubbins (eds.). *Structure and Policy in Japan and the United States*. New York: Cambridge University Press.

———— and Thomas Schwartz. 1984. "Congressional Oversight Overlooked: Police Patrols versus Fire Alarms." *American Journal of Political Science*. 28: 165-79.

参考文献

Marlow, Michael L. 1986. "Private Sector Shrinkage and the Growth of Industrialized Economies." *Public Choice*. 49: 143-54.

Marvel. Howard P. 1977. "Factory Regulation: A Reinterpretation of Early English Experience." *Journal of Law and Economics*. 20: 379-402.

Mason, R.H.P. 1969. *Japan's First General Election 1890*. Cambridge: Cambridge University Press.

Miller, Frank O. 1965. *Minobe Tatsukichi. Interpreter of Constitutionalism in Japan*. Berkeley: University of California Press.

Miller, Gary J. 1992. *Managerial Dilemmas: The Political Economy of Hierarchy*. Cambridge: Cambridge University Press.

Minami. Ry5shin. 1986. *The Economic Development of Japan: A Quantitative Study*. Houndsmills, U.K.: Macmillan Press.

Mitchell, Richard H. 1992. *Janus-Faced Justice: Political Criminals in Imperial Japan*. Honolulu: University of Hawaii Press.

Moe, Terry. 1990. "Political Institutions: The Neglected Side of the Story!" *Journal of Law Economics and Organization*. 6: 213-266.

Morris, Ray. 1911. "Railways-General Statistics." *In Encyclopcedia Brittanica*. 11th ed. 22: 822-24.

Morton, William F. 1980. *Tanaka Giichi and Japan's China Policy*. Kent: William Dawson.

Najita, Tetsuo. 1967. *Hara Kei in the Politics of Compromise, 1905-1915*. Cambridge: Harvard University Press.

―――― and J. Victor Koschman (ed.). 1982. *Conflict in Modern Japanese History: The Neglected Tradition*. Princeton: Princeton University Press.

Nardinelli, Clark. 1980. "Child Labor and the Factory Acts." *Journal of Economic History*. 40: 739-55.

Neustadt, Richard E. 1964. *Presidential Power*. New York: New American Library;

North, Douglass C. 1981. *Structure and Change in Economic History*. New York: W.W. Norton.

―――― 1990. *Institutions, Institutional Change and Economic Performance*. Cambridge: Cambridge University Press.

―――― and Barry R. Weingast. 1989. "Constitutions and Commitment: The Evolution of Institutions Governing Public Choice in Seventeenth-Century England." *Journal of Economic History*. 49: 803-32.

Oda, Hiroshi. 1993. *Japanese Law*. London: Butterwoths.

Okuma, Shigenobu. 1909. *Fifty Years of New Japan*. Translation by Marcus Huish. London: Smith, Elder.

Okura sho (ed.). 1906. *The Sixth Financial and Economic Annual of Japan*. Tokyo: Okura sho.

Olson, Mancur. 1982. *The Rise and Decline of Nations: Economic Growth, Stagflation, and Social Rigidities.* New Haven: Yale University Press.

Ozaki. Yukiko. 1918. "On the Obstacles to Democracy in Japan." In George O. Totten (ed.). *Democracy in Prewar Japan* (1965). pp. 50-58.

Peltzman, Sam. 1971. "Pricing in Public and Private Enterprises: Electric Utilities in the United States." *Journal of Law and Economics.* 14: 109-47.

Polanyi. Karl. 1947. "Our Obsolete Market Mentality: Civilization Must Find: New Thought Pattern." *Commentary,* Feb.: 109.

Rotemberg, J and G. Saloner. 1986. "A Supergame-theoretic Model of Business Cycle and Price Wars During Booms." *American Economic Review.* 76: 390-407 (1986).

Przeworski. Adam. 1991. *Democracy and the Market: Political and Economic Reforms in Eastern Europe and Latin America.* Cambridge: Cambridge University Press.

Ramseyer. J. Mark. 1991. "Indentured Prostitution in Imperial Japan: Credible Commitments in the Commercial Sex Industry." *Journal of Law, Economic and Organization.* 7: 89-116.

———— 1993. "Credibly Committing to Efficiency Wages: Cotton Spinning Cartels in Imperial Japan." *University of Chicago Law School Roundtable.* 1993: 153.

———— 1994. "The Puzzling (In) dependence of Courts: A Comparative Approach." *Journal of Legal Studies.* 23: 721.

———— and Frances McCall Rosenbluth. 1993. *Japan's Political Marketplace.* Cambridge: Harvard University Press.

Roberts, John G. 1989. *Mitsui: Three Centuries of Japanese Business.* New York Weatherhill. 2nd ed.

Roemer, John. 1981. *Analytical Foundations of Marxian Economic Theory.* Cambridge: Cambridge University Press.

Rosovsky Henry. 1961. *Capital Formation in Japan, 1868-1940.* Glencoe: The Free Press.

Satow, Ernest. 1983. *A Diplomat in Japan: An Inner History of the Japanese Reformation.* Tokyo: Charles E. Tuttle Co.

Saxonhouse, Gary. 1974. "A Tale of Japanese Technological Diffusion in the Meiji Period." *Journal of Economic History.* 34: 149-65.

———— 1976. "Country Girls and Communication among Competitors in the Japanese Cotton-Spinning Industry." In Hugh Patrick and Larry Meisner (eds.). *Japanese Industrialization and its Social Consequences.* Berkeley: University of California Press, pp. 97-125.

———— 1977. "Productivity Change and Labor Absorption in Japanese Cotton Spinning 1891-1935." *Quarterly Journal of Economics.* 91: 195-219.

———— 1991. "Mechanisms for Technology Transfer in Japanese Economic History." *Managerial and Decision Economics.* 12.

参考文献

——— and Gavin Wright. 1984a. "Two Forms of Cheap Labor in Textile History." *Research in Economic History*. supp. 3: 3-31.

——— and Gavin Wright. 1984b. "Rings and Mules around the World: A Comparative Study in Technological Choice." *Research in Economic History*. sup. 3: 271-300.

Scalapino, Robert. 1953. *Democracy and the Party Movement in Prewar Japan*. Berkeley: University of California Press.

Schmitter, Philippe. 1979. "Still the Century of Corporatism?" In Philippe Schmitter and Gerhard Lehmbruch (eds.). *Trends Toward Corporatist Intermediation*. Beverly Hills: Sage.

Scully, Gerald W. 1992. *Constitutional Environments and Economic Growth*. Princeton: Princeton University Press.

Shepaed, Walter. 1927. "Foreign Governments and Politics: Parliamentary Government in Japan." *Ameican Political Science Review*. 21: 835-52.

Shepsle, Kenneth A., and Barry R. Weingast. 1981. "Structure-Induced Equilibrium and Legislative Choice." *Public Choice*. 37: 503-19.

Silberman, Bernard. 1982. "The Bureaucratic State in Japan: The Problem of Authority and Legitimacy." In Najita and Koschman (1982: 226-57).

——— 1993. *Cages of Reason: The Rise of the Rational State in France, Japan, the United States, and Great Britain*. Chicago: University of Chicago Press.

Skocpol, Theda. 1979. *States and Social Revolutions: A Comparative Analysis of France, Russia and China*. Cambridge: Cambridge University Press.

Smith, Thomas C. 1988. *Native Sources of Japanese Industrialization, 1750-1920*. Berkeley: University of California Press.

Snyder, Jack. 1991. *Myths of Empire: Domestic Politics and International Ambition*. Ithaca: Cornell University Press.

Spaulding, Robert M. 1967. *Imperial Japan's Higher Civil Service Examinations*. Princeton: Princeton University Press.

Stigler, George S. 1964. "A Theory of Oligopoly." *Journal of Political Economy*, 72: 44.

——— 1961. "The Theory of Economic Regulation." *Bell Journal of Economics & Management Science*. 2: 3.

Stinchcombe, Arthur L. 1990. *Information and Organizations*. Berkeley: University of California Press.

Sundquist, James. 1969. *Politics and Policy*. Washington, D.C.: Brookings Institution, Takamura, Naosuke. 1989. "Comment [on Hunter]." In Yui and Nakagawa (1989: 273-76).

Takayanagi, Kenzo. 1963. "A Century of Innovation: The Development of Japanese Law, 1868-1961." In von Mehren (1963: 5-40).

Tiedemann, Arthur E. 1971. "Big Business and Politics in Prewar Japan." In James W. Morley (ed.). *Dilemmas of Growth in Prewar Japan*. Princeton: Princeton University

Press.

Tirole, Jean. 1988. *The Theory of Industrial Organization*. Cambridge: MIT Press.

Titus, David Anson. 1974. *Palace and Politics in Prewar Japan*. New York: Columbia University Press.

Totten, George O. (ed.). 1965. *Democracy in Prewar Japan*: Groundwork or Facade? Boston: D.C. Heath.

Tsurumi, Yosuke. 1924. "Universal Suffrage Seen as the Antidote to Big Money Elections." In Totten (1965: 59-62).

Uehara, George Etsujiro. 1910. *The Political Development of Japan: 1867-1909*. London: Constable.

Vlastos, Stephen. 1989. "Opposition Movements in Early Meiji, 1868-1885." In Jansen (1989: 367-431).

von Mehren, Arthur Taylor (ed.). 1963. *Law in Japan: The Legal Order in a Changing Society*. Cambridge: Harvard University Press.

Watarai, Toshiharu. 1915. *Nationalization of Railways in Japan*. New York: Columbia University Political Science Dissertation.

Weingast, Barry. 1984. "The Congressional Bureaucratic System: A Principal-Agent Perspective (with Applications to the SEC)." *Public Choice*. 44: 147-91.

Whaples, Robert. 1990. "Winning the Eight-Hour Day, 1909-1919." *Journal of Economic History*. 50: 393T406.

White, James W. 1988. "State Growth and Popular Protest in Tokugawa Japan." *Journal of Japanese Studies*. 14: 1-25.

Williamson, Oliver E. 1985. "Credible Commitments: Using Hostages to Support Exchange." *American Economic Review*. 73: 5-19.

Wray, William D. (ed.). 1989. *Managing Industrial Enterprise: Cases from Japan Prewar Experience*. Cambridge: Harvard Council on East Asian Studies.

Wray, Harry, and Hilary Conroy (eds.). 1983. *Japan Examined: Perspectives on Modern Japanese History*. Honolulu: University of Hawaii Press.

Yabushita, Shiro, and Atsushi Inoue. 1993. "The Stability of the Japanese Banking System: A Historical Perspective." *Journal of the Japanese and International Economies*. 7: 387-407.

Yui, Tsunehiko and Keiichiro Nakagawa. 1989. *Japanese Management in Historical Perspective*. Tokyo: Tokyo daigaku shuppan kai.

Zysman, John. 1983. *Governments, Markets, and Growth*. Ithaca: Cornell University Press.

訳者あとがき

　本書において著者たちは、わが国の政治支配体制の転換と政治制度との相互作用の模様に考察の光を当て、寡頭政治がもたらしたダイナミズムを解明しようとした。全編を通じその目的が十分に達成されたか否かは、個々の読者の判断に委ねられるべきであるが、最後にあたり訳者の立場から、若干の解説を加えさせていただきたい。まずは訳出上の留意点を述べ、本書の評価について触れることとする。

＊

　翻訳作業は、三人の訳者が相互に訳文を交換しあい、綿密な検討を加えた。その上で不明な点は原著者に確認し、正確を期している。いうまでもなく、多々あるであろう翻訳上の誤りは、そのすべてが訳者の責任に帰すものである。また、翻訳書出版にあたり諸事情から、本論や脚注の内容を一部削除することが不可避となったが、削除箇所の特定はすべて原著者からの指示に基づいて行った。

　さて、本書における主要アクターは、明治初期から中期にかけて政治指導者として活躍した「オリガークス（oligarchs）」である。オリガークスの成員は元老と呼ばれていた人々と重複するものの、完全に同一ではない。このため訳出に際しては、オリガークスはすべて「寡頭指導者」とした。

　また本書では、現代政治学や政治経済学における合理的選択論に基づく分析概念が随所に援用されている。このため、これらの研究領域に親しみのない読者にとっては、日本語として違和感のある表現が用いられているとの印象があるかも知れない。具体例としては、「レント（rents）」、「自然（nature）」、「手番（move）」「コア（core）」、「調整問題（coordination problem）」、「フォーカル・ポイント（focal point）」などがあげられよう。これらの用語はいずれも、ゲーム理論やこれを応用した政治学などにおいて標準的なものである。脚注部分に併記した訳注において、簡単な解説を載せているのでご覧いただきたい。

訳者あとがき

　第4章を中心とする選挙制度に関する記述では、「複数人区（Multi-member District）単記非移譲式投票（Single Non-transferable Vote）」が頻出する。これは実質的には、1994年の政治改革以前、衆議院選挙で用いられた「中選挙区制」を指す。ただ、1902年から1917年までの「大選挙区制」での選挙も単記非移譲式投票制度であった。しかし、政治学では選挙区定数に基づき両者を区別することは一般的ではないため、一括して中選挙区制と訳出することは避け、やや冗長ではあるが「単記非移譲式投票制」とした。また、本文中に見られる一人区とは単純相対多数小選挙区制と同義である。

＊

　つぎに、本書に関する評価について簡単に触れてみたい。本書は1997年に、アメリカ政治学会における比較政治学分野でのブック・オブ・ザ・イヤー賞ともいえる、グレゴリー・ルバート賞を受賞している。いうまでもなく、本書の最大の特徴は合理的選択論に基づく政治制度分析にあるが、米国では、著者たちが用いた理論やモデル分析の有用性は、その出身領域である経済学のみならず、政治学、法律学、社会学などの領域においてもすでに認められている。したがって、合理的選択論を用いたというだけでは、米国の学会から高い評価を受けることはできず、本書にはそれ以上の付加的な理由が見出されたことになる。以下では、これに関連して四点ほど指摘させていただきたい。

　第一に、制度と歴史の相互作用に関する学会の関心の高まりがある。終章にて著者たちが主張しているように、歴史的展開に制度が果たす役割の考察は、これまで十分な形では行われてこなかった。経験的事実と理論を切り結ぼうとする本書は、実に時期を得た著作であったといえる。

　第二に、本書のテーマの重要性である。政治体制の安定性は、分析手法上の差異を問わず、ほとんど全ての比較政治学者にとって重要な関心事項である。民主化を達成し、安定的な統治を実現した政治体制だけでなく、それに失敗した政治体制も重要な示唆を提供する事例となる。戦前の日本は、憲法制度の欠陥により政治体制が不安定化した事例として、その政治的帰結が極めて重大なものであったため、研究者からの関心を集めることになった。

　第三に、寡頭政治の分析にカルテル理論が有用であるという示唆を引き出し、経験的根拠をもってその裏付けを行ったことである。従来、制度化が進展せず、不安定な政治体制は理論化が困難であり、何らかの一貫した分析枠組をもって

訳者あとがき

現象に接近することが難しいとされてきた。本書はその困難な課題に挑戦し、一定の成功を収めた業績として位置づけることができる。そのため、戦前の日本を事例として取り上げるものの、本書の理論分析の含意は、日本のみならず、広く寡頭制の国々に当てはまり得るものとして提示されている。

第四に、本書は、政治家の政権維持・再選インセンティブという普遍的な仮定から、戦前期の日本政治を理解するための多くの示唆が得られることを示した。本書では、独立した官僚制、国家目的を達成するための公共政策、あるいは、政治指導者の利他的な公共心といった数々の神話が、実際にはよりミクロな動機と制度的な裏付けによって否定される可能性が示され、「後発開発国家」として日本を捉える従来の立場に大いなる反駁が加えられているのである。

*

無論、いかなる学術研究がそうであるように、本書をもって戦前期の日本ないしは寡頭的政治体制をめぐる知的考察が完結したわけではない。本書は、政治家の権力維持インセンティブに焦点を当て、議論の単純化をはかることで、より意味のある洞察を得ようとしたのである。しかし、その結果として、歴史上重要なすべての要因に目を配ったものではないことを著者たちは率直に認めている。たとえば、当時の日本を取り巻く国際関係は、説明上の吝嗇を保持するために「省略された」説明変数の一つとして指摘され得るであろう。

また、日本近代史を扱う近年の研究成果に照らせば、本書が批判の対象とする従来の日本研究者の言説はすでに国内学会における通有性を失っており、そのことの理解を欠く著者たちは理論モデルの適用にとって都合の良いように史実や議論状況を曲解している、との厳しい批判も存在する(たとえば、伊藤之雄による本書の書評「合理的選択モデルと近代日本研究」『レヴァイアサン』第19号、1996年、146-156頁を参照)。このように本書は、肯定・否定を含め、あらゆる立場の読者にとって十分に provocative な内容を有するいわば論争の書として注目されている。

いずれにせよ、日本政治を題材とした研究業績の水準を高めてゆくためには、一層の理論化の試みと事実関係のより厳密な検証の双方が不可欠であることに変わりはない。優れた理論により新たな洞察がもたらされ、古い知識が新たな理解によって塗り替えられることが重要なのである。本書がこのような知的営為の成果であり、日本政治研究を大いに活性化させる業績であることは、その

訳者あとがき

賛否を超え衆目の一致するところといえよう。

*

　末尾になりましたが、本書翻訳の過程でお世話になった真下英二、福沢真一、進邦徹夫、林光、三輪尚美の各氏に、そして、期せずして膨大な時間を費やすことになった校正作業を、忍耐強く見守っていただいた勁草書房の徳田慎一郎氏に、この場をお借りして心からの感謝の言葉を申し上げます。

2004年9月

訳者

人名索引

ア行

青木得三　93
アキタ, G.　2
板垣退助　21, 31, 37, 42, 60
伊藤隆敏　156
伊藤博文　21, 26, 30, 42, 45, 47, 60
伊東巳代治　44
犬養毅　110
井上馨　26
井上毅　44
井上準之助　152
井上勝　161
入江昭　2
岩倉具視　27
宇垣一成　130
江藤新平　28
大隈重信　21, 26, 30, 32, 33, 37, 61, 108
大谷美隆　148
大山巌　121
尾崎行雄　72, 112
小原直　114

カ行

ガーシェンクロン, A.　221
片岡直温　144
桂太郎　61, 65, 122, 130, 133
加藤高明　66, 86, 166
金子賢太郎　44
木戸孝允　30, 31
清浦奎吾　129
倉富勇三郎　147
クラッカワー, E. S.　4
グルック, C.　23
黒田清隆　121
ケリー, D.　184

小泉策太郎　67
児島惟謙　101, 104
コース, R.　210

サ行

西園寺公望　64, 69, 131
西郷隆盛　29, 35, 120
西郷従道　121, 125
佐々木惣一　148
渋沢栄一　138
ジョンソン, C.　3
シルバーマン, B.　3
鈴木喜三郎　93
スティンチコム, A.　210
スミス, T.　25

タ行

タイトゥス, D.　44
高橋是清　153
田中義一　110, 130
団琢磨　193
千谷敏徳　103, 104
張作霖　130
津田三蔵　101
デュベルジェ, M.　62
デュース, P.　4
寺内寿一　132
寺内正毅　130
豊田佐吉　191

ナ行

ノース, D.　51, 212

ハ行

浜口雄幸　94, 129, 152, 193
原敬　64, 170

人名索引

バーゼル, Y.　51, 211
ビーズリー, W. G.　2, 221
福沢諭吉　31
ヘイリー, J.　3
別所別　104
ベンダー, J.　51
フォーゲル, R.　156, 175
ヘイ, G.　184

マ行

松方正義　66, 151
マーベル, H.　197
三土忠造　149
南次郎　130

ヤ行

山岡万之助　93, 113
山県有朋　15, 26, 31, 41, 62, 65, 77, 85, 102, 120, 122, 220
山本権兵衛　125, 220
横田国臣　108, 112

ラ行

ランデス, E. M.　199

ワ行

若槻礼次郎　69, 131, 147, 153
ワインガスト, B.　51

事項索引

ア行

愛国公党　31
浅野財閥　72
インセンティブ　8, 34, 36, 83, 216
運送業者　19, 156
大川財閥　72
大倉財閥　72, 169
大蔵省　86, 91, 94, 138, 141, 150, 217
大阪商船　72
織物　19, 182, 186

カ行

海運業　156
外部性　155
価格固定策　184
革新倶楽部　66, 69
革命　12, 39
華族
　——制　27
　——令　42
寡頭
　——指導者　1-7, 9-16, 21, 22, 39-41, 57, 58, 77, 78, 97, 119, 120, 160, 207, 208
　——制　9, 13, 39, 40, 55
　——政体　8
空集合としてのコア　9
カルテル　8, 13, 19, 21, 196
　貸出金利——　142
　寡頭政治——　13
　失敗——　77
　織布——　183
　紡績——　187
　預金金利——　142
　集合的——　116
　——理論　34, 212

川崎財閥　72
川崎重工　168, 169
為替政策　138, 217
官僚　13, 77
　——機構　82
　——支配　77
　——による統治　77
　——の自律性　216
　——優越論　208
議会　39
　帝国——　45-49, 126
企業家　17
　政治的——　12, 36, 207
汽車製造　168, 169
規則　78
貴族
　——院　42, 45, 76, 213
　——制度　27
規模の経済　180
九州鉄道　161
協力　8, 209, 215-217
　——関係　8
拒否権　49, 80, 81
均衡　9, 50, 98, 99
　——戦略　14
　構造派生——　24, 99, 214, 215
　政治的——　214
　制度的——　215
銀行　17
　——規制　138
　——業　17
　——法　137, 141
　財閥系——　141, 149
　東京——協会　138, 148
金
　——兌換　151

247

事項索引

――平価　150
――本位制　138, 151
金融
　――規制　137
　――恐慌　138, 145
　――政策　137
　――制度調査会準備委員会　141
久原財閥　72
軍政　122
軍部　14, 119, 220
　――大臣　14, 119, 220
　――の独立　122, 220
軍令　122
　海軍――部　129
警察　73, 109
経済的規制　19
警視庁　86, 88
警保局　86, 88, 93
ゲーム
　繰り返し――の終末　14
　――理論　9, 16, 24
　自滅的な――　9, 10
　終末――　14, 117
　得票分割――　187
　民主的な――　15
現役武官　123
　――制　14, 123
検察官　100, 113, 114
憲政会　14, 66, 68, 113, 127, 128, 141, 168, 170, 186
憲政党　61
権力
　――委譲　57
　――基盤　52-54, 77
　――構造　57
　――の分有　50
　政治――　10
元老　1
　――院　31, 32, 43
工業組合法　185
公共財　12, 52
皇室　23, 44, 47

――典範　44
公爵　28, 45
侯爵　28, 45
工場法　195
控訴院　99, 106
効率性
　経済――　51
　費用――　52
合理的選択論　1, 6, 20
国民党　66
国務大臣　46
国有化　162
個人後援会　185
国家
　後発開発――　208
　後発近代化――　221
　強い――　208, 221

サ行

最大化　6, 39
　在職期間の――　6
　得票――　81
　富を――　10, 211
　利潤の――　6
財閥企業　168, 218
裁判所　97, 219
　――構成法　99
薩摩　23
産業育成策　157
参謀
　――総長　14, 123-127
　――本部　122
山陽鉄道　161
子爵　28, 45
市場
　経済――　8, 12
　政治――　9, 80, 208, 211
　選挙――　10-13, 52, 71
自然　16
手番
　自然――　134
　ランダムな――　16

事項索引

士族　　27, 29, 31
私的財　　12, 52, 71
諮問（諮詢）　49
　　——機関　46
渋沢財閥　72
司法
　　——の独立　97, 108, 115
　　——部　97, 100, 219
　　——官大異動　114
資本金制限　138
社会科学　4, 207
衆議院　45, 48, 50, 141, 213
集合行為問題　208, 210
私有財産　11
囚人のジレンマ　34
自由党　32, 60, 63
収用　11, 39
重要産業統制法　192
重要輸出品工業組合　183
将軍　23, 121
所有権　212
女子夜業の禁止　178, 195
陣笠議員　144
震災手形　145
進歩党　61
新任官　85
枢密院　43, 44, 46, 49, 66, 73, 76, 78, 148, 213
　　——顧問官　148
鈴木商店　73, 145
ステーツマン　2, 5
住友銀行　141
住友財閥　72, 190
制度　20, 21, 22, 27, 207
　　政治——　1, 211
　　——構造　8, 178, 207
　　——選択　8
　　——的惰性　208, 214
説明責任　57
繊維産業　179
選挙
　　——区割り　67
　　——権　57, 204

　　——の論理　157, 170, 178
　　普通——　58, 64, 65, 204
　　——制度　10, 51, 57, 213
戦略
　　協調的——　14, 115
　　——的意思決定　7
　　——的選択　6
政党　14, 17, 21, 54, 57, 77, 82, 137, 171, 184
　　——政治家　10, 57, 82, 129, 216
　　プロレタリア——　74
政友会　14, 63, 64, 67, 72, 138, 145, 169, 187
政友本党　68, 145
奏任官　84

タ行

第一銀行　138, 141
代議政体　40, 77
第十五銀行　147, 160
大審院　32, 99, 106, 110, 113
台湾銀行　73, 145
男爵　28
知事　73, 86
勅任
　　——官　84
　　——議員　45
勅令　45, 49, 98, 124
　　緊急——　147, 151
長州　23, 26
調整問題　40, 132, 155, 210,
朝鮮出兵　120
調達
　　政府——　168
　　——政策　168, 176
　　——制度　168
朝廷　23
鉄道　17, 156
　　私有——　160, 172
　　——官僚　161
　　——業　18, 155
　　——局　161
　　——国有化政策　165
　　——省　86, 92

249

事項索引

――政策　19, 157, 170, 175, 218
――免許　174
天皇　14, 23, 44, 47, 119, 211
――制　23
東京証券取引所　148
東京帝国大学　43, 84
倒幕　23, 27, 77
徳川
――家　21
――幕府　23
投資　11, 155, 190
統帥権　122
統制組合　192
土佐　25, 28
取引費用経済学　211

ナ行

内閣　43, 48
　議院――制　44, 83
――制度　43, 123
――総理大臣　46
内務省　73, 86, 90, 117
日銀再割引法案　146
日本銀行　141
日本車輛　168
日本タオル工業組合　183
日本鉄道会社　160
日本綿布工業組合　183
根津財閥　72

ハ行

伯爵　28
判事　13, 97, 219
肥前　25, 28
日立製作所　168
非対称性
　情報の――　51
　政治的優位の――　66
票割り　71, 184
フォーカル・ポイント　24
複数人区　59, 61, 67, 69
――制　58, 70, 185

――単記非移譲式投票制　18, 51, 72, 185
武士　27
不磨の大典　125
プリンシパル＝エイジェント理論　78, 216
古河財閥　72
分割政府　48, 81, 82
文官試験　84
文民
――官吏　82
――統制　133, 220, 223
紡績　180
大日本――連合会　187
――企業　181, 187, 189, 192
――業　178, 218
――業者　19, 178
綿――企業　187
法律　47, 78, 184, 196, 197, 199
補助　160, 166
――金　185
軽便鉄道――法　173
北海道炭坑鉄道　161
北海道鉄道　161
補弼　83

マ行

満州事変　130
三井銀行　141, 165
三井財閥　72, 189
三菱銀行　141
三菱財閥　32, 72, 165
三菱造船　168
民主化　11
民主制　10, 58, 207
民政党　14, 18, 73, 146
民選議会　31, 39, 53, 75
明治　21
――維新　23, 27
――憲法　22, 39, 44, 47, 57, 209
――政府　22, 30
命令　47, 124
綿
――織物　17, 179, 182, 192

──産業　178, 180, 205
織布　180
　──企業　181, 204
　──業　178, 183
　──業者　19, 183

ヤ行

安田財閥　72
預金金利規制　142
横浜正金銀行　152

ラ行

利益
　国家──　2, 78
　自己──　22
　──誘導　12, 75, 141, 157, 160, 175

陸軍省　124
利権
　──政治の論理　157
　──配分　9
立憲改進党　32
立憲同志会　65, 94
レント
　集合的──　8
　政治的──　7, 8, 134
　独占的──　7
労働コスト　178, 198
ロンドン海軍軍縮条約　129

ワ行

渡辺銀行　146

著者略歴

J. Mark Ramseyer（マーク・ラムザイヤー）

1954年シカゴ生まれ。ミシガン大学にて A.M.、ハーバード大学ロー・スクールにて J.D. (magna cum laude) を取得。カリフォルニア大学ロサンジェルス校ロー・スクール、シカゴ大学ロー・スクールを経て、現在、ハーバード大学ロー・スクール教授 (Mitsubishi Professor of Japanese Legal Studies)。*The Fable of the Keiretsu*, University of Chicago Press, 2006 (with Yoshiro Miwa); *Measuring Judicial Independence*, University of Chicago Press, 2003 (with Eric Rasmusen); *Japanese Law*, University of Chicago Press, 199 (with Minoru Nakazato); *Odd Markets in Japanese History*, Cambridge University Press, 1996; *Japan's Political Marketplace*, Harvard University Press, 1993 (with Frances MaCall Rosenbluth)［加藤寛監訳『日本政治の経済学——政権政党の合理的選択』弘文堂、1995年］;『法と経済学——日本法の経済分析』（弘文堂、1990年、サントリー学芸賞受賞）ほか。

Frances McCall Rosenbluth（フランシス・マコール・ローゼンブルース）

1958年大阪生まれ。バージニア大学にて B.A. (highest distinction)、コロンビア大学にて Ph.D.を取得。バージニア大学、カリフォルニア大学サンディエゴ校、カリフォルニア大学ロサンジェルス校を経て、現在、イェール大学教授 (Professor of Political Science ; Director of the Leitner Program in Comparative and International Political Economy)。*The Political Economy of Japan's Low Fertility*, Stanford University Press, forthcoming (editor); *Japan's Political Marketplace*, Harvard University Press, 1993 (with J. Mark Ramseyer)［加藤寛監訳『日本政治の経済学——政権政党の合理的選択』弘文堂、1995年］; *Financial Politics in Contemporary Japan*, Cornell University Press, 1989 ほか。また、現在進行中の研究プロジェクトに、The Political Economy of Gender (with Torben Iversen)、War and Constitutions (with John Ferejohn) がある。

監訳者略歴

河野勝（こうの　まさる）

1962年生まれ。1994年スタンフォード大学政治学博士（Ph.D.）。早稲田大学政治経済学部教授。*Japan's Postwar Party Politics*, Princeton University Press, 1997;『制度』（東京大学出版会、2002年）ほか。

訳者略歴

青木一益（あおき　かずます）

1967年生まれ。シカゴ大学ロー・スクールにて LL.M.を取得。慶應義塾大学大学院法学研

究科博士課程単位取得退学。カリフォルニア大学バークレー校、The Center for the Study of Law and Society, Visiting Scholar、日本学術振興会特別研究員を経て、富山大学経済学部准教授。

永山博之（ながやま　ひろゆき）

1963年生まれ。慶應義塾大学大学院法学研究科博士課程単位取得退学。慶應義塾大学総合政策学部助手を経て、広島大学大学院社会科学研究科准教授。

斉藤淳（さいとう　じゅん）

1969年生まれ。衆議院議員（山形4区、2002年10月から2003年10月）を経て、イェール大学大学院政治学研究科博士課程修了、Ph. D. を取得。その後、イェール大学政治学助教授を経て、英語塾 Logos 代表。堀内勇作との共著 "Reapportionment and Redistribution," *American Journal of Political Science*, 47(4), 2003 によりアラン・ローゼンサル賞（アメリカ政治学会会議研究部門最優秀新人賞）受賞、『自民党長期政権の政治経済学』（勁草書房、2010 年）により日経・経済図書文化賞受賞。

ポリティカル・サイエンス・クラシックス監修者略歴

河野勝（こうの　まさる）
1962年生まれ。1994年スタンフォード大学政治学博士（Ph. D.）。早稲田大学政治経済学部教授。*Japan's Postwar Party Politics*, Princeton University Press, 1997;『制度』（東京大学出版会、2002年）ほか。

真渕勝（まぶち　まさる）
1955年生まれ。1982年京都大学大学院法学研究科修士課程修了（博士）。京都大学大学院法学研究科教授。『大蔵省統制の政治経済学』（中央公論社、1994年）、『大蔵省はなぜ追いつめられたのか』（中央公論社、1997年）ほか。

ポリティカル・サイエンス・クラシックス 1
日本政治と合理的選択
寡頭政治の制度的ダイナミクス 1868―1932

2006年4月20日　第1版第1刷発行
2013年5月20日　第1版第2刷発行

著　者　M.ラムザイヤー
　　　　F.ローゼンブルース

監訳者　河野　勝

発行者　井村寿人

発行所　株式会社　勁草書房
112-0005　東京都文京区水道2-1-1　振替 00150-2-175253
（編集）電話 03-3815-5277／FAX 03-3814-6968
（営業）電話 03-3814-6861／FAX 03-3814-6854
理想社・青木製本所

©KOHNO Masaru 2006

ISBN978-4-326-30162-1　　Printed in Japan

JCOPY 〈(社)出版者著作権管理機構 委託出版物〉
本書の無断複写は著作権法上での例外を除き禁じられています。複写される場合は、そのつど事前に、(社)出版者著作権管理機構（電話 03-3513-6969、FAX 03-3513-6979、e-mail: info@jcopy.or.jp）の許諾を得てください。

＊落丁本・乱丁本はお取替いたします。

http://www.keisoshobo.co.jp

G. キング＝R. O. コヘイン＝S. ヴァーバ　真渕勝 監訳
社会科学のリサーチ・デザイン――定性的研究における科学的推論
　　どのように研究をすすめればよいのか？　アメリカの政治学会で定性的
　　手法復興のきっかけとなった、実践的方法論の教科書。　　　3990 円

H. ブレイディ＝D. コリアー編　泉川泰博・宮下明聡 訳
社会科学の方法論争――多様な分析道具と共通の基準
　　Rethinking Social Inquiry の全訳。どの研究手法をどう使えばいいの
　　か？　KKV論争がこれで理解できる。便利な用語解説つき。　　4935 円

河野勝・真渕勝 監修
ポリティカル・サイエンス・クラシックス（第1期）

M. ラムザイヤー＝F. ローゼンブルース　河野勝 監訳
日本政治と合理的選択――寡頭政治の制度的ダイナミクス 1868-1932
　　現代政治学と歴史学の交差。戦前日本政治の変動を、政治家の個性やイ
　　デオロギー対立ではなく合理的選択論から解明する。　　　3780 円

アレンド・レイプハルト　粕谷祐子 訳
民主主義対民主主義――多数決型とコンセンサス型の36ヶ国比較研究
　　「ベストな」民主主義を探る比較政治学の古典。イギリス型デモクラシー
　　を理想視する印象論に実証データで異議を唱える。　　　3990 円

ケネス・ウォルツ　河野勝・岡垣知子 訳
国際政治の理論
　　国際関係論におけるネオリアリズムの金字塔。政治家や国家体制ではな
　　く無政府状態とパワー分布から戦争原因を明らかにする。　3990 円

トーマス・シェリング　河野勝 監訳
紛争の戦略――ゲーム理論のエッセンス
　　ゲーム理論を学ぶうえでの必読文献。身近な問題から核戦略まで、戦略
　　的意思決定に関するさまざまな問題を解き明かす。　　　3990 円

勁草書房刊

＊刊行状況と表示価格は2013年5月現在。消費税が含まれております。